感謝と称賛

JN052244

正木郁太郎

東京大学出版会

The Science of Gratitude and Praise:
To Improve Human Relations at Workplace
Ikutarō MASAKI
University of Tokyo Press, 2024
ISBN 978-4-13-013318-0

はじめに

本書のテーマと執筆のきっかけ

本書のテーマは「職場で感謝や称賛を交わすことは，なぜ，どのように重要か」である．特に，筆者が専門として研究する社会心理学や組織行動論の理論や，様々な調査データ，そしてアプリケーションなどで取得された企業内の活動データを用いて，感謝や称賛が単なる「マナー」「道徳」ではない，それを超えた意味を持ち，また職場のマネジメントにも有用となる可能性を理論と実証の両面から明らかにすることを目指している．

しかし，「感謝や称賛を伝えることは大事だ」という結論だけを見ると，きわめてあたり前のことを論じており，改めて研究をする必要性は薄いようにも思われる．それでもなお筆者がこのテーマを取り上げた理由は二つある．一つめの理由は，組織や職場が「個」の寄せ集めを超えて力を発揮するために必要な，「個」どうしをつなぐ「関係性」の重要性を実証的に議論してみたいと考えたことである．そして二つめの理由はより具体的なもので，感謝や称賛は「ダイバーシティ推進」のような企業が直面する現代的課題を解決する第一歩としても有用ではないかと筆者は予想しており，その可能性を模索したいと考えたことである．

以下では，筆者の考えを，筆者が直接経験した内容や，伝え聞く組織・職場のマネジメントに関する問題意識やエピソードとともに簡単に述べたい．

組織や職場のマネジメントにおける「関係性」の弱体化

近年，欧米を中心に，従業員やその知識・経験などを「人的資本」と位置づけて重視する動きが広がっている．これは日本でも同様であり，2023年には上場企業に対して，自社の人的資本の実態（例えばダイバーシティ推進）や投資の状況などについて情報開示を迫る動きがある．組織のマネジメントに対して「人」という観点から研究に取り組む筆者の立場からすれば，これは望ましい

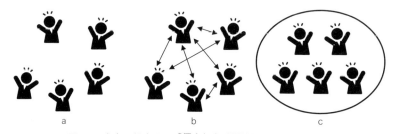

図 0.1　本書で想定する「個人」と「関係性」のイメージ図
組織や職場として活動する際には，a のように個々人がバラバラに活動するだけでは強みを発揮できず，b のように対人的なつながりをもとに結びつくか，c のように「全体を一つにまとめる」など，何らかの良好な「関係性」を築く必要があると考えられる.

変化だが，同時に「それだけでよいのだろうか」とも感じている. より具体的に言うと，組織は人を単に寄せ集めた「集合」ではなく，人どうしが適切な「関係性」や「相互作用」によってつながった「集団」となって初めて，適切に強みを発揮するのではないかと考えており（図 0.1），もしそうであるならば，「人」だけでなく「関係性」に対する投資や分析も行うべきではないかと考えている.

　もちろん，「関係性」を強めるためだからと言って，単に人々に対して「一つであれ」というある種の同調圧力を加え，言わば個性を抑圧することは適切ではないだろう. しかし，人的資本投資の議論にあるような自律・自立した「個」を支えることに加えて，こうした個人どうしが適切につながる「関係性」があってこそ，人は自分のためだけでなく集団や周りの他者のために何かをしようと考えるであろうし，また周囲の他者のポジティブな影響を受けて集団のクリエイティビティや創発性が発揮されやすくなるのではないだろうか.

　組織や集団を対象とする様々な研究領域の中には，こうした「関係性」の重要性を指摘する概念や研究が複数ある. 例えば，筆者が専門的に取り組んでいる社会心理学の研究では，こうした集団のメンバー間で生じる様々な力学（グループ・ダイナミクス）が古くから研究対象とされており，もともとはバラバラな存在だったはずの「個人」が「集団」としてのまとまりを持つに至るプロセスや，そこに生じる「一体感（集団凝集性：cohesion）」，一体感と共に生じる集団らしさを象徴する「集団規範（group norm）」などがキーワードとして挙げられる. また，経営学や組織行動の分野で言えば，「組織文化（organizational culture)」や「チームワーク（teamwork）」といった，「個人」を超えて生じる集団の特徴に注目するキーワードも多い．さらに言えば，人と人の間に生じる「関係性」そのものに着目した研究もあり，優良な関係性の質・量そのもののことを「資本」と捉え，「社会関係資本（social capital）」や「関係資本（relational capital）」と呼んで行われる研究も学問分野を超えて多数ある．

　こうした様々な力学が働くからこそ，多様な個人の寄せ集めが「集団」や「組織」として成立し，いわゆる「組織力」と呼ばれるようなものを発揮することになると言えるだろう．そして，こうした力学を軽視し，「個人」のみを優先するだけでは，組織のマネジメントは奏功しないものと思われる．筆者がいくつかの企業と共同研究や仕事をする中でも，従業員個々人だけでなく，こうした「関係性」に対する問題意識の強さを感じる機会が複数あった．例えば，ある企業では，全従業員どうしが任意の相手を評価することができる 360 度評価や，それを支える様々な仕組み（本書のテーマである「感謝」も含まれる）によって，従業員間の関係構築やそこから得られる集合知を重視して組織を運営していた．別のある企業では，テレワーク導入を機に「オフィスの本質的な役割は何か」を問われるようになった結果，一つの結論として，一緒に働く相手との共同体感覚や「われわれ」という感覚を持ち，一体感を保つための交流の場としての意義を見出していた．そして，後ほど述べる「ダイバーシティ推進」においても，やはり「関係性」をどのように保ち，向上させるかが組織運営の鍵であると感じられることもあった．

　このように，組織が単なる「個人の寄せ集め」以上の力を発揮するために重要である一方，時に軽視されがちでもある「関係性」の重要性を検証することが，社会心理学を学ぶ・研究する立場からよりよい組織づくりに貢献できる点だと筆者は考えた．そして，こうした「関係性」を改善する手段にもなりうる他，幅広い点で組織運営を支えうる，言わばマネジメントのためのスキルや習慣として，「感謝」「称賛」のコミュニケーションを本書でテーマとして取り上げたいと考えるに至った．

ダイバーシティ推進と「感謝」「称賛」
　続いて，二つめの理由であり，また本書の研究の直接のきっかけにもなった

「ダイバーシティ推進」に関わるエピソードを一つ紹介したい.

　筆者は社会心理学,中でも企業組織や職場における心理や行動,集団現象の研究に取り組んできた.特に大学院在籍時から取り組んでいる研究テーマが「職場のダイバーシティ」である.職場のダイバーシティ,すなわち互いに特徴や属性が異なるメンバーどうしが同じ職場やチームで働くことは,時代の変化を踏まえると不可避な変化である.しかしその一方で,職場のダイバーシティの高まりがもたらすものは利益ばかりではない.むしろ,社会心理学の理論に基づいて考えると,同質的なメンバーどうしであれば実現しやすかったはずの「言わなくてもわかる」暗黙の協調が実現しづらくなる,などの困難も増しかねない.これもまた,ダイバーシティの向上という「個人」を活かす施策だけをとっても組織は円滑に機能せず,メンバー間の適切な「関係性」を作る取り組みも併せて必要と言える例かもしれない.

　そこで,こうした多様な人々が一緒に働く職場で何が起きるか,そして職場のダイバーシティがもたらす様々な影響を改善するための「条件」は何かといったことについて,筆者は研究に取り組んできた.その成果の一つが,2019年に東京大学出版会より刊行された拙著『職場における性別ダイバーシティの心理的影響』である.

　この研究に取り組む中で,幸いにして多くの企業の方々とのご縁に恵まれ,調査や講演の機会をいただくこともあった.そうした講演の一つで,ある意欲的なマネジャーの方から,「ダイバーシティ推進のために,明日から私にできることがあれば教えてほしい」という質問をいただいた.ビジネスの現場ならではのスピード感のある非常に重要な質問だったが,当時の筆者はこの質問に明確に答えられなかった.前掲の拙著の研究では,職場のダイバーシティの影響を改善するための条件として,「チームの分業や役割のあり方を再考すること」「自社に合った多様な人々が協働しやすい組織風土を醸成すること」などの比較的「壮大な」要因を主に扱っていた.それゆえに,「明日から」「一人のマネジャーが」(または組織の全員が)取り組める解決策は多くはなかったためである.このように,職場のダイバーシティをめぐる問題の構造を解き明かし,言わば企業組織や職場のあり方を問うという理論的貢献はできたと感じる一方で,実践的に,かつすぐに取り組める解決策を提示できなかったことが,筆者

が常に感じていた研究上の限界だった.

　さらに言えば,近年はダイバーシティ推進に関するキーワードとしての「インクルージョン（inclusion）」という概念も広まりつつあるが,これに関しても筆者は同様の限界を今も感じている.すなわち,インクルージョンが具体的に何を指しているのか,「明日から何ができるか」が必ずしも明確でないために,これもまた具体的な解決策の提案が難しいと感じている.こうしたことを踏まえると,具体的な解決策につなげることが難しいという限界は,職場のダイバーシティを研究対象とする社会心理学全体に問われていることでもあるのかもしれない.

　それ以来,筆者は前述の問いを念頭に,「劇的な効果はないかもしれないが,すぐに取りかかることができる『第一歩』となる解決策」につながる研究を模索していた.その「何か」を探す中で出会ったキーワードが「感謝」だった.詳しくは第2章で述べるが,感謝は対人的な絆を強める感情やコミュニケーションである.また,筆者が他の研究者や企業と共同で行った調査では,ダイバーシティが高い職場でより重要な意味を持つ可能性も見出された（第3章）.

　もしそうであるならば,「日々の感謝をはっきりと伝える」ことや「相手を適切に称賛すること」は,地道ではあるものの組織や職場の「関係性」の維持と強化に効果的であり,かつ,これならばすぐに・誰にでも取り組めるかもしれない.劇的に社会や組織を変える効果こそ期待できないかもしれないが,これが職場のダイバーシティ推進や,チームワークの改善,モチベーション維持やメンタルヘルスの問題の軽減などに少しでも役立つのであれば,「第一歩」としては有望なのではないか.あるいは,「インクルージョン」に向けた具体的な取り組みにもなりうるのではないか.

　しかし,あまりにも日常的なコミュニケーションだからこそ,意識しなければつい忘れられてしまいがちであるし,重要性を訴えるにも相応のエビデンスや理論が伴わないと,ビジネスの現場では説得力を持たないかもしれない.このように考え,本書では「感謝」「称賛」というあたり前の日々のコミュニケーションを意識的に行うことが,なぜ,どのようにビジネスの現場で重要となるかを理論と実証の両面から検討した.

本書の三つの特徴——理論と実証，データの活用，企業との連携

本書には三つの特徴がある．それが，（1）理論と実証の両立，（2）現場のデータを実証に使用すること，そして，（3）ピープルアナリティクスと学術研究の関連を意識した企業との連携，である．

まず，一つめの特徴だが，本書では理論と実証の両面から，単なる「マナー」「道徳」を超えた，職場における「感謝」「称賛」の意義を検討することを目的とする．ビジネスの場でこれらのテーマを議論の俎上に載せるためには，「感謝や称賛は重要だ」という主張だけでなく，「なぜ重要と言えるのか」という理論的なメカニズムの説明も一定程度求められる．さらに心理学的な理論だけでなく，主張の論拠となるか，少なくとも議論の出発点とすることができる材料としての何らかのエビデンスも必要である．本書ではこうした期待に応えるべく，先行研究で明らかになっている理論に加えて，独自に行った実証研究の結果も示す．

二つめの特徴は，現場で働く方々から得られたデータを研究に使用することである．社会心理学の研究では，厳密な因果関係を統制された環境下で検討するために，（主に学生を対象とする）実験室実験で仮説検証を行うことも多い．しかし，職場では実験室では起こらない様々な現象（例えば，仕事に高額の報酬と責任がある，同じ相手と数年一緒に働くなど）が起きるために，実験室で得られた結果をそのまま職場に一般化することには困難が伴う．この壁を越えるためにも，フィールド（本書で言えば企業の職場）で得られた様々なデータを用いて，仮説検証や，実験室では見えてこない新たな問いの発見に取り組むことが重要とされる（Jachimowicz, 2022）．本書でもこのアプローチを踏襲し，因果関係の検証が難しいなどの限界には留意しつつも，企業の職場で得られた調査・行動データを実証に用いる．

最後に三つめの特徴は，ピープルアナリティクスの流行も踏まえて行われた企業との連携事例を積極的に研究に活用することである．ピープルアナリティクスとは，端的に言うと「人材マネジメントにまつわる様々なデータを活用して，人材マネジメントの意思決定の精度向上や業務の効率化，従業員への提供価値向上を実現する手法」（北崎, 2020, p. 14）のことである．筆者は一人の社会心理学の研究者として，ピープルアナリティクスのことを「従業員への提供価

値向上」という実践的意義を目的に行われる，人や組織にまつわる実証研究と捉えている（学術的・理論的意義を主目的に行われる学術研究と対置している）．その上で，筆者が考えるピープルアナリティクスの特徴は，(1)社会心理学や組織行動論の領域で一般的な手法である質問紙調査（アンケート調査）以外に，様々な人事データや活動データを併用すること，(2)実践的意義や現場の改善を重視すること，そして，(3)企業を主体として研究が行われるとともに，様々な企業間連携や産学連携が図られること，にある．特に日本の社会心理学の領域ではこうした産学連携の事例がまだまだ限られており[1]，かつ連携研究の学術的な意義や位置づけも定かでないことが多いように思われる．こうした背景を踏まえて，特に本書の第IV部では，筆者がアドバイザーを務める企業が開発した「社内で称賛を交わす・促すことができるアプリケーション」の利用データを使用して，称賛の機能や，それを通じて可視化できるもの，また感謝の機能との違いを分析・考察する．企業との連携には様々な未解決の論点も多いものの（利益相反に対する考え方など），連携を経たからこそアクセスできたデータを活用することの学術的意義や，ピープルアナリティクスにおいて重視される「従業員への提供価値向上」にもつながる研究の実践的意義も提示したい．

本書の構成

続いて本書の構成を述べるが，おおまかに以下の5部から成る（図0.2）．なお，第II〜IV部の実証研究を扱った各部では，内容をおおまかに振り返ることができるように，各部の終わりに「まとめ」をつけた．

第I部では，感謝と称賛をめぐる社会的背景や理論を紹介する．先行研究をもとに「すでに何がわかっているか」を体系的に整理し，感謝と称賛をめぐる心理・行動メカニズムを理解することが目的である．まず第1章では，現代

---

1) 社会心理学の領域だけでなく，経営学や組織行動論の領域でも，産学連携型の共同研究や現場の課題解決に挑むような取り組みは多くはなく，体系化も不十分なのではないかという報告もある（伊達, 2022; 服部, 2022）．一方で，こうした取り組みを広義の「アクションリサーチ」であると捉えるならば，むしろ社会心理学やグループ・ダイナミクスの研究における伝統的なアプローチだと考えることも可能かもしれない．このように産学連携研究については多様な立場や議論がありうるが，本書の目的を外れるため，ここでは産学連携の事例が限られるという筆者の理解を示すのみにとどめたい．

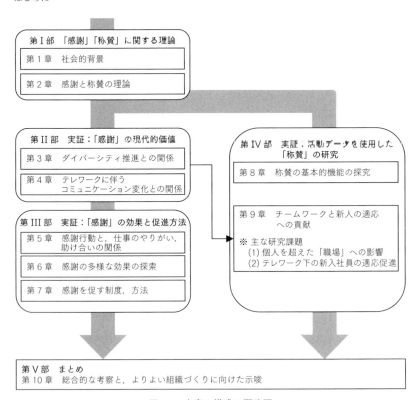

図 0.2　本書の構成の概略図

の企業組織でなぜ感謝と称賛のコミュニケーションが重要と考えられるのか，特に現代の企業組織をめぐる大きな変化である「ダイバーシティ推進」と「テレワーク導入」との関連に言及しつつ論じる．次に第2章では，前述の社会的背景に関する議論を踏まえて，心理学や組織行動論の研究において「感謝」「称賛」をキーワードにどのような研究が行われてきて，何が明らかになっており，何がまだ明らかでないかを整理する．

　第Ⅱ～Ⅳ部は，実証研究の結果を紹介する内容になる．一部に行動データを使用した分析も含まれるが（第4・8・9章），多くは質問紙調査を使用している．なお，この実証研究のパートでは，データとそれをもとにした解釈や考察が容易になるように，社会心理学の論文で一般的な以下の構造で各章を構成し

図 0.3　各実証研究の構造

ている．図 0.3 の通り，この構造ではまず，(1)研究の背景とそこから導かれる研究上の「問い」「仮説」が何かを示す．その上で，(2)どのような検証方法を用いて研究を行い，(3)いかなる結果が得られ，最終的に仮説を支持する結果が得られたのかを示す．そして最後に，(4)分析結果からどのようなことが言えるかを論じ，前述の(1)の「問い」「仮説」に対して一定の答えを出していく．

　さて，第 II 部では，特に現代的課題との関係に焦点をあてて「感謝」についての実証研究の結果を紹介する．具体的には，多様化が進む企業組織における感謝のコミュニケーションの意義と，そうしたコミュニケーションを可視化することで明らかになるものについて，ダイバーシティ推進（第 3 章）やテレワーク導入（第 4 章）といった，組織内でいわゆる「遠心力」として作用する変化との関係を軸に分析・考察する．

　続く第 III 部では，職場で感謝のコミュニケーションを促す上で重要な論点を二つ取り上げる．第 5・6 章では，二つの質問紙調査の結果をもとに，感謝が様々なモチベーションや行動とどのような関係にあるのかを示すとともに，感謝にまつわる認知バイアス（人の認識のクセ）や留意点も考察する．第 7 章では同じく，多様な企業で働く人々を対象にウェブ上で実施した質問紙調査の結果をもとに，どのような制度や仕事の特徴を備える企業で，感謝のコミュニケーションが活発に行われているかを検討する．これを通じて感謝のコミュニケーションを促すための方法についても手がかりを得ることを目指す．

　第 IV 部では，他の章とは視点を変えて，本書のもう一つのキーワードである「称賛」のコミュニケーションについて分析を行う．この際，他の章で使用した質問紙調査に基づく手法だけでなく，前述の企業との連携研究を通じて得られた，「社内で称賛を交わす・促すことができるアプリケーション」の利用

データを分析する（第8章）．称賛のコミュニケーションのデータから組織のどのような特徴を可視化することができ，そこから何がわかるのか，また称賛と感謝の効果がどのように異なるのかといったことを，行動データの分析という特徴的な手法を用いてひもといていきたい（第9章）．

　最後に第V部（第10章）では，先行研究の理論や本書の一連の実証研究を踏まえた学術的な示唆や，実践的示唆について考察する．特に，一連の分析結果を踏まえて，感謝と称賛のコミュニケーションをどのように活用することができて，それを通じてどのような点でよりよい組織づくりが可能かを中心に論じる．加えて，本書では明らかにできなかった問いや，新たに生まれた問い，今後の研究や実践の展望についても触れる．

「組織」「職場」の定義

　最後に，本書でたびたび登場する「組織」と「職場」という言葉の定義について，本書における筆者の考え方と定義を述べる．一般的に企業組織には階層があり，「企業」の下に「事業部」，その下に「部」「課」といった集団どうしが入れ子になる，複層的な構造で成り立っている．これを踏まえた上で，本書では便宜上，「企業」などのいわゆる法人として成立するような単位のことを「組織」と呼ぶ．本書で扱う組織に含まれるものは必ずしも企業だけでなく，公的機関や学校なども含まれうると考えるためである．

　一方の「職場」については，より小さな，日常的に活動をともにする範囲を本書では想定する．特に大企業のような何千人，何万人という単位で働く組織では，感謝や称賛を含む日常的なコミュニケーションや相互作用，協力は，「組織全体」よりも小さな，せいぜい数人から数十人ほどの単位で行われていると考えるほうが自然だろう．そこで，具体的には中原（2010）の定義を踏襲し，「責任・目標・方針を共有し，仕事を達成する中で実質的な相互作用を行っている課・部・支店」（中原, 2010, p. 10）を職場の定義として用いる．

目　　次

第Ⅴ部　感謝・称賛の効果と組織マネジメントへの含意

第Ⅰ部

感謝と称賛をめぐる研究とその背景

第1章 社会的背景──なぜ職場での感謝と称賛が重要か

　本章では，本書の中核を成すキーワードである，職場における「感謝」「称賛」をめぐる社会的背景を概観する．具体的には，現代の企業組織が直面する組織内のコミュニケーションに関する課題について，社会心理学的な観点も取り入れながら整理し，なぜ職場での感謝と称賛について改めて研究を行う必要があるのかについて論じる．なお，ここではコミュニケーションを「話すこと」に限らず，人と人の間で生じる様々な関わりや情報のやり取りなど，幅広い相互作用を含めるものとして議論を進める．

1.1　組織におけるコミュニケーションの意義と類型化

　そもそも組織にとってコミュニケーションは欠かせない要素である．アメリカの経営学者であり，組織の定義を示したことでも知られるチェスター・バーナードによれば，組織が成立するには，(1)共通の目標，(2)メンバーの貢献意欲，そして，(3)コミュニケーション，の三つの要素が必要とされる（Barnard, 1938 山本他訳 1968）．特に本書のテーマでもあるコミュニケーションに注目して平易に言い換えるならば，組織が持つ共通の目標に向けて，メンバーの貢献意欲を喚起するとともに，互いの活動を調整して円滑な目標達成を促すためのコミュニケーションが組織には欠かせないと言える．

　「コミュニケーション」は非常に幅が広い概念で，様々な観点から分析や分類が可能である．例えば，(1)コミュニケーションに使用される媒体の違い（対面，オンラインなど）や，(2)コミュニケーションの相手（上司か同僚か），(3)コミュニケーションの形態や内容（フォーマルかインフォーマルか），といった分類軸が考えられる．ここでは特に三つめのコミュニケーションの形態や内容に注目し，現代の組織における課題について，議論を進める．

　組織におけるコミュニケーションには，フォーマルな内容や形態のものも，

インフォーマルなものもある．何をもって両者を定義するかについては学術的に明確な定義がないと考えられるが，本書では次のように定義する．まずノーマルなコミュニケーションとは，業務上の指示・命令や報告，会議など，組織において仕事やタスクを遂行し，メンバーどうしの活動を調整する目的で公的に取られるコミュニケーションを指すものと定義する．一方で，組織ではそうしたフォーマルなものとは異なる，挨拶や声かけ，雑談などの緩やかなコミュニケーションや，喫煙所で喫煙者どうしが部署を超えて情報交換をするなど，非公式な（しかし時に重要な）コミュニケーションも多く取られている．本書ではこうした偶発的に生じ，必ずしも仕事やタスクの遂行と直接関わるものではないようなコミュニケーションのことを広く，インフォーマルなものと呼ぶ．組織におけるコミュニケーションを直接扱った先行研究でも，「偶発性」を重んじるものがあり（江頭, 2013），本書もそれを一部踏襲する．

　前述の Barnard（1938）の三要素の一つにコミュニケーションが挙げられる通り，組織ではメンバーどうしの活動を調整し，また指示を適切に伝えるためのフォーマルなコミュニケーションが必要不可欠である．しかし，インフォーマルなコミュニケーションも，それと同様かそれ以上に重要だと考えられる．例えば，縄田他（2015）は挨拶や声かけなどのインフォーマルなものを含む多様なコミュニケーションがチームワークを強め，パフォーマンスを高めることを実証的に示している．また，休憩中のコミュニケーションの活発さが業績と関連することを示した研究（渡邊他, 2013）の他，本書のテーマである「感謝」を交わすことがメンバーの自発的な行動につながることを示した研究もある（Sun *et al.*, 2019）．これらの研究で示されるように，組織においてはフォーマル，インフォーマルを問わず，多様なコミュニケーションが円滑に行われていることが大きな意味を持つと言える．

1.2　現代の組織課題 1：ダイバーシティの向上

　組織において日々の多様なコミュニケーションは欠かせないものだが，一方で，現代の企業組織には特にインフォーマルなコミュニケーションを困難にさせる変化が多く起きている．ここではそうした変化の代表的な例として，（1）

組織のダイバーシティ向上と，（2）テレワークの導入拡大について，コミュニケーションとの関連を示す調査結果などとともに簡潔に触れたい．

　第一の変化が組織のダイバーシティ向上である．組織のダイバーシティとは，ある組織内でメンバーの特徴にいかに違いがあるか，そのばらつきの程度のことを指す（Homan, 2019; 正木, 2019; Roberson *et al.,* 2017; van Knippenberg *et al.,* 2004）．その「特徴」の中には様々な要素が含まれうる他，分類の方法も多数提案されている．例えば，目に見える属性の違いである「表層のダイバーシティ」と，価値観などの目に見えにくい特徴の違いである「深層のダイバーシティ」を区別する立場（Harrison *et al.,* 1998; Homan, 2019）の他に，性別や年齢などの仕事内容に直結しづらい違い（関係性ダイバーシティ）と，教育経験や勤続年数，スキルなどの仕事内容に直結する違い（タスク関連ダイバーシティ）に区別する立場（Joshi & Roh, 2009）などがある．

　近年，日本では様々な観点から，ダイバーシティを向上させる圧力が組織に対して加わっている．その最たるものが，男女の協働という観点での「性別ダイバーシティ」の向上だろう．政府が推進する「女性活躍推進」の動きに伴い，従来よりも組織で働く女性の割合が増え，徐々にではあるが管理職に占める女性の割合も増えるなど，「性別」という観点でのダイバーシティの高まりは現代の企業にとって不可避な変化である．この他，労働人口の減少に伴う定年延長や定年後の再雇用者の増加による「年齢」のダイバーシティ向上や，フリーランス・業務委託の活用による「雇用形態」のダイバーシティ向上なども，近年目立つ変化である．

　組織のダイバーシティが高まることで組織に起こりうる変化は，クリエイティビティや意思決定の質の向上などのポジティブなものばかりではなく，ネガティブなものもあると社会心理学や組織行動論の研究では考えられている．そうしたネガティブな影響の最たるものが，ダイバーシティ向上がインフォーマルなコミュニケーションや，それを通じてもたらされる集団の一体感やチームワークの妨げとなる可能性である（van Knippenberg & Schippers, 2007）．例えば，株式会社リクルートマネジメントソリューションズが 2019 年に会社員 351 人を対象に行った「チームにおける多様性経験」に関する実態調査では，ダイバーシティが高くても業務，人間関係ともに良好なチームが半数近くを占めてい

た一方で，ダイバーシティがコミュニケーションとサポートを難しくすることも指摘されている（リクルートマネジメントソリューションズ, 2020）．そうした困難の具体的な例として，合意形成や意思疎通が難しくなることや，互いに仕事に求めるものが違うこと，「まわりに対してサポートする気持ちが不足していると，上手く業務が回っていかない」こと（同前調査）などが挙げられている．

　このようにダイバーシティが高い組織や職場でメンバーどうしの相互理解が難しくなることは決して不思議な問題ではなく，組織や職場のダイバーシティを研究する社会心理学の理論（社会的アイデンティティ理論，社会的カテゴリ化理論）にも沿った現象である．詳細は第 3 章で後述するが，異なる属性や特徴，価値観を持った者どうしがわかり合い，円滑なコミュニケーションを取ることは社会心理学的にも困難な課題であり，組織のダイバーシティ向上に伴う最大のハードルと言ってもよいかもしれない．

1.3　現代の組織課題 2：テレワークの拡大

　第二の課題が，新型コロナウイルス感染症（以下，新型コロナ）の拡大の中で急速に導入が進んだテレワークである．テレワークとは，従業員が所属する企業で主に勤務するオフィス以外の場所で働く手段と定義されるが（Gajendran, 2007），2023 年の本書執筆時点では，主に自宅から ICT 技術を利用して職務に取り組む「在宅勤務」とほぼ同義として扱われることも多い[1]．

　テレワークの利用拡大には賛否両論があり，本書執筆時点でも，テレワークの利用を拡大する企業（例：NTT グループ[2]）もあれば，利用を縮小または撤廃する企業（例：本田技研工業株式会社[3]）もあるなど，様々な議論が続いている．このように賛否が分かれる理由の一つが，テレワークの導入に伴って組織内の

---

1)　Gajendran（2007）の定義の通り，本来は主たるオフィス以外で働いていればよく，必ずしも在宅で働く必要はない．近年日本の企業でも導入が進む例を挙げると，主要拠点よりも通勤が容易な場所に遠隔勤務用の拠点を設けることや（サテライトオフィス），営業の仕事で外回りをする道中で喫茶店で仕事をすることなども，テレワークの中に含まれうる．
2)　2023 年時点の同グループに関する日本経済新聞（2023b）の報道内容に基づく．
3)　2022 年時点の同社に関する日本経済新聞（2022）の報道内容に基づく．

コミュニケーションが悪化するのではないかという懸念である．例えば，サイボウズチームワーク総研が，2020年10月に，在宅勤務に取り組む3087人に行った調査では，雑談などの「業務に直接関わらないコミュニケーション」の時間が「0分」と回答した人が全体の42%を占め，またこうしたコミュニケーションが「しにくい」と回答した人も53.7%に及んでいたとされる（サイボウズチームワーク総研, 2020）．類似の結果は，研究者が実施した調査でもたびたび見られている．加藤（2022）によれば，2020年10月にテレワークを経験する1000人を対象に調査を行ったところ，テレワーク時のコミュニケーションが出社時よりも「減少した」と回答した人の割合と，「変わらない」と回答した人の割合がどちらも30〜40%を占めており，「やや増加」「増加」と回答した人の割合は10%にとどまっていた．この調査結果からも，様々なコミュニケーション・ツールを使い分けるなどの工夫をすれば，テレワークによって「必ず悪影響が生じる」とまでは言えないものの，平均的に見るとテレワークはコミュニケーションに対してマイナスの影響を及ぼしやすいと考えられる[4]．

1.4 ポジティブコミュニケーションの例としての感謝・称賛の意義

このように，現代の組織における主要な変化とも言えるダイバーシティ向上とテレワーク推進は，ともに組織内のコミュニケーション，特にインフォーマルなコミュニケーションを困難にする方向に働きかねない．その点において，

---

[4] ただし，このように「テレワークによってコミュニケーションが減少する」ことを指摘する調査結果が多い一方で，コミュニケーションの減少がチームワークやチームの成果にどのような影響を与えるのかについては結論が出ていない．例えば，神吉（2021）は，2020年4月から7月にかけて実施された約3000人を対象とした調査・分析結果をもとに，テレワークは関係性の希薄化やコミュニケーション機会の減少の他，仕事を非効率にするとともに，組織に対する愛着を弱めるなど，望ましくない影響が見られたとしている．一方で，縄田他（2021）は製造業の企業で働く開発技術者を対象とした追跡調査をもとにして，テレワークの拡大によってチームワークが悪化したことを示す定量的な結果は得られなかったとしている．新型コロナ流行に伴うテレワーク導入の前から築かれていたチームの信頼関係，俗に言うコミュニケーションの「貯金」のようなものが影響しており，テレワーク前から十分な信頼関係があったかどうかが結果を左右したなどの可能性も考えられるが，明確な結論が出ておらず，今後の研究が期待される分野である．

こうした変化は，組織にとってメンバーが一体となって活動することを困難にする，言わば「遠心力」として働くものと捉えることも可能だろう．しかし，だからと言って組織のダイバーシティ向上を抑制する（画一的なメンバーだけの組織を作る）ことは，労働人口減少が著しい現代では現実的ではない．また，テレワークにはワークライフバランス向上などのメリットがあると言われることや，育児期の在宅勤務の利活用を政府が推進しているとする報道もあることなどを踏まえると（日本経済新聞, 2023a），一律にテレワーク利用を禁止することが望ましいとは限らない．したがって，現代の企業組織は必然的にインフォーマルなコミュニケーションの量・質が低下する方向へと向かっており，何の工夫も行われなければ，組織の機能を滞らせる可能性もある．

　では，そうした組織における失われがちだが重要なコミュニケーションには具体的にどのようなものがあると考えられるだろうか．学術的・実践的それぞれの理由から，数ある内容の中でも「ポジティブなコミュニケーション」に注目し，より具体的には「感謝」「称賛」の二つに絞って議論を続ける．

　これら二つのコミュニケーションの定義を端的に挙げるなら（関連する議論は第2章に詳述する），感謝とは，自分が誰かから恩恵を受けた際に，相手に対して自分が感じたありがたいという気持ちを表現することを指す．より具体的に言えば，様々な言葉や手段を通じて「ありがとう」と伝えることである．そして，称賛とは，このような恩恵の授受の場面に限らず，誰かが卓越した，または期待を超えた成果を発揮した際などにそれを率直に認め，「ほめる」ことである．いずれも日々あたり前に生じるポジティブなコミュニケーションだが，筆者がこれらにあえて注目した理由は以下の2点である．

　一つめの理由は，これらのポジティブなコミュニケーションやその背後の感情が，単なる「マナー」を超えて日常生活で重要な機能を持つと心理学の研究で明らかになっていることである．心理学や関連する研究領域では，特に「感謝」の感情や行動の機能に関する実証研究が2000年代初頭より盛んに行われている．それらの研究によれば，感謝の感情や行動には，(1)人のウェルビーイング（幸福感）の向上につながる他，(2)利他性や助け合いを促す，(3)人と人の関係性やつながりを円滑にする，といった社会を維持するために重要な機能があるとされている（Locklear *et al.*, 2023; McCullough *et al.*, 2008; 山本・樋口,

2020）．一方の「称賛」の感情や行動を扱った研究はそれと比べると数が少ないか，あるいは少なくとも「称賛の研究」として体系化はされていないように思われる．しかし，いくつかの研究によれば，称賛（ないしポジティブフィードバック）は，(1)集団や社会の規範（望ましい価値観）に合致した行動を称賛することで，望ましい行動を強化したり規範を浸透させる他，(2)称賛を受けた側から称賛を表した相手に対する信頼を強めたり，(3)成長満足感を高めるなど，社会や集団を円滑に運営する上での様々なポジティブな効果を持つとされる（Dasborough *et al.*, 2020; 山浦他, 2013; 繁桝, 2017）．このように，感謝と称賛はどちらも集団や社会の維持に欠かせない感情やコミュニケーションであると学術的に予想されていることが，筆者がこれらに注目した一つめの理由である．

　二つめの理由が，感謝と称賛のコミュニケーションは企業で実務的にも注目されているといくつかの調査結果から推測できることである．例えば，コロナ禍の職場のコミュニケーションを扱う各種調査でも，感謝に関する質問項目がたびたび登場する．株式会社リクルートマネジメントソリューションズが2020年3月に行ったテレワークに関する調査では，インフォーマルなコミュニケーションの一例として「感謝の言葉をかけたり，かけられたりする機会」を挙げ，これらがテレワークを通じて減少したと感じる人が多かったと指摘し，こうしたコミュニケーションは「意識せずにいると減ってしまう懸念がある」としている（藤澤, 2020）．また，近年は「サンクスカード」などの感謝を交わす制度や習慣を組織活性化の一手段として導入する企業も見られる（池田, 2019）．こうした調査や実践的な取り組みが，どこまで感謝と称賛に関する心理学的研究を踏まえたものであるかはわからないが，少なくともこれらのコミュニケーションが重要だと企業ないし実務家が素朴に感じ，これらに注目したことは確かだろう．もしそうした関心が集まるテーマであるならば，そして一つめの理由として挙げたような価値が感謝と称賛にあるならば，心理・社会的メカニズムを体系的に整理するとともに，実証的なデータも示すなど，議論の土台を整える必要があると筆者は考えた．このように，理論的な注目にとどまらず，企業の実務においても注目されるコミュニケーションであるために，本書では感謝と称賛の二つのコミュニケーションについて掘り下げて分析を行う．

1.5　感謝と称賛を介して目指す組織のあり方とは

　最後に，以上で述べたような社会的背景や感謝と称賛の潜在的な可能性を踏まえた上で，筆者が本書で紹介する研究を通じてどのような組織づくりに貢献することを目指すかという点を簡単に整理したい.

　「はじめに」でも簡潔に述べたが，2023 年現在，特に企業組織では，「人」がとても重視されるような情勢の変化が，企業の人事・組織を取り巻く実務上で起きているとたびたび耳にする. 象徴的な変化が「人的資本経営」への注目や，「はじめに」で述べた「ピープルアナリティクス」の隆盛だろう. 経済産業省によれば，人的資本経営とは「人材を『資本』として捉え，その価値を最大限に引き出すことで，中長期的な企業価値向上につなげる経営のあり方」を指すとされ（経済産業省, 2023），こうした「人的資本」に関する情報開示が特に上場企業を中心に求められるようになった. その中には「女性活躍推進」（または狭義のダイバーシティ推進）の観点からの指標も含まれている. また，それ以前から企業の人事領域ではデータを使用した人事・組織運営の支援がピープルアナリティクスと呼ばれて注目されており（北崎, 2020），これも企業組織における「人」の重要性を見直す動きと言ってよいかもしれない.

　ただし，人は完全に経済合理的な存在ではなく，したがって単にドライに金銭的な投資や管理をするだけで能力を発揮させることは，社会心理学を研究する者としてはあまり期待できない. たしかに労働条件や給与，能力育成への投資が非常に重要なことは疑いようがなく，労働環境や働く人々の「個」を重んじることなくして健全な組織は成り立たないと考えられる. しかし，人や，人が集まって形成するコミュニティとしての組織は，それに加えて様々な感情や対人関係，モチベーションや期待などに左右されながら活動する場所・存在である. したがって筆者は，人的資本経営に象徴されるような「人」の価値を最大化するマネジメントを実現するためには，研修を通じた能力開発への金銭的投資や労働条件の改善などもさることながら，人の心理や感情を適切に理解し，また良好な対人関係を築くために適切な働きかけが何であるかを考えることが必要不可欠と考えている. そして，感謝と称賛がそうした重要な感情やコミュ

ニケーションの一つであり，「人」の価値を最大化するための働きかけの一つ
になりうると考えている．

　以上を踏まえて，本書では感謝と称賛という日常的なコミュニケーションの
機能や意義を社会心理学的な観点やデータから見直すことで，「人」「組織」を
よりよく理解し，またその力を適切に引き出すことができる組織作りに役立て
られるような考察を行うことを目指す．

第2章 | 感謝と称賛に関する心理学的研究

　本章では，本書の核となる「感謝」と「称賛」について，心理学や組織行動論の知見を整理してみたい．具体的には，それぞれがどのようなコミュニケーションや感情であり，職場の誰・何に対して，いかなる心理的・行動的影響を，なぜもたらすのかといった点について実証研究の例も紹介しながらまとめる．2.1〜2.5節では，研究が特に豊富で体系立っている「感謝」についてまず整理し，それと比較しつつ 2.6・2.7 節では「称賛」についても併せて論じる．

2.1　感謝とは何か──感謝の感情，パーソナリティ，行動の違い

　「感謝（gratitude）」とは，自分（受益者：beneficiary）が他者から何らかの利益や恩恵を受けた際に，利益を提供した人（利益提供者：benefactor）に対して抱く肯定的な感情や，それを表すコミュニケーションのことと定義される（Emmons & McCullough, 2003）．心理学の研究では「道徳的感情（moral emotion）」の一つとして研究が蓄積されており，ポジティブかつ対人関係に深く関わる感情である点が大きな特徴だとされる[1]．

　感謝に関する心理学の研究は様々な観点から行われているが，感謝には三つの研究上の視点があることが知られている．本節ではそうした「感情（状態）」「特性（パーソナリティ）」「行動」の三つの視点に注目して，先行研究で明らかになっていることを整理する（図2.1）．

　まず一つめの視点が，「今，特定の出来事に対して感謝を感じているか」と

---

[1]　ただし，対象が必ずしも「人」である必要はないという議論もある（Lambert *et al.,* 2009）．本書のテーマである企業組織における感謝に限っても，例えば「組織」に対する感謝の感情を対象に行われた研究もある（Ford *et al.,* 2018）．しかし，そうした研究はあまり多くなく，体系化もされていないと筆者は考えている他，対人的なつながりや関係性に焦点をあてる本書の主旨を超える議論となることから，精査はしなかった．

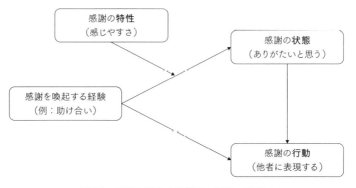

図 2.1　感謝に関する多側面の研究の模式図

いう，一時的な感情としての感謝である．これは心理学の先行研究では「状態的感謝（state gratitude）」などと呼ばれている（Locklear *et al.*, 2023; Watkins & McCurrach, 2021）．例えば，Emmons & McCullough（2003）の研究では，実験参加者に「今週あった感謝を感じたできごと」を振り返ってもらう介入が一定期間行われた．この介入は参加者が様々なものごとに対して感謝を感じている状態，つまり状態的感謝を意図的に強めるためのものであり，実験の結果，統制群（異なるできごとを振り返った参加者群）と比べて幸福感などの指標が高まることが示唆された．この介入は後に「感謝日記（gratitude journal）」と呼ばれ，一時的な感謝感情を指す状態的感謝を高める有力な方法の一つとされている（Locklear *et al.*, 2021）．

　二つめの視点が，「感謝を感じやすい性格かどうか」という，パーソナリティの観点から感謝を捉えるものである．例えば，職場で同僚が仕事で役立つ知識を自分に教えてくれたという場面を想像してほしい．この行為に対して，「同僚が自発的に自分のことを助けてくれた」と感じ，感謝の気持ちを持つ人もいるだろう．しかしそうではなく，「同僚どうしが助け合うのはあたり前だ」と感じ，特に感謝を感じない，または少ししか感じない人もいるかもしれない．このように感謝の感じやすさには個人差があることも知られており，こうしたパーソナリティのことは「感謝特性（grateful disposition[2])）」と呼ばれている（McCullough *et al.*, 2002）．感謝特性を測定する心理尺度も存在し，またそれが多くの研究で使用されている．例えば，次のような質問項目で測定される（白木・五

十嵐, 2014).

　「私が今までに感謝したことのすべてを数えようとしたら，きりがないだろう」

　「私の人生には感謝すべきことが多い」

　「世の中には，感謝すべきことは多くはない[3)]」

　「私は広くたくさんの人々に感謝している」

　「年を取るにつれて，自分の人生で出会った人々や出来事，境遇に対して，もっと感謝できると気づくようになるだろう」

　この尺度は，McCullough *et al.*（2002）によって作成された一般的な感謝特性の尺度を，白木・五十嵐（2014）が日本語に翻訳したものである．こうした質問項目に対して，「自分にあてはまる」と感じるものが多いほど，感謝特性が強い人物であると言える．

　感謝には以上のような「感情」としての捉え方もあるが，それだけでなく，先行研究には感謝を表明する・受けるといった行動的側面（以下，感謝行動）に注目したものもある（例えば，Grant & Gino, 2010; 蔵永他, 2018）．さらに言えば，感謝行動の中には，自分が「感謝を表明する」ことと，他者から「感謝を受ける」ことの両方が含まれており，それぞれの機能に注目した研究がある．感謝行動が注目を集める背景には，それが実験的介入に用いられてきたという方法上の理由に加えて，感謝感情は社会的交換関係（人と人が様々な事物を交換する関係）の中で生起するために，内心で感じるだけでなく，感じたきっかけとなった相手に対して表現されやすいことも理由に挙げられる（Fehr *et al.*, 2017）．また，近年では感謝が内心にとどまらず，表明されるからこそ，周囲に拡散し，「感謝の効果」が他者へと広がりやすくなることを指摘する研究もある（Algoe *et al.*, 2020）．具体的にどのような研究が行われてきたのかについては，2.3 節以降で詳しく述べる．

---

2)　この他にも，trait gratitude や dispositional gratitude と呼ぶ研究もあり，名称は必ずしも統一されていない（Locklear *et al.*, 2023）．

3)　回答者の不注意を防止するために，あえて目的と逆の意味をたずねる質問項目．この質問にあてはまるほど，感謝特性が「低い」と判断して，得点化が行われる．

2.2　感謝の「行動」に注目する理由

　本書ではこうした感謝の諸側面の中でも特に，対人関係において表明される感謝の「行動」に焦点をあてる．その理由は主に三つである．

　一つめの理由は筆者自身の問題意識にある．そもそも本書の問題意識の発端は，職場の「コミュニケーション」または「相互作用」，それによって形成される人と人の「関係性」の存在にあった．昨今のコロナ禍以降の職場においてはインフォーマルなコミュニケーションの減少，中でも感謝を受ける機会の減少が特に問題視されているが（藤澤, 2020），こうした行動の変化が従業員の他の態度や行動にどのような影響を及ぼすのか，あるいは特段問題視するべきなのか（つまり，感謝には本当に重要な意味があるのか）を見直す必要がある．こうした点を考察する助けとなる実証的な論拠を得ることを目指すため，感謝の感情ではなく，行動に特に焦点をあてる必要があると考える．

　二つめの理由は，より理論的なものである．詳細は後述するが，感謝は行動として表されることで集団内に広がり，多くの人を巻き込んで集団全体の良好な関係性の維持と改善につながる可能性がある．これは単に「内心でありがたいと感じている人」が多いだけでは生じえず，目に見える形でコミュニケーションとして表現されるからこそ生じやすくなることだと考えられる．そのため，感謝が人の内面の感情を超えて周囲に表明され，そして集団内外に広がりながら職場や組織を活性化させるというダイナミクスに注目することが，集団における感謝の幅広い機能を探究する上で必要不可欠だと考える．

　三つめの理由は実践的なもので，感謝を一種の「スキル」と捉えることで，具体的な組織改善につなげたいと筆者が考えているためである[4]．「はじめに」でも述べたが，特にダイバーシティ推進をめぐる議論では組織改善の施策がどうしても抽象的になりやすく，それゆえに現場で問題に向き合う方々にとって活きる知見を提供することが難しかった．もし感謝の感情だけでなく，表に現

---

4)　この一連の議論の中には，共同研究者の酒井智弘さんとの議論から着想を得たものも含まれている．この場を借りて感謝申し上げたい．

れる感謝の行動にもポジティブな効果が見られるのなら，意識的に感謝を表す習慣やスキルを身につけることで，あるいは「適切に表現できているか」を各々が内省することで，組織改善のための第一歩を踏み出すことができるかもしれない．このように社会心理学の研究を具体的な組織改善につなげる可能性を広げることも，筆者が本書で感謝の行動に特に注目する理由である．

2.3　感謝はなぜ，何に対して有効か──心理学研究で得られたエビデンス

さて，ここからは感謝行動の研究レビューに戻るが，先行研究で明らかになっている最も大きな知見の一つが，感謝は「する」側と「される」側の双方にとってポジティブな効果が期待できることである．先行研究も感謝を「する」ことの効果に注目したものと，感謝を「される」ことの効果に注目したものがあり，それぞれの効果を説明するために使用されやすい心理学の理論がある．以下では，感謝全般に関する様々な理論のうち，感謝行動に特に関係する研究を，感謝の表明と受領の各々に関係するものの順にレビューする．

感謝の「表明」に関する研究

まず前提として，感謝の「表明」は状態的感謝と密接に関わるものと捉えられてきた．すなわち，人は一般に状態的感謝（ありがたいという一時的な気持ち）を感じた後にそれを表明すると考えられる他，感謝を表すことで状態的感謝が喚起される（ものごとのありがたさを感じやすくなる）ことも知られている（Emmons & McCullough, 2003）．後者は先ほど紹介した感謝日記の研究などが発端となって，多くの研究で使用されている介入方法でもある．こうした背景を踏まえて，感謝の表明の機能を理論的に説明する際には，感謝感情の研究で参照されてきた次の二つの理論が援用されることが多い．

一つめが，Fredrickson（2004）の「拡張─形成理論（broaden-and-build theory）」である．この理論は，ポジティブ感情には思考と行動の幅を拡張し，長期的に有用な個人的・社会的資源を獲得することを促す機能があるとしている．言い換えるなら，特に感謝感情はポジティブな情報への注目を促すとともに，多様な相手に対する支援行動を促す点で拡張的であり，支援を通じて対人的な絆と

いう社会的資源を培う点で形成的だとされる．これと似たアプローチとして，Fehr *et al.* (2017) は，感謝の感情や特性が「スキーマ (schema)」として機能するという考え方を提示している．スキーマとは人が持つ「知識のまとまり」のようなもののことであり，人に特定の情報に対して注意を向けさせる，あるいは情報を特定の見方で理解することを促すような，言わばものごとに対する「眼鏡」の役割を果たすと考えられる．Fehr *et al.* (2017) は先行研究をもとに，感謝を感じる人はものごとをポジティブに埋解するようになる他，「人助け」「利他」といった感謝と強く関わる特徴に，特に注意を払いやすくなるのではないかと論じている．これは前述の拡張―形成理論と似た考え方であり，感謝の感情（やそれをもとに感謝を表明すること）は，ものごとをポジティブに捉えるように人に促す作用があると考えられている．

　二つめの「(感謝の) 道徳感情理論」(McCullough *et al.*, 2001) も似た点を指摘している．この理論は感謝感情に備わる道徳性に注目し，感謝感情には自身が受けた恩恵に対する注意を促し，向社会的モチベーション（利他的なモチベーション）を喚起することで，向社会的行動（利他的な行動）を動機づける機能があるとしている．前述のスキーマとして感謝を理解する考え方と非常によく似ているが，人の「向社会性」，つまり，自分のためだけではなく，他者や社会などのために行動するという，道徳的なモチベーションと強く関わることを理論の中心に置く点が特徴と言える．

感謝の「受領」に関する研究

　自分が誰かから感謝されること，すなわち感謝の「受領」についても同様の説明がなされることもあるが，異なる二つの理論によって効果が説明されることも多い．

　一つめの説明は，Algoe (2012) による「find, remind, and bind 理論」である．この理論は感謝の機能を対人関係の構築と円滑化の観点から捉えており，感謝には自身のニーズに応答してくれる点でよい関係を築けるパートナーを新たに見つけ出すか (find)，既存の対人関係の中から再認させ (remind)，そうした相手との対人関係を強固にする (bind) 機能があるとされる．前述の拡張―形成理論や道徳感情理論と似た機能を念頭に置きつつも，対人関係に特化して議論

を行う点が違いと言える他，厳密には感謝を「受ける」場合だけでなく，感謝の感情を抱き，他者に「表明する」場合にも適用できる理論である．まず感謝を「受ける」側に注目すると，自分が何らかの形で助けた他者から感謝を受けることで，当該人物が（わざわざコストをさいて助けた）自分のことを適切に理解し応答してくれているという感覚を持てるようになり，それが対人関係改善（またはその知覚）などのポジティブな効果を生むと考えられる（Lee *et al.,* 2019; Williams & Bartlett, 2014）．他方の感謝を「表明する」側にも似たメカニズムがあてはまると考えられ，感謝を感じたり表明したりすることで，自分を助けてくれたりニーズに応えてくれたりする他者の存在を心に留めるようになり，それが対人関係の改善やさらなる関係構築の意欲につながると考えることができる．

　感謝を受けることの効果に関する二つめの説明は，自己効力感や自身の社会的価値の確認に注目するものである（Grant & Gino, 2010; Lee *et al.,* 2019）．これらの研究では，自分が誰かに利益をもたらす行動を取った後，それに対して感謝を受けることで，自分が取った行動が適切だったことを確認できる他，それを通じて自己効力感や他者から見た自分の社会的価値の知覚が高まることで，ポジティブな効果が生まれると説明される．例えば，Grant & Gino（2010）の研究では，職場内で上司から感謝を受けることで，自分が対人関係において社会的に評価されているという知覚（社会的価値の知覚）が高まり，向社会的行動（給与に必ずしも反映されない営業活動など）が促されるという結果が得られた．組織における自発的な営業活動を，人助けや「誰かのための行動」を指す向社会的行動と呼ぶべきかどうかについては議論が分かれる可能性もあるが，少なくとも，自分が社会や対人関係において有用な存在だと理解できることを通じて様々な自発的・主体的行動が高まる可能性があるということは，前述の研究から言えるだろう．

感謝の機能のまとめと「第三者に対する効果」

　以上の議論をもとに，感謝行動が影響を与える「対象」という観点から対応する理論を分類したものが，表 2.1 である．感謝行動は主に，(1)向社会的行動，(2)心理的ストレスへの対処を含む多様なウェルビーイング，(3)他者との対

表 2.1　感謝行動が影響すると考えられる対象と，対応する主な理論

	対応する主な理論
(1) 向社会的行動	**道徳感情理論**：感謝は人の道徳的・向社会的なモチベーションを喚起し，人助けなどの行動を促す．
(2) 多様なウェルビーイング	**拡張―形成理論**：感謝は視野を広げ，ものごとのポジティブな側面に対する注意・注目を促す．
(3) 他者との対人関係	find, remind, and bind 理論：感謝は自分と協力的な関係を築くことができる相手に気づかせ，また絆を強める．

人関係，の三つの対象と深く関わることが先行研究ですでに明らかになっていると言える．また，(1)〜(3)の対象ごとに対応する主な理論があり，これらに準拠して感謝行動の効果が説明されることが多い（Locklear *et al.*, 2023）．なお，必ずしも理論と効果が一対一で対応している，つまり「他の説明は成り立たない」とまでは言えず，あくまでも「主にそうした理論で説明されてきた」だけである点には注意が必要である（Locklear *et al.*, 2023）．

　さらに言えば，近年は，感謝行動の感謝を「する」「される」二者間の関係に閉じた効果のみならず，第三者にも効果が広がることを示唆する研究もある．ここではそうした研究の例を二つ紹介したい．

　一つめは，表 2.1 にもある向社会的行動に関する研究である．感謝の感情や行動と向社会的行動の関係を扱った先行研究では，感謝は直接やり取りを交わした相手だけでなく，第三者に対する向社会的行動も促すことが示されてきた．例えば，Bartlett & DeSteno（2006）が大学生を対象に行った研究では，参加者は 2 人でパソコン上の実験課題に取り組むことを求められる．うち 1 人は実験者が用意した協力者，つまりサクラであるが，その事実は伏せられている．この実験には二つ[5]の実験条件があり，参加者のうち半数は「感謝条件」，もう半数は「統制条件」に割りあてられていた．感謝条件の参加者は，実験課題に取り組む中でパソコンの画面が映らなくなるトラブルに見舞われ，もう 1 人の参加者（前述の協力者）がそれを解決するという「人助けを受ける」経験をした．一方の統制条件では，単に参加者は 2 人で会話をするのみで，感謝条

---

5)　研究 2 の場合．研究 1 では三つの実験条件が存在した．

件のようなやり取りはなかった．その後，どちらの条件でも同様に，参加者は
もう 1 人の参加者（協力者）から，自身が取り組む「長時間かかる質問紙調査」
への回答協力を依頼されるのだが，実はその質問紙調査にどれだけの長い時間
協力したかを測ることが，この実験の真の目的だった．実験の結果，「感謝条
件」の参加者のほうが「統制条件」の参加者よりも長時間協力する傾向が見ら
れ，その効果は参加者が感じた感謝感情に媒介されていた（つまり，感謝条件の
参加者のほうが感謝感情が強く，それが理由で協力しやすかった）．

　Bartlett & DeSteno（2006）の実験のユニークな点は，最後に質問紙調査への
協力を依頼する人物が，(1)一緒に実験に取り組んだ（つまり，直接助けてくれ
た）人である場合と，(2)関係ない第三者である場合の二つの条件を設けたこと
だった．分析の結果，「感謝条件」では(1)の場合だけでなく，(2)の場合にも
協力時間が長く，またその関係は同じく感謝感情に媒介されていた．以上がこ
の実験の顛末だが，こうした第三者に対して先行的に行われる向社会的行動の
ことを，先行研究では「アップストリーム互恵性（upstream reciprocity）」または
pay-it-forward と呼んでいる（McCullough *et al.,* 2008）．一般的な用語で言えば，
恩を受けた相手に対して直接親切を返す「恩返し」と対置される表現として，
恩を受けた相手ではない第三者に対して親切をする「恩送り」という表現が近
いと考えられる．このように，感謝は二者間の協力関係のみならず，第三者に
まで広がる協力関係を構築することを人に促すものだと考えられる．

　二つめに，感謝を交わすことが「第三者の向社会的行動」を促す効果もある
ことを指摘する研究もある．Algoe *et al.*（2020）は複数の実験を行っているが，
最もシンプルな実験（研究 1）を紹介したい．この実験には 220 人のアメリカ在
住者が参加し，第三者が作成した映画のレビュー文を読んだ後で，自分が有用
だと感じた箇所にマーキングする課題に取り組んだ．その課題に取り組む前に，
参加者は過去に同様の課題に取り組んだ参加者の成果物をサンプルとして見る
ことができたのだが，実はその内容が二つの実験条件によって異なっていた．
「統制条件」では，過去の参加者は特に要求されていないレビュー文の誤植修
正も同時に行い，それに対してレビュー文の作者が「OK」とのみ返事をつけ
た成果物を目にした．「感謝条件」ではそれに加えて，作者が「誤植を直して
くれてありがとう！」と末尾に一言つけ加えた成果物を目にした．いずれかの

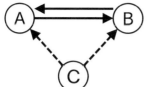

（1）A が B を助ける
（2）B が A に対して感謝を表す
（3）その様子を目撃した C は，A と B の双方が善意のある人物だと推測する

図 2.2　感謝に関する「目撃効果」の模式図

成果物をサンプルとして見終えた後，参加者は同じ作者が書いた別のレビュー文に対して「有用だと感じた箇所にマーキングする」課題に取り組んだのだが，実験の真の目的は，参加者が自発的に（実験課題で求められてもいない）誤植修正をどれくらい行うかだった．実験の結果，「感謝条件」の参加者は「統制条件」の参加者よりも多く誤植修正に取り組んでおり，感謝は「感謝を表した人」「感謝を受けた人」の向社会的行動を促すだけでなく，「そのやり取りを目撃した人」の向社会的行動も引き出すと論じられている．Algoe *et al.*（2020）はこうした効果を「目撃効果（witnessing effect）」と呼んでおり，その心理的メカニズムについても考察を行っている（図 2.2）．

　まず，第三者（仮に C 氏）が感謝を交わす二者（仮に A 氏・B 氏とする）の様子を観察し，自分が援助するに足る相手かどうかを見極めようとしているとしよう．この時，A 氏が B 氏を援助し，B 氏がそれを受けて A 氏に感謝を表明する様子を目撃したとする．こうした場面を目撃した C 氏からすれば，感謝を交わす様子から，A 氏は他者を善意から援助できる善良な人物であり，B 氏もまたその善意を理解して感謝という形で報いることができる善良な人物であるという情報を読み取ることができる．そして，このように「感謝を交わしている」という情報から二者の善意を読み取る（行動の原因帰属を行う）ことにより，C 氏にとって A 氏・B 氏は協力関係を築くに足る人物であると推定することができ，それが第三者たる C 氏の向社会的行動を引き出すと考察されている．

　このように，想定される心理的ないし集団のダイナミクス上のメカニズムこそ複数あるものの，感謝は二者間の助け合いを促す他，第三者も巻き込むことによって，集団や社会，対人的なネットワーク内での円滑な協力関係を実現する重要な感情および行動だと考えられている．

2.4　日常と職場の対人関係の違い——職場を対象とした研究の必要性

　前節の議論のように，感謝には人が集団や社会で暮らす上で重要な「協力」や，人どうしをつなぐ「関係性」を幅広く支える機能があると考えられている．ただし，多くの研究は学生や一般市民を対象として行われており，友人関係や大学の先輩後輩の関係，あるいは恋人・家族などの親密な対人関係の場面を想定して行われた研究が多い．こうした言わば私的な「日常生活」と，職場を含む「仕事の場面」はいくつかの点で特徴が異なるために，前者で得られた結果を後者にそのままあてはめることができるかは定かでない．しかし，感謝をテーマとして職場を対象に行われた研究は数が限られており，未だわかっていないことも多い．そこで本節では，まず日常生活における対人関係・集団関係と職場におけるそれとの間で考えられる違いにどのようなものがあるかを端的に整理し，以降の議論の前提を整える．

　日常生活と職場の対人・集団関係の大きな違いの一つめは，職場ではメンバーどうしの協働，チームワークが特に強く求められることである．第 1 章で触れた Barnard（1938 山本他訳 1968）の議論の通り，企業組織は本質的にメンバー間の協働の体系と定義され，共通の目的を達成するために円滑なコミュニケーションを取ることが求められる．「部」や「課」などのより小さな職場の単位ではさらにその傾向が強いだろう．それゆえに，企業組織を対象とした社会心理学や産業・組織心理学，組織行動論の研究では，チームワークやそれを円滑にするための諸要因の研究のニーズも強い（Sawyer *et al.*, 2021; Dasborough *et al.*, 2020）．私的な日常生活では必ずしもこうした協力関係が常に求められるわけではない．例として「友人関係」を想像すると，友人どうしが常に同一のタスクに連携しながら取り組むという場面は少なく，つかず離れず一定の距離感を保って対人関係を維持することも可能であろうし，それが自然だと言えるだろう．また，感謝の研究でたびたび取り上げられる対人関係として，夫婦などの家族関係も考えられる．しかし，家族は職場と違って血縁などの特殊なつながりがある他，職場のように「共通の目的のために協働している」集団やビジネスライクなつながりに基づく集団かというと，そうとは言いきれない．日常

生活と職場における対人関係にはこのような点で違いが見られるために，日常生活において助け合いと深く関わる感謝が，ビジネス上の関係である組織や職場でも効果を発揮するのかを改めて検討することが，組織現象を理解する上では欠かせないと考えられる．

　二つめの大きな違いとして，職場では日常生活以上に，利益と見返りから成り立つ「交換的規範（exchange-based norm）」が働きやすく，義務が曖昧な中で信頼や親しさなどにより特徴づけられる「共同的規範（communal norm）」が顕在化しづらいとされる（Fehr *et al.*, 2017）．また日々の仕事には報酬が伴うために，一つ一つの行動の原因が金銭的動機に帰属されやすく，善意からのものと解釈されづらい可能性も考えられる．こうした特徴ゆえに，日常生活を対象に得られた感謝の機能に関する知見が，職場にもそのまま援用可能とは限らない（Fehr *et al.*, 2017）．例えば，個人がある組織に居続ける理由や帰属意識を扱う「組織コミットメント」という概念の研究では，組織コミットメントには情緒的愛着のみならず，サンクコストや給与などに関係する存続的コミットメント，組織に参加し続ける義務感に関する規範的コミットメントなどの多様な要素が存在することが指摘されている（服部, 2020）．このように，特に組織における人の行動は利害関係やそれに対する知覚にも左右されやすいことから，金銭的ではなく社会的・情緒的な報酬にとどまる感謝のやり取りがどこまで，また日常生活と同じく効果的か，定かでない．したがって，従来の感謝の理論に依拠しつつも，組織や職場という独特な場で感謝がいかなる態度や行動を促すのかについて，慎重に検討する必要がある．

2.5　職場の中での感謝の有効性と，まだわかっていないこと

　以上のような前提のもとで，近年は職場というフィールドにおける感謝の機能を探究する研究も，総数は限られるが増えつつある．職場における感謝の感情や行動をテーマに行われた先行研究のレビューを行った Locklear *et al.*（2023）によれば，当該論文で探索できた研究のうち 55% ほどは 2017 年以降[6]に行われたものだったとされており，組織における感謝の機能を実証的に明らかにしようというアプローチは比較的新しいものだと考えられる．このように，研究

の数が限られるがゆえに未だ明らかでない点や未知のことも多いが，本節では 2.3 節と同様に「感謝の行動」に関して，特に「感謝すること」「感謝されること」がそれぞれ職場においてどのような機能を果たすと考えられてきたか，順番にまとめる．特に，日常生活における感謝の機能を超えて，「集団」として活動する職場ならではの感謝の機能や可能性，それらに関する代表的な仮説にも触れたい．

「感謝すること」の効果

まず「感謝すること（感謝の表明）」については，問題行動の減少や様々なパフォーマンスとの関連を指摘する研究が多い．例えば，Locklear *et al.*（2021）は，働く人を対象として 2 週間にわたる感謝日記（Emmons & McCullough, 2003）を用いた介入を行ったところ，そうした介入を通じて感謝を表明する経験をすることが，問題行動を減らすことを示した．異なる観点で池田（2015）は，日本のある企業を対象に，感謝を表明することを目的とした朝礼への参加と感謝特性の間に相関が見られること，また感謝特性が視点取得を媒介して各種パフォーマンスを高める効果を検討した．

これらの効果が生じた説明として，先行研究は 2.3 節で挙げた理論と近しい説明を行っている．Locklear *et al.*（2021）は，感謝介入がポジティブな情報への注意を促して自制心を発揮しやすくする（セルフコントロールを高める）ことに言及している他，池田（2015）は，拡張—形成理論に基づいて，感謝感情が高まることで，職場の同僚の視点から物事を考える「視点取得」が促されることを理由に挙げている．

なお，特に「感謝すること」は感謝感情とも二つの点で密接に関係しうる．いずれも 2.3 節で述べた内容だが，(1)感謝を表明するからにはその背後に源泉となる感謝感情があることが多い（つまり，感謝を感じているからこそ感謝を表明しやすくなる）ことに加えて，(2)心理学の研究では歴史的に感謝を表明する

---

6)　Locklear *et al.*（2023）は，厳密には "published within the last 5 years"（p. 2）と述べている．したがって，当該論文の初稿受理日である 2020 年 1 月からさかのぼって 5 年間（つまり 2015 年以降）を指している可能性もあるが，本書では論文の採択日である 2022 年 3 月からさかのぼって 5 年間を指していると解釈した．

ことで感謝感情を喚起するという実験的介入手法（例えば，Emmons & McCullough, 2003）が用いられていることから，感謝を表すことは人にとって，感謝感情を後から想起させる効果もあると考えられることも理由として挙げられる．

　この点を踏まえると，「感謝すること」の機能を検討する上では，職場の感謝感情を扱った実証研究の知見も参考になるかもしれない．例えば，Ford *et al.* (2018) は，仕事を持つ 54 人を対象に感謝感情の機能に関する調査研究を行った．参加者は 10 日にわたって，1 日 1 回，その日に感じた組織に対する感謝や怒りの感情の他に，その日に上司から受けた支援の程度や，自分が取った組織市民行動（要求以上の努力をするなど，業務上の義務を超えた自発的・利他的な行動），生産性を損なう行動の程度について，調査に回答することを依頼された．このデータをもとに，(1)日ごとの出来事や行動と感謝感情（状態的感謝）どうしの関係を分析した他，(2)期間を通じて平均的に感じていた感謝感情（感謝特性）や行動どうしの関係も分析したところ，(1)(2)ともに感謝感情は組織市民行動につながるという分析結果が得られた．つまり，(1)感謝を感じた日は組織市民行動を取りやすいし，(2)組織に対して感謝をよく感じている人ほど組織市民行動をいつも取りやすい，という二つの結果が得られている．

　同様に時系列を考慮した研究の例として，Sun *et al.* (2019) の研究も挙げられる．この研究は中国で働くソーシャルワーカー 187 人を対象に行われたもので，(1)回答者自身を対象とした 2 週間にわたる日記式調査の他に，(2)回答者の上司を対象とした調査も行われた．分析の結果，仕事で感謝感情を抱くほど，翌日に組織市民行動や上司に対する提案行動を取りやすくなるという結果が得られた．この他にも経験サンプリング法を用いた調査（Spence *et al.,* 2014）や，マインドフルネス介入が感謝感情を媒介して支援行動を促すことを示した研究（Sawyer *et al.,* 2021）など，複数の研究が組織市民行動や支援行動に対する感謝感情の肯定的な影響を示している．これらの影響は道徳感情理論で説明されることが多く，直接の利益提供者以外に対する行動も促される点も道徳感情理論に基づく予測と一致している．

「感謝されること」の効果

　次に「感謝されること（感謝の受領）」を扱った研究の例や，そこから得られた結果について述べる．

　こうした研究の代表例として，2.3 節で簡単に紹介した Grant & Gino（2010）の研究が挙げられる．この研究は必ずしも職場だけを対象としたものではないが，研究 3 は職場を対象として，感謝を受ける経験が自発的な行動を増すメカニズムを検討したフィールド実験だった．この実験はアメリカの大学で寄付金集めをする職員 41 人を対象としたもので，参加者は次の二つの条件（実験条件と統制条件）にランダムに割りあてられた．どちらの条件でも参加者は上司から仕事に対するフィードバックを日々受けていたが，統制条件の参加者はそれ以上の特別な介入を受けなかった一方で，実験条件の参加者には上司から日々の業務に対する感謝の言葉をもらう特別な機会を設けた．その後，参加者を対象に質問紙調査を行った他，介入の事前と事後に自発的な電話（募金の依頼）の頻度が測定された．これらのデータを対象とした分析の結果，実験条件の参加者にのみ，事前から事後にかけて自発的な電話の頻度の増加が見られた．加えて，この感謝の効果を媒介する要因が何かという分析も行われている．その結果，実験条件群ほど自分には社会的価値があり尊重されているという認識が強まり，その結果として自発的な行動が増えるという統計的な関係が見られた．この他にも，援助者が被援助者から感謝を受けることで，翌日のワークエンゲイジメント（仕事に対して感じる熱意や没頭感[7]）が高まることを日記式調査で示した研究などもある（Lee *et al.*, 2019）.

　これらの研究では，感謝を受けることが自身の社会的価値の認識を促すこと（Grant & Gino, 2010）や，他者との関係性を充実させることが，効果を説明するメカニズムとして考えられている（Lee *et al.*, 2019）.

感謝の集合レベルの効果

　これまでに整理した研究は，個人どうしの「一対一」の関係で対人関係を捉え，感謝する・されることの機能を検討するものだった．しかし，研究の中に

---

7)　「ワークエンゲイジメント」の詳細な学術的定義は，実証研究で使用する第 5 章で述べる．

はそうした「一対一」の関係を超えた「集団」の中での感謝の機能を探究するものもある．ここではまず，感謝を含む多様な感情が集団で広がるプロセスを考える上で重要な「情動伝染（emotional contagion）」に関する知見を簡単に述べた後に，感謝研究の代表的な例として，(1)組織を対象とした「感謝の集合レベルの効果」の研究と，すでに紹介した，(2)感謝行動は交わした二者間だけでなくそれを目撃した第三者の向社会的行動につながるとする研究に触れたい．

　特に集団を対象とした研究において，情動伝染とは，職場において何らかの「雰囲気」「ムード」が次第に広がるなど，ある個人や集団が持つ感情や態度が周囲にあたかも「伝染」するように影響し，広がるプロセスや現象のことを指す（Barsade, 2002）．例えば，親しい友人が落ち込んでいると，どうも他人事に思えずに自分の気持ちも沈んでくることなどは，日常生活ではありふれた現象だろう．それに加えて近年は，職場や組織で働く場面を対象とした情動伝染や，そうした感情の拡散の結果として生まれる「集合的感情（collective emotion）」の研究も増えている（Barsade *et al.*, 2018）．Barsade *et al.*（2018）によれば，ネガティブな感情が伝染することによって職場におけるバーンアウト（燃え尽き）の傾向が増すという研究や，ポジティブな感情が上司と部下の間で伝染することでリーダーの影響力が発揮されやすくなることを示す研究などがあるという．この他にも，例えば，Hartmann *et al.*（2021）は職場における「喜びの文化（culture of joy）」について実証研究を行っており，仕事において「喜び」を表現する習慣が強いチームほど，チームとしてのレジリエンス（対応力）も高まることを調査から示している．

　なお，このような情動伝染という情動的な説明以外に，より「理性的」な営みの蓄積として，感情や行動の伝染を説明することを試みる研究もある．それがすでに触れた，Algoe *et al.*（2020）の感謝の「目撃効果」の研究である（詳細は 2.3 節，図 2.2 参照）．この研究では，二者が感謝を交わす際，それを目撃した第三者の協力的な行動を引き起こす可能性が示されている．この際，第三者は「感情が伝染した」ことが理由で協力的に振る舞うのではなく，援助と感謝を交わした二者に対して，「自分が協力してもきっと報われるので，安心だ」と理性的に判断したことが理由で協力的に振る舞うとされる．いずれにしても

「集団内で特定の感情やそれに伴う行動が広がることがある」という結論は変わらないものの，情動伝染と，このような「理性的」な判断の積み重ねという，少なくとも二つの異なる説明方法が存在していると言える．

　さて，こうした集団内での感情やそれに伴う行動の拡散・共有は，Algoe *et al.*（2020）が示したように「感謝」にも大いに生じ，それが何らかの別のポジティブな帰結につながる可能性が指摘されている．すなわち，感謝は「私が経験する」だけでなく，何らかの形で「集団のメンバー全体が互いに交わし，経験する」ことにも独自の効果があるのではないかと予想されている．Fehr *et al.*（2017）はこうした，ある集団内で共有された感謝の感情や行動を「集合的感謝（collective gratitude）」と呼んでいる．そして，集団の中でメンバーどうしが感謝の感情や行動により強く結びつくことが，メンバーどうしの信頼や互酬性規範を強めたり，組織が外的な環境の変化に柔軟に対応するためのレジリエンスの形成を促すなど，いわゆる「組織力」を高める可能性があるのではないかと理論的に推測している．

　ただし，Fehr *et al.*（2017）が言うところの「集合的感謝」，あるいは「集合レベルで起きる感謝」とは，具体的にどのような現象や状態をイメージすればよいのだろうか．より詳しく検討を進めると，そこには論理的にはいくつかの異なる状態が考えられることがわかる．例えば，最もシンプルには情動伝染の考え方をもとに，(1)集団のメンバー全員が感謝を感じている状態（感謝感情の共有），つまり，ある種の感謝の「ムード」のようなものが集団に存在する状態が考えられるだろう．加えて，感謝は必ず「相手がいる」行動であることに注目すると，(2)同じ集団の中で感謝をメンバーどうしが表明し合い，緊密につながっている状態（メンバー間の感謝行動の共有）もまた，「集合レベルで起きる感謝」を表していると考えられる．さらに言えば，感謝の相手が同じ集団内にいる必要も必ずしもないため，(3)(集団外の相手に対しても)感謝を表明する・される習慣が多い状態もありうるだろう．このように，一口に「集合レベルで起きる感謝」と言っても様々な状態が考えられる．例えば，(2)のほうが(3)よりも集団内の対人的な協力関係を強め，(3)は集団間の対人的な協力関係を強めるような可能性が素朴には考えられるが，そうした違いの有無も含めて，実証的な研究がほぼ見られないため，「集合レベル」の感謝の研究はまだ理論的

なアイデアにとどまっていると考えられる[8].

2.6　感謝と称賛の違いは何か

　前節までは，本書を構成する主な要素の一つである「感謝」の感情や行動の機能について，心理学や組織行動論の研究から明らかになっていることをまとめた．ここで論点を変えて，本書のもう一つの重要な要素である「称賛」について議論したい．

　ただし，「称賛」について体系的に論じることは「感謝」以上に難しいと筆者は考えている．それは，筆者の知識の限りでは，職場における「称賛の研究」が未だ体系的に行われていないように思われるためである．たしかに「称賛」または近いキーワードをテーマとした理論的・実証的研究はいくらか存在する．しかし，感謝の研究は"gratitude"というキーワードで体系的に行われているが，称賛の研究にはそうした明瞭なキーワードが存在せず，詳細は後述するが，"praise"の他に"other praising"や"admiration"，"positive feedback"など，そもそも研究によって呼び名が多様であるがゆえに，焦点を定めて研究のレビューを行うことが難しい．さらに言うと，それらの多様なキーワードを使用して行われた研究が，様々な研究領域（心理学，リーダーシップ研究，教育学など）で独自に行われており，領域をまたいだ研究論文の引用や理論の参照があまり行われていないように思われる．それゆえに，本書の中核的な問いである「『ありがとう』と伝える・伝えられることと，ほめる・ほめられることの，効果は違うのか」という問いに正面から答えられる研究がない，または目につきにくいのではないかというのが筆者の考えである．以上の内容を端的に言い換えると，前述の「感謝の研究」のように理論と実証が体系的に整理されたわかりやすい一つの研究領域として「称賛の研究」という領域があるのかという

---

8)　限られた例外として正木・久保（印刷中）の研究が挙げられる．この研究では，ある企業で行われた感謝のコミュニケーションを交わすイベントのデータと人事データを用い，時系列性も考慮した分析の結果，本文の(2)と(3)のそれぞれの職場単位の感謝の蓄積が，人材の社内評判や主体的行動といった異なる要因に対してポジティブな効果を持つ可能性があることを指摘している．

と，そうとは言いきれない点が課題だと考えている．

　そこで本節では，「称賛」または近しいテーマを扱った研究として，本書の
テーマ（職場における称賛の実証研究）と何らかの点で関わりが深い次の三つの
研究に注目した．

（1）感謝を含む職場に関する道徳的感情の研究

（2）職場におけるフィードバックに関する研究

（3）学校（ないし教育領域）における「ほめる」ことの効果の研究

　これらの研究は相互にあまり参照されないようにも感じており，それぞれの
研究の共通点や相違点が（感謝との違いに注目した）「称賛の研究」という観点か
ら整理されることが少なく，重複する点や，似た内容が異なる表現で研究され
ていることもあると思われる．そこで本書では，「感謝の研究」に主に取り組
む立場から，これら三領域における代表的な研究知見を端的に整理しつつ，
「感謝との違い」という点を軸に，称賛の機能や可能性について論じたい．

道徳的感情の研究と「称賛」

　「感謝の研究」でも触れた道徳的感情の研究では，「称賛」はどのように言及
されているのだろうか．称賛という日本語にどのような英語の訳語をあてるか
（例えば，praise, admiration）によるが，Algoe & Haidt（2009）は，称賛と感謝は
非常に密接な関係にあるとしている．Algoe & Haidt（2009）は議論の出発点と
して，人が持つ様々な感情の中には，「他者の模範的な行動」に反応する感情
群があるとしており，これらを「他者称賛感情（other-praising emotion）」と定義
している．そして，その代表例が次の三つの感情であるとしている．

　一つめがすでに触れた「感謝（gratitude）」である．感謝はこれまでの議論の
通り，他者の利他的な行動（つまり，利益を提供してくれた時）に対して感じる感
情である．利他的な行動や協調は社会の維持のために不可欠な行動であること
から，模範的な行動に反応して起きる感情の一種と解釈できる．

　二つめの他者称賛感情が「高揚（elevation）」である．これは感謝と比べると
素朴に理解することが難しい概念だが，Algoe & Haidt（2009）によれば，高揚
とは他者の道徳的に優れた特徴や行動を目撃した際に，その対象者に対して感
じる感情だとされる．社会において美徳とされるような，道徳的に優れた行為

をする人に接した際に感じるポジティブな感情であり，それを自分も真似したいと思わせるような感情であるとされる．職場を対象とした研究は非常に数が限られるようだが（Dasborough *et al.,* 2020），例えば，自己犠牲の姿勢を示すリーダーに接した時に感じやすい感情であり，これを感じることで組織市民行動が促されることを示した研究がある（Vianello *et al.,* 2010）．

　三つめの他者称賛感情が「称賛（admiration）」である．前述の高揚という感情が他者の道徳的に優れた特徴に反応するものならば，称賛はそれ以外の一般的な卓越した行為（non-moral excellence）に対して生じるものであるとされる．例えば，営業の仕事に従事するある会社員が，優れた営業成績を収める先輩社員を目撃した時，その社員に対して感じる敬意のような感情が称賛にあたると考えられる．この例では，「優れた営業成績を収める」ことはたしかに卓越した行為だが，道徳的に優れた行為かと言われれば，そうとは言いきれない．ここに高揚と称賛の二つの感情の違いがあると考えられる．しかし，高揚と称賛は起点となる他者の行動こそ違うものの，何らかの「優秀さ」に対して反応する感情である点は共通しているために，似通った感情であると言えるだろう．

　以上の三つの他者称賛感情の共通点と相違点を整理したい．

　まず共通点だが，どれも他者の優れた行為に反応して生じるポジティブな感情である点が共通している．つまり，人が一人だけでいる時に感じる感情ではなく，本質的に対人関係において生じる感情だという点が共通している．また三つの感情はともに，感じた人の特定の行動を促す点も共通している[9]．感謝は利他的行動を，高揚と称賛は優れた行動の模倣や自己改善を促すと言えるだろう．こうした性質ゆえに，これらの感情は集団における規範や秩序を維持す

---

9)　他者称賛感情に限らず，あらゆる感情に共通する機能だという考え方もできる．例えば，Fredrickson（2004）は心理学における一般的な感情の捉え方として，(1)感情には特定の情報に対して直感的に注意を促し，(2)感情を抱いた状況に適応的な特定の行動を促す機能があるのではないかと論じている．例えば，「恐怖（fear）」は危機に反応して生じる感情で，そこから遠ざかることを促すと解釈される．その意味において，感情は環境に対する自動的な反応を導く点で人間にとって適応的なものだったという議論である．ただし，感謝などのポジティブな感情に同様の機能を想定すべきかについては，厳密には議論が分かれている．自分が得た恩恵などの特定の情報に反応する点では同様の機能があると考える立場もある（例えば，McCullough *et al.,* 2008）が，むしろ特定の情報に反応せずに視野を広げることを重視する立場もある（例えば，Fredrickson, 2004）．

るために必要な感情だと言われることもある（Dasborough *et al.*, 2020）．例えば，ある架空の会社があり，そこでは「自分に課せられた役割を超えて，社員どうしが支え合うこと」（いわゆる「ポテンヒットを拾う」こと）が望まれているとしよう．この時，「自発的に支え合う行動を取った社員」が目に見える形で称賛されることで，当人や周囲は「その行動が称賛に値する重要な行動なのだ」と学習することができ，したがってそうした行動を自身も模倣するようになる．こうして当該企業における規範や組織文化が維持されることになり，称賛や感謝はその維持に一役買うこととなる．

　他方で相違点は，三つの感情の発端となる行為にある．前述の通り，感謝は利他的行動に対して，高揚は道徳的な卓越に対して，そして称賛は道徳性が関わらない卓越に対して生じると考えられている．特に称賛は，感謝と高揚以上に幅広い内容に対して生じうるために（営業成績に対する称賛，助け合いに対する称賛，発明やクリエイティビティに対する称賛など），様々な文脈で生じる感情だと考えられる．

　では，これらの「感情」に関する議論を踏まえた上で，「行動」や「コミュニケーション」としての感謝（「ありがとう」など）と，称賛（「すごい」などのほめること）は本質的な違いがあるものだと言えるのだろうか．実はこの点は議論が分かれており，あまり実証的な結論は出ていない．

　まず，「感謝と称賛は違うコミュニケーションだ」という立場の研究例として，Algoe *et al.*（2016）の研究が挙げられる．この研究では，そもそも感謝の中に(1)自分が利益を受けたことに反応して生じる側面（言わば自己目線の感謝）と，(2)利他性という他者の優れた，称賛に値する行為に対して生じる側面（言わば他者目線の感謝）の二面性があると仮定している．この仮定を念頭に置いて行われた Algoe *et al.*（2016）の実験では，異性カップルどうしに互いに感謝を表明してもらい，事後的に感謝の内容や程度を前述の(1)と(2)のどちらかに分類した．前者の例としては「おかげさまでリラックスできた」といった内容が，後者の例としては「わざわざ～してくれてありがとう」といった内容が具体的にはあった．そして，これらの異なる種類の感謝がポジティブ感情や相手に対する愛情に与える効果を分析したところ，前者は効果が弱く，後者の称賛に近い意味合いの感謝の効果のみが見られた．この実験結果を踏まえると，前述の

(1)のような単に「ありがとう」と伝えるか自己目線で行う感謝型のコミュニケーションと，それを超えて称賛の意味も込めて伝えられる称賛型のコミュニケーションの間には，効果の違いがあると考察することができる．

　一方で，「感謝と称賛は同じまたは類似のコミュニケーションだ」という主張の論拠となりうる実証研究もある．例えば，酒井・相川（2020）は，自分が抱いた感謝感情を他者に適切に伝えるために使用される行動レパートリーを「感謝表出スキル」と定義し，大学生249人を対象とした質問紙調査をもとにそれを測定する尺度を作成している．この尺度では，「感謝を伝える目的」で行われるという前提のもとでは，「ありがとう（ございます）のような言葉を言う」ことと「相手を褒める」ことは定量的に同じカテゴリ（因子）に分類されており，コミュニケーションの上で感謝と称賛は区別が必ずしも必要ではないと考えられる．この実証研究の結果や，そもそも Algoe & Haidt（2009）が感謝と称賛をどちらも同じ他者称賛感情という大きな傘のもとで捉えていることを考えると，感謝と称賛を互いに異質なものとして明確に区別する必要はないと考えることもできる．また，「称賛」の英語の訳語に praise をあてるならば，そもそも感謝も称賛（other-praising）の一種であるという解釈もありうるなど（Algoe & Haidt, 2009），前段落とは異なる解釈の余地も残されている．

フィードバックとリーダーシップの研究と「称賛」

　以上のように，道徳的感情の研究では感謝と称賛の区別はやや曖昧なままとなっており，道徳的感情の研究を引用しながら称賛のコミュニケーションについて論じる実証研究もあまりない．一方で，これとは別の観点から「ほめる」という行為やコミュニケーションの効果を論じる研究がある．それが組織や職場における「フィードバック（feedback）」の研究である．本項では，この研究領域では何が明らかになっているのか，本書の問いに対してどのような手がかりを与えるものなのか，特に日本国内で行われた研究を中心に知見をまとめる．

　そもそもフィードバックとは，ある人物の過去のパフォーマンスなどに関する情報を周囲が提供することを指す概念である（Ilgen *et al.*, 1979; 山浦他, 2013）．組織で働く中で，自身を振り返り，成長に向けて自己改善を図るには，特に部下にとっては上司や周囲からのフィードバックが欠かせない．こうした重要性

を踏まえてか，組織におけるフィードバックの研究では，(1)フィードバックの様々な効果に関する研究（Ilgen *et al.*, 1979; 繁桝, 2017; 山浦他, 2013）の他に，(2)特に部下の立場から周囲に対してフィードバックを求める「フィードバック探索行動（feedback seeking）」の研究（Parker & Collins, 2010），そして，(3)フィードバックを得やすい環境で働いているかという職務特性としての側面を扱う研究など（Morgeson & Humphrey, 2006），様々な観点で実証研究が行われてきた．ただし，本書はあくまでも職場におけるコミュニケーションに関心があるため，特に(1)のフィードバックの効果に関する研究を中心に議論を進める．

　フィードバックの研究の中でも特に本書のテーマに関わる点が，「ポジティブフィードバック（positive feedback）」の存在である．ポジティブフィードバックとは，対象者の「望ましい，または期待を満たすパフォーマンスに対して『良いところを指摘する』」ようなフィードバックを指しており（繁桝, 2017, p. 159），研究によっては「ほめ賞賛[10]する」ことを含むものとして扱われることもある（山浦他, 2013, p. 518）．これは，対象者の望ましくない点を指摘するネガティブフィードバックとは区別され，ポジティブとネガティブの両方のフィードバックが実証研究の対象となってきた．

　ポジティブフィードバックをテーマに行われた先行研究では，条件つきのこともあるが，概ね上司のポジティブフィードバックは部下に対してポジティブな影響を与えることが知られている．繁桝（2017）は，企業で働く 20 代から 40 代までの正社員 475 人を対象とした調査で，ポジティブ・ネガティブ両方のフィードバック頻度をたずね，それらと上司に対する信頼や，上司の誠実性や能力に対する信頼性の知覚との関係を検討している．そして分析の結果，上司からのネガティブフィードバックの頻度は，上司の能力に対する信頼性のみにポジティブな効果があったのに対して，ポジティブフィードバックの頻度は，上司の慈善性・誠実性・能力に対する信頼性の他，自身の成長満足感や組織に対する愛着など，広範な要因に対してポジティブな効果を持っていた．山浦他

---

10)　職場におけるコミュニケーションとしての称賛には，必ずしも物理的な報酬が伴わないことから，本書では一貫して「称賛」という表現を使用している．しかし，現実には「称賛」と「賞賛」がほぼ同義のものとして日常的に用いられることも踏まえ，ここでは山浦他（2013）の表現に準じて原文に沿って「賞賛」と表現した．

（2013）が行った大学生を対象とした実験研究では，繁桝（2017）の研究ほど広範な効果は確認されなかったが，（1）上司との関係性が良好で，（2）与えられた課題目標に沿ったポジティブフィードバックを受けた場合に，参加者の課題に対する責任感が高まるなどの結果が見られた．これらの研究に代表されるように，ポジティブフィードバックは有効に機能しやすい条件などこそ存在しうるものの，広くポジティブな効果を持ちうるものと考えられてきた．

　では，本書でテーマとしている「称賛」のコミュニケーションの理解に，こうしたポジティブフィードバックの研究知見はどのように役立つのだろうか．あるいは「称賛」とポジティブフィードバックの共通点はどこにあり，相違点はどこにあるのであろうか．前項で触れた道徳的感情の研究と関連づけつつ，議論をまとめたい．

　まず道徳的感情の研究との共通点として，称賛とポジティブフィードバックはどちらも対象者の様々な「優秀さ」ないし「卓越性」に対して行われる行動であり，対象者が優れていると行為者が感じたことを言語的に伝える行動であることが挙げられる．

　一方で，重要だが曖昧なままとなっている相違点として，感情を伴う必要性の有無が挙げられる．道徳的感情の研究は「感情」の研究であることから，何らかの感情表現を伴うようなコミュニケーションであることが要件となる．例えば，感謝の研究で言えば，「ありがとう」という表現には，（1）自身が恩を受けた事実を伝えるとともに，（2）それを自分がありがたいと感じたという感情を表す意味も込められている．称賛も潜在的には同様であり，単に「あなたは100点満点中99点でした」とよい結果を本人に返すだけでなく，「相手が優れていると『私が感じた』」ことを伝えることが重要な意味を持つと考えられる．しかし，ポジティブフィードバックの研究では，こうした感情よりも「ポジティブな情報」の事実を伝えることが要件となっている（Ilgen *et al.*, 1979）．したがって，例えば上司が部下に「あなたは100点満点中99点でした」と事実を正確に，感情を込めずに伝えることもまた，ポジティブフィードバックと言ってよいのではないかと考えられる．山浦他（2013）のように「ほめること」を定義に含めるものもあるが，繁桝（2017）などの他のフィードバック研究とも併せて考えると，道徳的感情の研究のように感情を込めることを必須とまでは

していない点に違いがある.

　さらに言えば，ポジティブフィードバックに関して行われた研究はあくまでも「フィードバックの研究」として行われているため，「感謝を伝えることとは違うのか」という問いには明示的に答えられない．前項の道徳的感情の研究にあるように，感謝と称賛は非常によく似た感情や行動であるために，この点は大きな研究課題として残されている.

学校における称賛の実証研究

　これまで，称賛を「感情」として捉える道徳的感情の研究領域と，称賛を「情報伝達」として捉えるポジティブフィードバックの研究領域で明らかになっていることをまとめてきた．ここで最後に視点を変えて，「ほめる」という行為の効果を直接検討してきたもう一つの領域である，教育場面（特に学校）を対象とした研究の一部を取り上げる．この領域は学生や生徒，児童を対象に行われている研究であることを除けば，本書のテーマに最も近い研究がなされているものと考えられる.

　学校を対象とした研究では，文字通り「称賛 (praise)」が学生・生徒・児童に与える影響の研究が行われてきた（例えば, Henderlong & Lepper, 2002）．筆者は教育領域の研究を必ずしも専門としていないために，誤解がある可能性もあるが，こうした研究から明らかになっていることや，近年の新たな研究について，Kakinuma *et al.*（2022）のレビューをもとに端的にまとめる.

　この研究における「称賛」は，ある人物が対象者のことをポジティブに評価していることを伝える行為であると定義され，単によい結果に言及するフィードバックや，将来に向けた「励まし (encouragement)」などと区別できるとされる（Henderlong & Lepper, 2002）．こうした学校における称賛の研究で最も蓄積が多いものが，「ほめられること」の効果の研究である．中でも，「何をほめるか」という称賛の内容に注目した議論が多く，「子どもの努力をほめる」ことと「子どもの能力や才能をほめる」ことのどちらのほうがよい効果をもたらすのかが，主な研究対象の一つとなってきた（Mueller & Dweck, 1998）．そして，子どもの努力をほめることは，子どもにとって「能力は努力によって伸ばすことができる」という考え方（成長マインドセット，または増加理論と呼ばれる）を強

め，それゆえにポジティブな効果を生みやすいとされる．

　これに加えて近年に行われ始めた研究として，「称賛すること」が称賛を表明した人（称賛者：praiser）に与える効果の研究がある（Kakinuma *et al.*, 2022）．論文中で明確に引用などは為されていないものの，前節で触れた通り，「感謝」にも「感謝されること」と「感謝すること」の二つの側面に注目した研究が進んでいることと似た構図であると考えられる．具体的な研究内容だが，Kakinuma *et al.*（2022）は，前述した「何をほめるか」に関する研究やコミュニケーションに関する先行研究などを踏まえて，称賛者に対する影響について，次のような議論を展開している．まず，称賛されることに関する研究では，例えば努力を称賛されることによって，受け手は「努力が重要だ」というメッセージを受け取り，そうした考え方のもとで次の行動を選ぶと考えられている．称賛「すること」の効果もまた同様であり，他者の努力を称賛すると自分も「努力が重要だ」という観点からものごとを解釈し，他者の能力を称賛すると自分も「能力が重要だ」という観点からものごとを解釈するようになるのではないかと，この研究では仮説が立てられた．こうした仮説のもとで，大学生を対象とした複数の質問紙調査と実験研究が行われた結果，総じて他者の（努力ではなく）能力を称賛すると，困難なタスクに取り組むモチベーションが低下したり，ポジティブ感情が低下したりする傾向が見られた．

　このように，学校を対象とした「称賛」の研究では，(1)感情や主観的評価を伝えることを重視する点で道徳的感情の研究とも近い内容が，(2)称賛を伝えるというコミュニケーション自体に注目して研究されてきた．また，(3)称賛を受けることの効果だけでなく，称賛を伝える側に対する効果にも注目している点など，前節までで触れた感謝に関する研究とも共通点が多い．ただし，教育の場面における称賛と，組織や職場における称賛が同一の機能を持っているのかは定かでなく，効果が異なっていてもおかしくはない．感謝の研究において言及したように，日常生活と仕事の場面では金銭的なインセンティブや契約関係の有無などの特徴が異なる上に，教育場面は主に「未成年」を，仕事の場面は主に「社会人」を対象としていることから，研究対象の年齢層も大きく異なっている．また，前項のフィードバック研究と同様に，本項で引用した研究はあくまでも「ほめること」に注目した研究領域であるために，感謝との機

能や効果の違いは明確でない点も研究課題であり，本書の根本的な問いに正面から答えるには十分ではない．

称賛とは何か──三つの研究群のまとめと，感謝との違い

以上の三つの研究群はどれも「称賛」やそれに似た概念を何らかの形で研究対象としているが，統一された結論は得られていない．そこで本項ではこれらの研究群から得られた知見をまとめた上で，称賛と感謝は何が違うのかについて述べたい．

まず，三つの研究群から得られた様々な「称賛（ポジティブフィードバックを含む）」の定義や特徴を表 2.2 にまとめた．この表にある通り，「称賛」は，（1）対象者の優れた点や行動に対して生じるものであり，（2）相手に対するポジティブな感情や評価，または相手のよいところなどを伝える行為で，（3）自己改善や組織愛着の向上など，称賛された側にとってよい効果を生む可能性が期待されている．また，（4）称賛を表した側に対してもポジティブな効果が生じる点で，感謝と似た特徴を持つとも言える．

それでは，称賛は感謝とは何が違うと言えるのだろうか．三つの研究群のうち，特に後者二つは「感謝の研究」との対比で行われたものではないため，この問いに明確に答えてはいない．そこでここでは，筆者なりに，前述の三つの研究群から得られた知見をもとに，感謝と称賛の違いがどこにあると考えるかを論じたい．

まず，感謝と称賛は，少なくとも伝え方や表現が異なるコミュニケーションである．前者は「ありがとう」であり，後者は「すごい」などの「ほめる」ことであるため，両者は少なくとも形式上は異なる表現になることが多いだろう．道徳的感情の研究の例である Algoe *et al.*（2016）も「自分が恩を受けたこと」に焦点をあてて伝えられる自己利益型の感謝と，「相手が優れた人物であること」に焦点をあてて伝えられる称賛型の感謝（すなわち称賛）を区別しており，この研究からも感謝と称賛は伝え方や意図が異なるものだと考えることが自然だろう．

加えて，道徳的感情の研究で明らかになっているように，感謝は自分が利益を受けたこと，すなわち人助けに対する反応であるのに対して，称賛の対象は

表 2.2　三つの研究群における「称賛」の定義や特徴

道徳的感情の研究における「称賛」
・他者の優れた特徴や行動を目撃した際に生じるポジティブな感情のこと
・優れた行動の真似や自己改善を促す可能性がある
・必ずしも「自分が受けた利益」に関わらない点が感謝との違い
フィードバックの研究における「称賛」
・対象者のよいところを指摘するようなフィードバックのこと
・感情表現ではなく，よい点を事実として指摘することが要件となる
・称賛を受けた人の組織に対する愛着や，称賛者に対する信頼につながる
・感謝との違いは明確にされていない
学校を対象とした研究における「称賛」
・対象者をポジティブに評価していることを伝える行為
・称賛する内容によって効果が異なる
・称賛を表した側に対してもポジティブな効果が生じうる

人助けだけには限られない（例えば，高い営業成績を上げた社員に対する称賛）．このように対象が異なる点からも，感謝と称賛は少なくとも異なる形のコミュニケーションだと筆者は考えている．

　しかし，感謝と称賛のそれぞれにどのような機能があり，またそれが同じか違うかについては，先行研究からは明確な答えが得られていない．これまでに触れた先行研究をもとに考えると，称賛を受けることで対人的な信頼関係が増し，それを介して組織愛着が高まるなどのポジティブな効果が生じる可能性が見込まれる（繁桝, 2017）他，課題に意欲的に取り組む姿勢を促す可能性も考えられる（山浦他, 2013）．また，称賛は集団の価値観や規範に沿った行為に対して行われるため（つまり，集団で望まれる行動に対して称賛が行われるため），集団の規範を強化したり，価値観を浸透させたりするような効果も期待される（Das-borough *et al.*, 2020）．しかし，こうした効果が「称賛ならでは」のものなのか，「感謝にも見られる」ものなのかは定かでなく，データをもとに詳細な議論がさらに必要な状況にあると考えられる．

2.7　本書における感謝と称賛の定義，それぞれの可能性と未知の点

　本章では，感謝と称賛とは何か，またその効果などについて，学術的にどのようなことが明らかになっているか，先行研究の内容をレビューした．本節で

はこれまでの内容のまとめとして，筆者が本書で感謝と称賛をどのように定義するかを述べる．そして，感謝や称賛には職場や組織を改善するどのような可能性や未来があり，一方で研究上どのようなことがまだ明らかになっていないのか，そうした点に関する筆者の考えも述べる．

本書における感謝と称賛の定義

感謝と称賛を端的に定義するなら，前者は「ありがとう」という言葉を指し，後者は「すごい」「すばらしい」などの特定の行動や態度をほめる言葉を指すと言える．ただし，本書には学術研究としての意味合いもあるために，あえて厳密な定義も試みたい．

まず感謝の定義だが，先行研究と同様に，「自分が他者から何らかの利益や恩恵を受けた際に，利益を提供した人に対して抱く肯定的な感情や，それを表すコミュニケーションのこと」と定義する．これは感謝に関する心理学的研究である Emmons & McCullough（2003）を始め，すでに体系化された「感謝の研究」を踏襲している．

次に，称賛の定義は，「他者の優秀さや卓越，望ましい態度や行動を見聞きした際に抱く，ポジティブな主観的評価を伴う感情と，それを表すコミュニケーションのこと」とする．この定義に含まれる称賛の重要な要素は，前述の三つの研究群を反映した次の 3 点である．具体的には，(1)称賛は他者の優秀さや卓越に対して生じるポジティブなものであり（例えば，Algoe & Haidt, 2009），(2)対象者に対するポジティブな評価を伝えることが重要（例えば，繁桝, 2017; 山浦他, 2013）だが，(3)他ならぬ「私が」ポジティブに感じたという感情を伴う必要がある（Henderlong & Lepper, 2002），と考えた．

あるいは，称賛は「何ではないのか」という逆の観点から述べると，一層理解がしやすいかもしれない．例えば，称賛は，(1)「嫉妬（envy）」のように他者の優秀さに対して感じるネガティブな感情ではなく，(2)対象者が「できなかったこと」を指摘するネガティブフィードバックでもない．また，(3)単に対象者が「できたこと」の事実を指摘する情報伝達ではなく，感情や主観的な評価を伴う必要がある．

そして，一連の先行研究を踏まえて，筆者は感謝と称賛は互いに異なるコミ

ュニケーションまたは感情であると考えるが，一方で互いによく似た点もあることにも留意したい．具体的には，どちらもポジティブな感情・行動であり，他者との関わりの中で生じるものでもある．したがって，道徳的感情の研究で，両者が同じ「他者称賛感情」と呼ばれるカテゴリに分類されることも念頭に置く必要がある．以上を踏まえて筆者は，両者には一定程度同じような機能があっても不思議ではないものの，いくらか異なる機能もあるなど，いわば「きょうだい」の関係にあるコミュニケーションや感情だと捉える．

研究課題 1：感謝と称賛は職場でも有効か，また効果は同じなのか

続いて，職場において感謝と称賛のコミュニケーションを交わすことにどのような可能性があり，研究でまだ明らかになっていない課題が何かについて，筆者の考えを述べる．

1 点めに指摘したい点が，「そもそも感謝と称賛は組織でも有効なのか」という課題である．前節までで挙げた先行研究によれば，感謝する・されることは，(1)向社会的行動，(2)心理的ストレスの軽減を含む多様なウェルビーイング，(3)他者との対人関係，の三つの対象に対してポジティブな効果を持つことが予想される（Locklear *et al.*, 2023; McCullough *et al.*, 2008）．一方の称賛は，交わした人どうしの信頼関係を強める（繁桝, 2017）他，称賛された人の自己効力感や「称賛された行動」をさらに促す可能性があり（Dasborough *et al.*, 2020），称賛する・される人の特定の価値観を強める効果（Kakinuma *et al.*, 2022; Mueller & Dweck, 1998）もあると予想される．以上の先行研究の理論や，そこから導かれる仮説を整理したものが図 2.3 である．

しかし，これらの効果を示した先行研究の多くは，友人関係や恋人・家族関係，学校など，職場以外の場面を対象に行われたものである．そのため「仕事」というドライな関係性が強調されがちな職場においても，感謝と称賛のコミュニケーションを交わすことに同様の効果があるかどうかは定かでない．感謝と称賛のコミュニケーションには「人のポジティブな感情や行動」を強化したり，対人的な絆やチームワークを強め，集団の規範や「望ましい行動」を浸透させたりする効果があると期待されるが，果たしてそうした仮説が職場でも成立するのか，実証的に検討する必要がある．

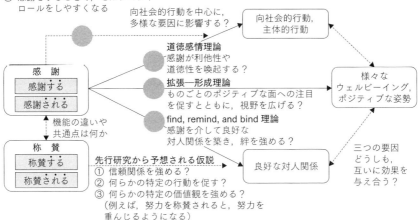

その他の理論
① 感謝されることで自己効力感や社会的影響力の知覚を強める
② 感謝をすることで，組織から配慮されているという知覚を強める
③ 感謝をすることで，セルフコントロールをしやすくなる

図 2.3　先行研究をもとにした理論的な関連の概略

四角が主な概念とカテゴリ，矢印が想定される因果・相関関係を表す．欄外に示した文章は先行研究の理論との対応関係や，想定される仮説を指す．

研究課題 2：集合レベルの効果（職場全体への効果）はあるのか

　2 点めの課題が，感謝に関する先行研究で登場する「集合レベルの効果」についてである．多くの企業・組織では，仕事は複数のメンバーから成る集団で行われる．そうした集団の中には，「部署」などの明示的にチーム（職場）として活動するものもあれば，フリーランスの集合などの緩やかなつながりや取引関係として活動するものも含まれる．このように集団として活動が生じるからには，目撃効果（Algoe *et al.*, 2020）や，情動伝染（Barsade, 2002）などの仕組みにより，「メンバーどうしが感謝や称賛を頻繁にし合う・感じ合う状態」も成立しうる．特に感謝の研究では，「私が感謝する・される」ことが効果的なだけでなく，「メンバーどうしが感謝を介して強く結びつく」（つまり，互いに感謝し合う，または感謝をする・される文化が構築される）こともまた効果的なのではないかと理論的仮説を述べる研究がある（Fehr *et al.*, 2017; Locklear *et al.*, 2023）．

　しかし，こうした「集合レベルの効果」は，感謝に関してもほとんど実証的

図 2.4　感謝の個人レベル・集団レベルの効果の概略

な研究がなされていない上に,「メンバーどうしが称賛を介して強く結びつく」(つまり, 互いにほめ合う, または何かをほめる文化が共有される) ことが効果的なのかについては, 仮説として言及する先行研究も見られない. 感謝と称賛はどちらも対人関係の中で生じるコミュニケーションであり, 対人的な絆や信頼関係を強める方向に働くとされることから, 筆者はそうしたコミュニケーションを互いに交わしている職場のほうが, そうでない職場よりも, 互いを尊重してチームワークを発揮しやすくなるなどのよい効果が見られるのではないかと仮説を立てる (図 2.4). しかし, これまでの研究ではそうした点を, データを用いて実証的に検証したものはほとんど見られないため, そもそも「感謝 (称賛) を互いによく交わす職場と, そうでない職場」のばらつきが一つの企業内に存在するのか, それともそうした「職場単位の違い」が見られるような現象ではなく,「感謝 (称賛) 程度であれば全員がしていてばらつきはない」のか, せいぜい「企業によって異なるといった大きな単位間でしか違わない」のか, といった前提条件も含めて, 慎重に検討する必要がある.

研究課題 3：質問紙調査や実験以外の手法でも効果は再現されるか

　最後に指摘したい課題が, 先行研究の多くが実験か質問紙調査を用いて検討されたものであり, 得られた知見がどの程度現実の職場にあてはまるかが定かでないことである. これが具体的にどういった問題で, それを解決に近づけるためにどのようなアプローチが可能か, 詳しく述べたい.

　まず, 質問紙調査を研究に用いる場合は, データ (回答) はすべて回答者の主観に依存して取得する必要がある. そのため, 例えば感謝をする頻度を測定

したい場合は,「普段あなたがどの程度まわりに感謝をしているか」を 5 点満点などでたずねる方法が取られる.しかし,回答者の主観に依存するデータ取得方法であるがゆえに,それに伴う様々な認知バイアスの影響を避けられない.具体的には,本人の記憶が不正確であり,時に美化される可能性がある(村瀬他,2021)他に,質問紙調査への協力意思の低さゆえに不誠実・不正確に回答される可能性が挙げられる(三浦・小林,2015).社会心理学の研究は特に,「利他性」や「規範」のように,客観的な行動だけでは可視化できない(つまり,質問紙として主観回答を求めるしかない)抽象的な概念を研究に多く用いるために,複雑な心理的メカニズムを可視化しやすいことが質問紙調査の利点ではある.しかし,前述のような主観に依存するがゆえの限界があることも事実である[11].それゆえに,「たかがアンケート調査でわかったことではないか」という一般に受けやすい指摘も,すべてではないが,一部では的を射ているとも言えるかもしれない.

　では,心理学でよく使用される実験的手法を研究に使用する場合はどうだろうか.これまでにもいくつか実験研究の例を紹介したが,改めて心理学における実験とはどのような研究手法であるかを端的に述べると,(1)募集した参加者をランダムに複数のグループに分け,(2)グループごとに異なる作業条件の設定や実験的な介入を行った上で,(3)何らかの活動に取り組み,その活動から得られた反応傾向がグループ間で異なるかを分析する手法である.例えば,「感謝することの効果」を知りたい場合の実験例を挙げると,「最近感謝を感じたこと」を参加者に思い出させるグループ(実験群)と,「最近あった印象的なこと」を参加者に思い出させるグループ(統制群)を分け,作業後に「困っている人を助けるかを意思決定する」といった課題に挑ませることになる.そして,もし実験群の参加者のほうが統制群の参加者よりも人助けの頻度が多かった場合,参加者をランダムに分けているのだから(前述の(1)),「感謝をさせた」ことだけによる影響だと推測することができる.このように,実験的手法はも

---

11)　こうした限界を少しでも克服するために,例えば,一定期間にわたって決められた時間に質問紙に回答してもらう方法なども社会心理学や隣接する研究領域ではよく用いられている(日記式調査または経験サンプリング調査と呼ばれる).職場における感謝をテーマとする研究でもそうした例が見られる(例えば, Sun *et al.*, 2019).

のごとの因果関係を厳密に示すことに長けており，社会心理学において広く用いられる研究手法でもある．しかし，得られた結果はあくまでも実験室というきわめて単純化された，一時的な環境でのものでしかない．したがって，例えば感謝の効果が示されたとしても，職場のように同じメンバーで長期にわたって一緒に働き，かつ金銭や責任が伴うような混沌とした（しかし現実的な）環境で結果が再現されるかは定かではない．加えて言えば，多くの実験は参加者の募集がしやすい大学生を対象に行われるため，大学生の間に見られる心理と，職場において利害関係が絡む社会人の間で見られる心理が同様と言えるのかも明確にはわからない．したがって，心理学における実験で得られた知見がどの程度現実の職場にあてはまるのかは，別途何らかの手段で検討する必要がある．

　こうした質問紙調査や実験の欠点を補完しうる方法として注目されているのが，ログデータの分析である（村瀬他, 2021）．ログデータとは，端的に言うと人の活動データをありのままに記録したデータである．例えば，スマートフォンアプリの利用履歴や，広告の閲覧履歴などが代表的である．また，職場におけるデータの中で例を挙げるなら，オフィスにおいて「どこに，何分滞在したか」をセンサーで計測したデータや，「誰と誰が，何分ほど会話したか」を計測したデータ，あるいは「営業職のどの社員が，いつ，どの程度売り上げを上げたか」といった人事データも広義のログデータに含まれる．こうした広義のログデータの利点は，質問紙調査のように回答者の主観に依存することがなく，また心理学実験のように架空の単純化された環境における結果でもないという点にある．むしろ，実際に日々の営みが生じている「現場（フィールド）」における人々の行動や相互作用を可視化できる点で，非常に価値があるデータとも言える．ただし，ログデータも万能ではなく，社会心理学などの領域でよく検討対象になるような，抽象的な心理・社会的特徴を捉えることは難しい．例えば「組織文化」「組織風土」を可視化しようとすると，質問紙調査では「私の組織では〇〇が大事にされている」などと質問してそれを組織単位で集計することで一定の可視化が可能だが，ログデータに表れるような客観的な行動だけでそれを捉えることはきわめて難しい．

　以上のように，すべての研究手法が一長一短であり，それぞれにメリットとデメリットの両方があると言ってよいだろう．しかし，特に職場における感謝

をテーマとする先行研究は質問紙調査と実験を手法として用いたものが多いため，ログデータを使用した検討も併せて行うことで，これまでに得られた知見の頑健性が高まったり，これまで見えなかった問いが新たに浮上したりすることもありうる．特に，2023 年の本書執筆時点では，「はじめに」や第 1 章で言及した通り，企業人事の実務においても「ピープルアナリティクス」という名称で，様々なログデータ（特に人事考課や人材の属性，配置などのデータ）を使用した人材育成や組織開発の改善の取り組みが進んでいる（北崎, 2020）．こうした実務的なトレンドも踏まえると，企業を主体に行われている研究アプローチと学術研究の乖離を埋め，組織や職場の問題解決に向けてよりよい知見を得るためにも，社会心理学における伝統的な手法である質問紙調査や実験だけでなく，人事データを含む広義のログデータを使用した研究にも挑むことが肝要と考えられる[12]．

---

12)　ただし，特に人事データを研究に用いる際には，個人情報やプライバシー，企業秘密への配慮など，通常の研究以上に研究倫理上の配慮が求められる．具体的にどのような配慮が求められ，配慮が行われない場合はどのような問題が生じうるのかについての詳細は，ログデータを実際に研究に使用した第 4 章や第 8・9 章にて述べる．

第 II 部

実証研究：データから見る感謝の現代的価値

第3章 | ダイバーシティ推進上の価値[1]

　第1章では「感謝」「称賛」をめぐる社会的背景を概観し，第2章ではそれらに関して学術的にわかっていることや，わかっていないことをまとめた．これらの背景を踏まえて，第3章以降では筆者が行った「感謝」「称賛」に関する実証研究の結果をもとに議論を進める．

　本章では特に，「ダイバーシティ推進」の文脈において「感謝」が持つ可能性に注目する．まず，職場のダイバーシティに関する研究背景を概観した上で，筆者が共同で行った研究の結果を紹介し，感謝を表現すること，特に感謝を介して職場が強く結びつくことが，「多様な人々の円滑な協調」という観点でダイバーシティ推進にどのような価値をもたらしうるか，議論する．

3.1　研究の背景

感謝が特に有効な職場とは——職場のダイバーシティへの注目

　第2章の議論の通り，感謝には対人関係の維持・改善や助け合いを促す機能があると考えられている（Algoe, 2012; Locklear et al., 2021）．また，集団のメンバーどうしが感謝を介して強く結びつくことにより，集団の一体感が増すという集合レベルの感謝の効果も期待を集めている（Fehr et al., 2017）．職場においても感謝にこうした効果があると仮定するならば，どのような特徴を持つ職場で，特に感謝のコミュニケーションが重要と言えるだろうか．筆者はそうした特徴の一つとして，近年の日本企業が直面する大きな課題の一つでもある職場の「ダイバーシティ」，特に職場で男女が均等な割合で働くことに関わる「性別ダイバーシティ」に注目した．

---

1)　本章の内容は，正木・村本（2021）を参考に，村本由紀子氏の了解を得て大幅に改訂を行った上で，構成し直したものである．

　ダイバーシティとは，特定の集団におけるメンバー間の属性のばらつきを指す概念であり（van Knippenberg & Schippers, 2007），中でも主に男女が均等に近い割合で働いているかを意味する「性別ダイバーシティ」の向上は多くの日本企業にとって喫緊の課題とされてきた．一方で，性別ダイバーシティが高い環境では，互いの属性や価値観，背景などの違いから生じる相互理解の難しさゆえに，コミュニケーションの質の低下や組織に対する愛着の低下などが生じやすく，ダイバーシティの低い環境とは異なる職場運営が求められるとの指摘もある（Guillaume *et al.*, 2017; Roberson *et al.*, 2017）．なお，職場におけるダイバーシティを構成する次元は，主に個人のデモグラフィック特性などの目に見えやすい「表層のダイバーシティ」と，価値観などの目に見えにくい「深層のダイバーシティ」に分かれるが（Lambert & Bell, 2013），この研究で扱う「性別」は表層的特徴の一つとしてよく研究対象とされてきた．

　社会的アイデンティティ理論（Tajfel & Turner, 1986）によれば，人はしばしば社会的な属性によって自己を定義し（こうして定義される自己概念を社会的アイデンティティと呼ぶ），同じ属性を共有する人々を「内集団」，共有しない人々を「外集団」として区別するとされる．そして，人は内集団を外集団よりも好み，信頼する傾向があり，それが時に内外集団（違う属性を持つ人々どうし）の対立につながる．この理論を特に表層のダイバーシティの心理的影響に適用するアプローチが，「社会的カテゴリ化パースペクティブ」である[2]（van Knippenberg & Schippers, 2007）．このアプローチによれば，集団のダイバーシティが向上することにより，一つの集団内に，異なる属性に対して社会的アイデンティティを抱く複数の下位集団が成立しやすくなる（例えば，日本人と外国人，生え抜き社員とそうでない社員，子どもがいる人とそうでない人など）．特にその属性が社会や集団において重要な意味を持つ場合には，分割された下位集団間に対立が生じたり，円滑な協力が難しくなったりすることがあるという（Nishii, 2013）．この

---

[2]　社会的アイデンティティ理論のようにやや複雑な心理的過程を扱う理論ではなく，人は自分と似た人を好むことを指摘した「類似性の魅力（similarity attraction）」という，よりシンプルな理論を用いて議論されることも多い．ただし，どちらも依拠する理論こそ違うものの同じ結論に至るために，二つの理論を併記して議論が進むことも多い（例えば，Homan, 2019）．

特徴ゆえに，特にアメリカでは，エスニシティの違いに注目したダイバーシティ研究が多く行われてきた．

　日本の職場を対象としたダイバーシティ研究に立ち返ると，働く女性の割合や女性管理職比率の向上が政策・企業課題となっていることを反映して，性別ダイバーシティに焦点をあてた研究が多い（例えば，正木・村本, 2018）．また，性別は目に見える属性として認識されやすいために対人葛藤につながりやすく，この観点から性別を扱うことの重要性を指摘する研究もある（Nishii, 2013）．特に日本の企業社会に関する指摘として，出産・育児期の女性の働きにくさ（中野, 2014）や，男性に「一家の大黒柱」の役割が求められやすいこと（田中, 2009）など，性別にまつわる様々なバイアスや性役割観がもたらす対人葛藤の存在を示唆する知見もある．

　ただし，職場のダイバーシティが，常に対人葛藤やパフォーマンスの低下を導くとは限らない．むしろ，職場のダイバーシティの効果を調整する要因，すなわち「どのような時に職場のダイバーシティの効果がプラス（またはマイナス）になりやすいか」こそが重要だと，複数の実証研究で示されている．例えば，戦略，リーダーシップ，人事施策，組織風土・文化，ユニットデザイン，個人特性といった多彩な要因によって職場のダイバーシティの効果が左右されることが明らかになっているが（Guillaume *et al.,* 2017），いずれも研究の途上であり，実証研究の蓄積が進んでいる段階にある．

ダイバーシティが高い職場における組織愛着と感謝の関係

　さて，ここで本書のテーマである「感謝」に話を戻したい．

　前項の議論の通り，職場のダイバーシティに関する社会心理学や組織行動論の研究では，「ダイバーシティそのものの効果」の研究もさることながら，「どのような要因がダイバーシティの効果を改善するか」の研究に軸足が移りつつある．しかし，そうした「要因」の中で，職場におけるコミュニケーションに焦点をあてた研究は多くはない．前述の通り，ダイバーシティが高い職場では複数の下位集団が顕在化しやすく，異なる属性によってまとまる下位集団どうしの相互理解が難しくなり，職場全体の一体感を維持しにくくなる[3]．そのため，ダイバーシティが高い職場ほど，メンバーどうしが互いの属性や背景にか

かわらず他者を尊重し，自分と異なる立場に立った思考や発言を行うことで，対人的なつながりを維持する工夫が重要と考えられる．Ferdman（2014）は多様な属性の人を組織に受容するために必要な行動の要素として，他者の尊重と開放的なコミュニケーションを挙げているが，理論的な指摘にとどまり，データを用いた検証には至っていない．数少ない実証研究として，上司・部下間の良好な関係がダイバーシティの影響を改善することを示した例があるが（Nishii & Mayer, 2009），これも具体的なコミュニケーションの内容にまで踏み込んではいないなど，職場における実践にまでつなげようとすると，未だ曖昧なことも多い．

　以上の議論を踏まえて筆者は，性別ダイバーシティが高い，いわば「良質なコミュニケーションの重要性が高い職場」において，感謝が対人的な絆を強める効果が特に高まると予測する．すなわち，互いに似た属性のメンバーが多く，「言わなくても真意が伝わる」場合と比べて，互いに異なる属性のメンバーが多く，「言葉で言わないと真意が伝わらない」場合に，感謝の有無が集団の成否や，メンバーの組織愛着を一層左右しやすくなるのではないかと予想する．

　ここで本章では，感謝が効果を与える対象として「情緒的コミットメント（affective commitment）」に注目する．情緒的コミットメントは，所属組織に対する構成員の情緒的な愛着や，組織の一員としてのアイデンティティの強さを意味し（髙木他, 1997），従業員の離職抑制や主体的行動の促進などにポジティブな影響を与える重要な心理的指標の一つである（石田, 1997; 髙木, 2003）．なお，これは昨今の日本企業で「組織エンゲージメント」という名前で知られている概念とほぼ同じものだと筆者は考えている．情緒的コミットメントが対人関係の影響を受けることはすでに広く知られており，日本国内で行われた研究に限っても，例えば同僚や上司との良好な人間関係（髙木, 2003），集団凝集性（鈴

3）　この点を逆手に取り，一体感を発揮しづらくなることがダイバーシティが高い集団のメリットだと論じる研究もある．例えば，Levine *et al.*（2014）は，ダイバーシティが高い集団では集団が一つの方向に向かうための一体感（集団凝集性）が損なわれるために，一体感が原因となって生じる同調や意思決定のエスカレートが抑制され，結果的に良質な意思決定ができるようになる（というよりも悪い，極端な意思決定がしづらくなる）可能性を論じている．

木, 2013) などの要因との間に, 正の相関関係があるといった知見がある.

　第 2 章で触れた「感謝の効果」の議論にもあるが, 感謝には, 対人関係を強化したり, ポジティブなものの見方を強めたりすることで, 様々なウェルビーイングを高める効果があるとされる (Locklear *et al.*, 2023). さらに言えば, 感謝には「自分が感謝する・される」ことによる効果 (個人レベルの効果) と, 「職場などの集団内でメンバーどうしが感謝を介して強く結びつく」ことによる効果 (集団レベルの効果) の二つがあるのではないかと理論的には推測されている (Fehr *et al.*, 2017). しかし, 後者の集団レベルの感謝の効果が実在するのか, データを用いた検討はとても少ない. そこで本章では, 集団レベルの感謝が充実することで職場内の結束や相互扶助が向上し, 情緒的コミットメントが高まると予測する (仮説 1).

　　仮説 1：感謝が集団レベルで充実している (メンバーが相互に感謝を受ける経験の多い) 職場に属している個人ほど, 職場に対する情緒的コミットメントが高い.

　さらに本章では, 前述の議論の通り, 集団レベルの感謝の効果は性別ダイバーシティが高い職場で一層強まると予測する. 性別ダイバーシティが高い職場は, メンバーどうしの違いゆえに職場全体としての一体感を保ちにくくなるため (van Knippenberg & Schippers, 2007), 感謝によって職場内が強く結びついて一体感を維持できているか否かが, メンバーの情緒的コミットメントを左右しやすいと予測する. 逆に, 性別ダイバーシティが低い職場ではメンバーの同質性が相対的に高いがゆえに一体感を維持しやすく, 意思疎通も相対的に容易なため, 職場における感謝の役割は相対的に小さくなるのではないかと予測する (仮説 2).

　　仮説 2：感謝が集団レベルで充実していること (メンバーが相互に感謝を受ける経験の多さ) と職場のダイバーシティの間に, 情緒的コミットメントに対する正の交互作用が見られる.

　このように本章では, 集団レベルの感謝の充実が職場の対人関係を円滑化し, 職場のまとまりを促すことで, 情緒的コミットメントを高めると予測する. しかし批判的な立場に立てば, 感謝はあくまでも一般的な開放的コミュニケーション, すなわち自由でフランクな会話の一形態にすぎないという考え方もある

だろう．しかし筆者は，感謝には利他性や信頼に直結しやすいという性質があり，それゆえに一般的な開放的コミュニケーションの充実とは異なる固有の効果があると考える．そこで，開放的コミュニケーションの効果を統制した上で分析を実施し，他ならぬ感謝のコミュニケーションが重要と言えるかどうかを検討する．

3.2　研究の方法

以下では，職場において感謝を受ける経験の実態やその効果を把握するため，ある企業の従業員を対象として行った質問紙調査をもとに，仮説の検証を行う．主たる独立変数は，回答者自身が感謝を受ける頻度と，その職場平均値（感謝が多い職場かそうでないか），従属変数は情緒的コミットメントであり，調整変数として職場の性別ダイバーシティを設定する[4]．

調査対象

2019 年 8 月から 9 月に日本に所在地を置く製造業の企業（グループ企業 4 社を含む 5 社）の従業員を対象に調査を実施した．全従業員約 5000 人を対象に社内システムを通じて回答を依頼し，2667 人から回答が得られた（男性 65.7%，平均年齢 41.07 歳．ただし，平均年齢は後述の選択肢ごとに階級値を取ったものを平均した）．調査はダイバーシティ意識調査の一環として行われ，学術研究の目的での利用について予め同企業の同意を得た．事前に東京大学大学院人文社会系研究科（筆者の当時の所属機関）の研究倫理審査による承認を経た．

調査対象企業は扱う事業によって組織が分かれ，さらに組織ごとに営業やマーケティングなどの職種に分かれて仕事に取り組んでいた．事前に調査対象企業のスタッフと議論した結果，従業員はこの組織と職種を組み合わせた単位ごとに仕事に取り組み，また自身の所属を定義していたため，この単位を「職

---

4)　独立変数とは，影響を「与える」側にあると仮定する，言わば予測モデルにおける「原因」にあたる要因のことを指す．従属変数はその反対に影響を「与えられる」側にあると仮定する，「結果」にあたる要因のことを指す．そして調整変数とは，独立変数の効果の強さを左右する，言わば「場合分け」に使用する要因のことを指す．

場」と定義した（「A 事業を扱う組織の営業」「B 事業を扱う組織の人事」など）．質問紙の中で回答者の所属組織と職種をたずね，1 人でも回答者がいた職場が合計で 72 個だった．ただし，以降の分析では職場あたりの回答者数が 5 人未満の職場からのデータは削除し，最終的に 43 個の職場のデータを用いた．

質問項目：情緒的コミットメント

高木他（1997）が作成した組織コミットメント尺度のうち，情緒的コミットメントに関わる項目の一部を選定して用いた．この尺度で測定される情緒的コミットメントは，会社に対する愛着を測定する「愛着要素」と，会社の構成員としてのアイデンティティの強さを測定する「内在化要素」という二つのカテゴリから構成されている．各々の要素において因子負荷が高いものから順に 3 項目を選び，一部のみ平易な文言に微修正して質問した．「愛着要素」をたずねる質問例は「この会社が気に入っている」，「内在化要素」をたずねる質問例は「この会社にとって重要なことは，私にとっても重要である」だった．各項目に対して「あてはまる」から「あてはまらない」までの 4 件法で回答を求めた．それぞれに十分な信頼性が確認されたため（愛着要素，内在化要素の順に α[5] = .90, .84），各 3 項目の平均値を愛着要素と内在化要素の得点として用いた．

質問項目：感謝

同社内の意識調査で以前から使用されていた「仕事が済んだ時に，上司や同僚からねぎらいや感謝の言葉をもらう」1 項目を用い，「あまり経験していない」から「よく経験している」までの 4 件法で回答を求めた．同じ職場に所属する回答者の回答を平均し，職場を単位とした感謝の充実の程度の指標として用いた．

---

5) α 係数は，端的に言うと複数の質問項目が一貫して同じ内容を測定しているかを数値で表す指標である．多様な回答者を含む質問紙調査の場合は，慣例的に .60 以上の値を取る場合に，複数の質問項目に一貫性があり（共通の特徴を測れており），平均して得点化しても問題ないと判断される．

質問項目：職場の性別ダイバーシティ

　調査対象者に自身の性別（男性，女性，その他・答えたくない）をたずねた．「その他・答えたくない」という回答を分析から除外し[6)]，職場ごとに，そこに所属する回答者の性別を用いて Blau の多様性指標を計算した（Blau, 1977）．この指標は以下の式によって計算され，一つの集団が複数カテゴリで等分されている場合に最大値（例：男女の 2 カテゴリの場合は .50）を取り，表層のダイバーシティを定量化する際によく用いられる（Harrison & Klein, 2007）．ただし，計算された値はあくまでも「各職場の回答者のダイバーシティの値」であり，全従業員に占めるダイバーシティの値と必ずしも一致しない点に限界がある．

$$\mathrm{BI} = 1 - \sum_{i=0}^{n} P_i^2 \quad (P_i \text{ は第 } i \text{ 番目のカテゴリの人口構成比})$$

質問項目：統制変数

　前述の通り，単なるコミュニケーションではなく，感謝に固有の意味があるかを検討するために，開放的コミュニケーションの充実度に関する質問を設定し，統制変数[7)]とした．Ferdman（2014）の議論を踏まえて，同社内の意識調

---

6)　統計分析を行う際には一定のサンプルサイズ，つまり回答者数が確保されることが要件となる．しかし筆者の経験上，こうした質問紙調査では一般的に「その他・答えたくない」という選択肢を選ぶ人数は少なく，前述の統計分析の要件に抵触することが多い．これはたとえダイバーシティ推進において非常に先進的で，性的マイノリティのインクルージョンが比較的浸透している企業で行った複数件の調査でも同様だった．また，多様な性的志向や性自認を「その他」の一つのカテゴリで括ることが望ましいとも考え難いが，だからと言って多様なカテゴリを設けると，一層分析が困難になる．以上のような分析上の限界を踏まえて，本書では本文に記載の対応を取った．

7)　統制変数とは，独立変数が従属変数に与える影響を分析する上で，取り除きたい「余分な影響」を排除するための要因のことである．特に質問紙調査を用いて独立変数が従属変数に与える影響を分析すると，独立変数以外の要因が従属変数に与える影響が混在し，「見せかけの効果」が検出されることがある．例えば，「アイスクリームの売上（独立変数）が多い日ほど，溺死者数（従属変数）が増える」という結果が得られたとする．当然ながら前者が後者を直接増やすことはなく，「気温が高いから」という「余分な影響」が混在した見せかけの効果にすぎない．この分析に「気温」という要因を統制変数として加え，その効果を「統制」することで，気温によらないアイスクリームの売上の効果を分析することができる．

査で以前使用されていた「ミーティングなどで, 自分の発言をする場がある」「職場内で, 皆がよくコミュニケーションしてくれる」「仕事上のことで, 上司や同僚が自分の意見に耳を傾けてくれる」の 3 項目を採用し, 「あまり経験していない」から「よく経験している」までの 4 件法で回答を求めた. 信頼性係数が十分に高かったことから ($\alpha = .82$), 3 項目の平均値を以降の分析に用いた.

　加えて, 情緒的コミットメントとの関連が指摘されることがあるため (例えば, 高木他, 1997), 回答者の年齢と勤続年数も統制変数として用いた. さらに, 職場レベルの統制変数として, 職場のダイバーシティを扱った先行研究 (例えば, Chung *et al.*, 2015; Nishii, 2013) に準じて, 職場ごとの合計回答者数を「職場規模」の代理指標として用いた.

3.3　研究の結果

　欠損のない回答に限った場合 (2585 人, 43 職場) の変数の記述統計量 (平均値と標準偏差), 相関係数は, 表 3.1, 表 3.2 の通りである.

　本章では, 感謝の「個人レベルの効果」と「集団 (職場) レベルの効果」を区別し, それぞれが情緒的コミットメントに与える効果を分析することを目的とした. この時, 「集団レベルの効果」, 平易に言い換えるなら「集団の平均値どうしの相関関係」を分析するためには, そもそも「集団ごとに質問に対する回答が似通っている」必要がある. 例えば, 5 点満点の質問に対して, 職場 A では多くの人が「2 点」周辺の回答をしており, 職場 B では多くの人が「5 点」周辺の回答をしているなど, 職場内で回答が似通っており, かつ職場間で平均値に一定の差があることを確認しないといけない. そうでなければ, 例えば「ある職場の中に感謝をとてもされている人 (1 点) と, まったくされていない人 (5 点) がいる」状態で計算した職場の感謝得点の平均値 (3 点) は, 職場の実態をうまく反映しなくなってしまうためである.

　この前提を確認するために, 本章では組織に関する研究で用いられることが多い「級内相関係数」(ICC(1), ICC(2), $r_{wg(j)}$) という指標を用いて, 前提が満たされているかどうかを確認した. 分析の結果, (1)情緒的コミットメントの愛着要素 ($r_{wg(j)} = .866$, ICC(1) $= .084$, ICC(2) $= .848$, $F_{(42, 2567)} = 6.10$, $p < .001$) と, (2)

表3.1 記述統計量と相関係数（個人レベル）

	平均値	標準偏差	2	3	4	5	6	7	8	9	10	11	12	13
									相関係数					
1 愛着要素	3.18	0.70	.63***	.38***	.43***	.08***	.01	.01	.00	−.03	−.13***	−.02	.09***	.08***
2 内在化要素	2.92	0.74		.31***	.34***	.19***	−.03	−.05**	.04*	.04*	−.08***	−.06**	.07**	.11***
3 感謝	3.14	0.88			.69***	.07***	.02	.02	.00	−.04	−.06**	.01	.03	.02
4 開放的コミュニケーション	3.38	0.64				.12***	−.03	.03	.00	−.03	−.13***	.02	.08***	.05*
5 性別（0＝女性，1＝男性）	0.67	0.47					−.15***	−.08***	.07***	.12***	−.09***	−.03	.01	−.5***
6 年齢（20代）	0.09	0.29						−.24***	−.25***	−.15***	.26***	.01	−.20***	−.2***
7 年齢（30代）	0.35	0.48							−.58***	−.34***	.06**	.20***	−.07***	−.27***
8 年齢（40代）	0.38	0.49								−.36**	−.15***	−.07***	.21***	.02
9 年齢（50代以上）	0.17	0.38									−.08***	−.16***	−.04*	.40***
10 勤続年数（4年未満）	0.32	0.47										−.43***	−.43***	−.25***
11 勤続年数（4年以上10年未満）	0.28	0.45											−.39***	−.23***
12 勤続年数（10年以上20年未満）	0.28	0.45												−.23***
13 勤続年数（20年以上）	0.12	0.32												

*p<.05, **p<.01, ***p<.001. 年齢および勤続年数はすべてダミー変数に変換した。

表3.2 記述統計量と相関係数（職場レベル）

	平均値	標準偏差	2	3	4
1 愛着要素（職場平均）	3.07	0.31	.31*	−.06	.16
2 集団レベルの感謝（感謝の職場平均）	3.06	0.35		.07	.10
3 性別ダイバーシティ	0.40	0.11			−.11
4 職場規模	60.70	134.65			

*p<.05.

感謝の得点（$r_{wg}=.619$，$ICC(1)=.052$，$ICC(2)=.768$，$F_{(42, 2567)}=3.75$，$p<.001$）は，組織の研究における慣例的な基準を満たしていた[8]．一方で，(3)情緒的コミットメントの内在化要素と(4)開放的コミュニケーションの得点は基準を満たしていなかった．そこで以降の分析では，「愛着要素」（組織愛着）と，「感謝」の得点を使用して，感謝の個人・集団レベルの影響の分析を継続した．

　分析結果の厳密さとわかりやすさを両立するために，まず学術研究で用いられる厳密な統計分析結果を表で示し，その後，重要な内容をグラフでできるだけ簡潔に示す．

　まず厳密な分析として，情緒的コミットメントの愛着要素を従属変数に設定し，階層線形モデル（HLM）による分析を行った（表3.3）．階層線形モデルとは，端的に言えば，独立変数（ここでは「感謝」）の個人・集団レベルの両方を同時に検討することができる回帰分析である．表のそれぞれの行に記載した数値は，平易に言えば，各行の独立変数が従属変数（愛着要素）に対して与えていた効果（または相関関係）の強さを表しており，(1)統計的に有意な効果かどうか，(2)一定の大きさの効果があるか，をもとに結果を解釈することが一般的である．

　さて，調整変数を含むすべての変数を加えた Model 2 では，個人レベルの感謝の得点が高いほど愛着要素が高く（$\gamma=.13$，$p<.001$），集団レベルの感謝の得点（感謝の職場平均値）が高いほど愛着要素が高くなる（$\gamma=.38$，$p<.001$）関係が見られた．したがって，個人として感謝をされる頻度が高いほど，またそうした個人が多い職場であるほど，愛着要素も高い傾向にあると言える．この傾向は，より一般的な意味での開放的コミュニケーションの充実度の影響を除外しても確認された．したがって，「単にコミュニケーションを多く交わす」だけでなく，他ならぬ感謝のコミュニケーションだからこそ効果が見られたと統計的には考えることができる．これらは仮説1を支持する結果である．

　また，職場の性別ダイバーシティと集団レベルの感謝の正の交互作用効果が統計的に有意だった（$\gamma=3.30$，$p<.01$）．この「交互作用効果」が有意であるこ

---

8)　ICC(1)が.05以上，ICC(2)が.70以上の場合に，職場ごとに回答に一定の合意があると判断した（Bliese, 2000; 清水, 2014）．本章の内容に関するより詳細な結果は，初出論文である正木・村本（2021）を参照されたい．

表 3.3　情緒的コミットメントの愛着要素を従属変数とした HLM の結果

	Null Model	Model 1	Model 2
個人レベル			
切片	3.09 ***	3.19 ***	3.20 ***
感謝		0.13 ***	0.13 ***
開放的コミュニケーション		0.31 ***	0.31 ***
性別（0＝女性，1＝男性）		0.03	0.03
年齢ダミー（30 代）		−0.06	−0.06
年齢ダミー（40 代）		−0.10 *	−0.10 *
年齢ダミー（50 代以上）		−0.14 *	−0.14 *
勤続年数ダミー（4 年以上 10 年未満）		−0.01	−0.01
勤続年数ダミー（10 年以上 20 年未満）		0.12 **	0.12 ***
勤続年数ダミー（20 年以上）		0.18 ***	0.18 ***
集団レベル			
集団レベルの感謝（感謝の職場平均）		0.34 **	0.38 ***
性別ダイバーシティ（GDV）		−0.12	0.47
職場規模		0.00	0.00
交互作用			
GDV×集合的感謝			3.30 **
集団レベル誤差分散（τ_{00}）	0.04 ***	0.02 ***	0.01 **
個人レベル誤差分散（ρ^2）	0.46	0.37	0.37
R^2		0.20	0.21

*$p<.05$, **$p<.01$, ***$p<.001$. R^2 は固定効果による分散説明率（Marginal R^2）を記載した．ダミー変数を除く個人レベルの変数には集団平均中心化を施し，職場レベルの変数には全体平均中心化を施した．

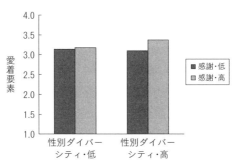

図 3.1　感謝の高低と性別ダイバーシティの高低の
関係（表 3.3 より作成）

とを言い換えると，職場の性別ダイバーシティの得点が高い場合と低い場合で，集団レベルの感謝の効果の強さが異なることを意味している．そこで，より詳細に分析を行ったところ（単純傾斜の検定），職場の性別ダイバーシティの値が平均よりも（−1 標準偏差以上）低い場合には感謝の効果は統計的に有意ではないが（$\gamma = .11$, *n.s.*），平均よりも（＋1 標準偏差以上）高い場合には正の効果が統計的に有意だった（$\gamma = .65$, $p < .001$）．したがって，「感謝を交わす頻度が高い職場である」ことの効果は，職場の性別ダイバーシティが高い場合にのみ顕著に見られたと言え，仮説 2 は支持された．

　以上の結果のうち，特に本書の目的上重要な点は，「感謝の有無による差は性別ダイバーシティが高い職場において顕著」だったということである．それを端的にまとめたグラフが図 3.1 である．

　図 3.1 では，(1)性別ダイバーシティが相対的に低いか高いか，(2)感謝の平均値が低い職場か高い職場か，を組み合わせた 4 条件で場合分けを行い，表 3.3 の「交互作用」の分析結果を図示した[9]．この図に表れているように，性別ダイバーシティが相対的に低い職場群においては，感謝を交わす頻度が多くても少なくても，あまり愛着要素の高さに差は見られない．一方で，性別ダイバーシティが相対的に高い職場群においては，感謝の有無による差が相対的に大きかった．

3.4　考察：ダイバーシティ・マネジメントの手段としての感謝の意義

感謝は分断された職場をつなぎ直す？

　本章の目的は，「ダイバーシティ推進」の文脈における感謝の価値を明らかにすることにあった．具体的には，職場における個人・集団レベルの感謝と情緒的コミットメントの関係，ならびにその関係性が性別ダイバーシティの高い職場で特に強まる可能性を検討することだった．

　まず，仕事に関して感謝を受ける頻度には，職場を単位とした級内相関が見

---

9)　図 3.1 のもととなった値を得るための分析には，Kristopher J. Preacher 氏が作成したウェブサイトを使用した（http://quantpsy.org/interact/hlm2.htm）.

られた．感謝には集団内で共有や蓄積が起きる可能性が先行研究で指摘されてきたが（Algoe *et al.,* 2020; Fehr *et al.,* 2017），企業組織において実証的な検討を行い，これを確認することができた．

　加えて，個人・職場レベルの両方の感謝と情緒的コミットメントの間に正の相関関係が見られ，個人が感謝を受ける経験を多く持つ場合だけでなく，職場全体としてそうした個人が多い場合にも，当該職場のメンバーの情緒的コミットメント（愛着要素）が高いことが示された．さらに，そうした感謝の効果は性別ダイバーシティが高い職場で顕著になるという結果も得られ，3.1 節で述べた通り，自然には一体感を発揮することが困難な特徴を備える職場においては，一層，感謝という意図的なコミュニケーションで一体感を維持することが重要ではないかと解釈することができる．

　なお，本章で分析に用いた調査では，「感謝を受ける経験」を 1 項目だけで測定していたことや，その項目の中には「感謝」と「ねぎらい」の二つの異なる表現が同時に含まれていたことなど，様々な研究上の限界がある．しかし，そうした点に留意しつつも，数千人規模の企業において，組織を研究対象とする社会心理学の研究領域において比較的厳密とされる分析手法を使用しても感謝の効果が確認できたことから，「現代的な企業課題」と「感謝の研究」をつなぐ可能性を模索する研究としては十分な意義があると考えられる．

ダイバーシティ＆インクルージョンの第一歩としての感謝の意義

　以上の結果を踏まえて，筆者はダイバーシティ＆インクルージョンを進めるための「第一歩」として，感謝が企業組織で有用なのではないかと考える．そもそも日本企業は長らくダイバーシティ推進を社会や政府から求められてきたが，なかなか取り組みは進んでいない．筆者はその理由として，二つの点に注目している．まず，それらがどのような理由なのかについて筆者の考えを述べた後に，感謝に注目することがそれらの問題の解決にどのように役立ちうるかを述べる．

　ダイバーシティ推進が奏功しない一つめの理由が，ダイバーシティが高まることの「副作用」の問題である．3.1 節で述べた通り，ダイバーシティが高まること，つまり「異なる特徴を持つ人が同じ集団で働くこと」には集団の一体

感を損なわせるという問題点がある．実際に，互いに特徴が異なる人が一緒に働くことで相互に対立や対人葛藤が起き，企業の価値観や制度の変化・変革を求められた事例も指摘されており（石塚, 2016 など），適切な支援やマネジメント層の理解が少ない中で苦労を重ねた現場から「ダイバーシティ疲れ」の声が上がるのも不思議ではない．したがって，「ダイバーシティを高めるだけで，組織にとってよい効果がある」とも言い難く，社会心理学や組織行動論の研究をもとにした筆者の立場で言えば，一定の反発や障害があることも十分に理解できる．

　二つめの理由は，より大きな問題だが，前述の「副作用」を解決または緩和する方法が明らかになっておらず，特に「一人ひとりの働き手の立場でできること」を考える時に決め手を欠くことにあると筆者は考えている．3.1 節でも述べた通り，近年の社会心理学や組織行動論におけるダイバーシティ研究では，「集団のダイバーシティの効果を高める要因」を明らかにするための研究が進んでいる（Guillaume *et al.*, 2017）．特に，日本で行われている研究に焦点をあてていくつかの例を挙げると，過去には働き方改革の推進（佐藤・武石, 2017; 山本, 2014）や，多様な人が一緒に働くことを前提にした組織風土の醸成（例えば, Nishii, 2013; 正木, 2019）の重要性を指摘した研究などがある．これらの研究は多くが何らかのデータに基づいて行われており，職場のダイバーシティをめぐる問題の構造や日本社会・企業の根深い課題を明らかにした点では大きな意義がある．しかし，本書の「はじめに」でも言及した通り，それらが「明日から誰にでもできる工夫なのか」と言われると，そうとは言いきれないものも多い．むしろ，重要で根深い（だからこそ学術的には興味深い）問題であるために，時間がかかる取り組みだと考えられる．このように，日本企業や組織一般にとって，ダイバーシティ推進が根深い問題だと指摘される一方で，「すぐに全員ができること」をエビデンスと併せて示しきれていなかったために，現場に諦めが広がった面もあったのではないかと筆者は推測している．

　筆者は，これらの問題をわずかでも解決する手段として，感謝が活用できるのではないかと考えている．本章では，特に性別ダイバーシティが高い職場で感謝が重要になるという結果が得られた．第 2 章で述べた通り，感謝にはポジティブな対人関係を強める機能があることを踏まえると，本章の結果は他の

理論的・実証的研究ともある程度整合的な結果と言える．もちろん「感謝だけですべての問題が解決する」とは筆者はまったく考えておらず，前提となる働き方改革の推進や，組織風土改革など，根本的な言わば「体質改善」も図る必要がある．しかし，「明日から誰にでもできること」として，感謝を含めた明確でポジティブなコミュニケーションの価値を見直すことで，目の前の相互理解が促されるなどの変化が起きるのであれば，それは組織や社会を少しでもよりよいものにするための重要な糸口になるのではないかと考えている．

　さらに踏み込んで言うならば，感謝を適切に交わせている状態がそもそも「インクルージョン」のあるべき姿の一つだと考えることもできる．インクルージョンに関してよく引用される定義に，組織のメンバーが，属性や特徴にかかわらず，(1)個性を尊重され（ユニークネス），(2)組織のメンバーとして認められている（ビロンギングネス），これら二つを両立できている状態をインクルージョンとする研究がある（Shore *et al.*, 2011; Shore *et al.*, 2018）．多様なメンバーが組織にいてなお，これらを両立できている状態が組織として望ましいと考えられ，それを象徴して「ダイバーシティ＆インクルージョン」と呼ばれる．感謝を適切に交わすことができている状態とは，メンバーどうしが互いの独自の貢献を認めており（前述の(1)），感謝を介して職場が密に（かつ疎外される人がいない形で）つながっている状態（前述の(2)）であると考えることができる．もしそうであるならば，抽象的で捉えがたい「インクルージョン」が具現化された状態の一つとして，「感謝を交わし合えていること」を挙げることも可能に思われる．もちろん，感謝だけがインクルージョンのすべてではないことはたしかだが，インクルージョンを端的かつ具体的に理解する「第一歩」として感謝に注目することも有意義なのではないだろうか．

第4章 | コミュニケーションに対するテレワークの影響[1]

　本章では，第3章とは二つの点で視点を変えた研究結果を紹介する．一つめの違いは，扱うテーマにある．本章では，コロナ禍後の企業組織で是非が大いに議論されている「テレワーク」の導入に注目する．二つめの違いは「感謝の効果」ではなく「感謝を通じた組織の状態の可視化」に注目する点である．具体的には，本章では全社規模のテレワーク導入がコミュニケーションに与える影響を，ある企業で得られた「感謝を交わすイベント」に関するログデータを使用して詳細に検討する．このことにより，テレワーク導入を機に生じたコミュニケーションの変化を，「感謝」のコミュニケーションという手段を用いて可視化するとともに，他ならぬ「感謝」に表れた変化だからこそ言えることが何かについて議論する．

4.1　研究の背景

問題意識の出発点としての「テレワーク導入」

　本章では，日本企業が近年直面する，ダイバーシティ推進とは別の現代的課題である「テレワークによるコミュニケーションのロス」に対して，感謝という切り口からどのようなことが言えるかを考えてみたい．特に，社会心理学の研究では未だ事例が少ない，企業内のログデータを使用した実証研究を試みる．第1章の議論の通り，コロナ禍以降，日本を含む多くの先進国においてテレワークを用いた働き方が浸透した．その後，オフィス勤務や，オフィス勤務とテレワークを組み合わせる「ハイブリッドワーク」の導入が増えるなどの揺り戻しも見られる（例えば，遠藤・薄・正木, 2023）が[2]，未だテレワークの利点と欠

---

1)　本章の内容は，正木・久保（2021）を参考に，久保健氏の了解を得て大幅に改訂を行った上で，構成し直したものである．

点，あるいは最適なバランスをめぐる議論が続いており，定量的なエビデンスをもとにそれらを見直す必要がある．

　ここで，本章ではテレワークに関して最も問題視される影響である「コミュニケーションへの影響」，特に「全社において全面的なテレワークが導入された企業」におけるコミュニケーションへの影響に注目する．すなわち，コロナ禍初期に多くの企業で行われていたような全社的かつすべての労働時間をテレワークでまかなうような試みは，特にコミュニケーションを阻害したのではないかと予想する．本書のテーマでもある「感謝」は，業務上の指示・命令や報告などのフォーマルかつ必須のコミュニケーションではなく，必ずしも交わさなくてもよいインフォーマルなコミュニケーションであるために，特にテレワークによる阻害を受けやすかったのではないかと考える（仮説 1）．

　　仮説 1：2019 年よりも 2020 年のほうが，感謝を交わす頻度が少ない．

テレワークの影響はコミュニケーションの相手によって異なるか

　それに加えて，テレワークの影響は「特定の相手に対する感謝」で顕著になる可能性もある．例えば，テレワーク下でも業務上必ず関わる相手との関係は維持されやすく，またインフォーマルなコミュニケーションを気軽に取りやすいために，感謝の量も変わりにくいかもしれない．逆に，従来対面ないしインフォーマルな交流が主だった相手との関係は希薄化しやすく，それを基盤とする感謝の量が減りやすいかもしれない．組織内の感謝に関する先行研究は限られており，こうした感謝を交わす相手の特徴の違いに注目したものはないが，本章では探索的に，「同じ部署の相手か否か」「同期入社か否か」という二つの違いに注目する．

---

2)　テレワークとオフィス勤務を併用するハイブリッドワークが，コミュニケーションを必ず改善するとまでは言えないと指摘する研究もある．遠藤・薄・正木（2023）は，フリーアドレス導入などのオフィス環境整備（フレキシブル・オフィス）を進めた企業において，日記式調査とインタビュー調査を行った．加えてコロナ禍に伴うテレワーク（ハイブリッドワーク）導入前後の結果の比較も行われているが，この研究ではオフィス環境や働き方そのものの効果もさることながら，与えられた環境や働き方の制度の中で，働く個々人がどのような「工夫」をするか（例えば，仕事上のニーズに合わせて働く場所を適切に選ぶこと）のほうが重要となる可能性を指摘している．

　まず注目するのが「同じ部署の相手に対する感謝」か否かである．感謝は他者との関係を強化し，利他的行動や支援を促す点に特徴がある（Algoe, 2012; Fehr *et al.*, 2017）．一方で，人によって提供しうる支援や情報は異なると推測される．例えば，同じ部署の上司や同僚からは日常的な業務上の支援を（堀田・大塚, 2014），違う部署の相手からは異質な情報の提供を受けることが可能だろう（中内, 2014）．このように両者を区別することには，感謝（およびその起点となる助け合い）を介して作られた人間関係から得られる情報や支援の相違という点で，感謝の研究上も意義があると考えられる．

　さて，テレワーク下での働き方に関する調査結果によれば，業務遂行に直接関わるコミュニケーションは相対的に減少しにくく，業務遂行と関わりが薄いもののほうが相対的に減少しやすいことが示唆されている（サイボウズチームワーク総研, 2020）．したがって，日常的に相互作用を行う同じ部署の相手と交わす感謝の量は相対的に減少しにくいが，意図的に関わりを持たないと関係性が維持できない違う部署の相手と交わす感謝の量は，相対的に減少しやすいのではないかと予想する（仮説2）．

　　仮説 2：仮説 1 の傾向は，違う部署の相手と交わす感謝において，同じ部署の相手と交わす感謝よりも顕著になるだろう．

　次に注目するのが「同期入社の相手に対する感謝」か否かである．日本企業では新卒採用が一般的であり，同じ年に採用され，入社した社員どうしが「同期入社」のつながりを持つ．そして，この水平的なつながりは入社後に相互に異なる部署に配属されるなどした後にも継続し，そこから得られる様々な支援（例えば，業務に関する助言や励ましなど）が，社員の能力向上や組織適応にも影響する（中原, 2012, 2014）．

　本章では，全社的なテレワークの導入が，こうした同期内の感謝のコミュニケーションにも影響を及ぼしたと推測する．前述の通り，テレワークは特に業務外やインフォーマルなコミュニケーションに影響を及ぼす可能性が指摘される．同期内の対人関係もこうしたインフォーマルな関係の一種であると考えられ，必ずしも業務上の理由で連絡を取り合う間柄とは言えない．したがって，テレワークの導入で業務外のコミュニケーションが行われにくくなると，従来は構築・維持が容易だった同期内の関係性も脆弱となり，交わされる感謝の量

も減少すると予想することができる．

　ただし，この点には反対の予想も成立しうる．すなわち，同期入社という関係性がすでに確立され，強固であるならば，全社的なテレワーク導入後も社会的交換関係や感謝を送り合う関係は容易には失われないかもしれない．しかし，新型コロナ流行に伴う全社的なテレワーク導入に関する研究事例は限られており，どちらの予測が妥当であるのかを判断することは困難である．そこで本章では「相手が同期入社か否か」による感謝量の増減について，明確な仮説を設けずに，探索的に検討を行う．

人脈が特に脆弱な「新入社員」に対するテレワークの影響

　これまでの仮説は「同じ社員が交わす感謝の量が，2020年には，前年よりも減少したのではないか」と考えるものだった．本章ではそれに加えて，テレワーク導入が感謝に与える影響は「2020年の新入社員」にも及んだのではないかと考え，その可能性を実証的に検討する．

　新入社員は入社後に初めて組織内の対人関係を構築し，でき上がった対人関係が感謝のやり取りの前提となる社会的交換関係（ものごとをやり取りする関係）を構築する．この関係構築においては，業務内外を問わず，組織でより多くの人と関わる機会が重要になる．しかし，まさに新型コロナ流行中だった2020年に入社した新入社員の中には，入社以来ずっとテレワークによる勤務が続いており，オフィスに出勤して対面で業務に取り組む機会が例年と比べてほとんどない人も見られた．こうした「新入社員も含めた全社的なテレワークを導入していた企業」に特に焦点をあてて議論するならば，テレワークによる勤務しか経験していない2020年の新入社員は，新たな対人的なつながりの構築が例年の新入社員以上に困難だった可能性がある．したがって，こうした対人的なつながりを前提とし，その上でつながりを強化するように作用する感謝の量についても，2020年に入社した社員の入社1年目の感謝の量は，2019年に入社した社員の入社1年目の感謝の量よりも少ないのではないかと予想する（仮説3）．また，こうした感謝の量の減少は，新入社員にとっても，業務上関わりが多い同じ部署の相手よりも，違う部署の相手に対するものにおいて，顕著に表れると予想する（仮説4）．

　なお，本章の仮説 1・2 は同一社員の感謝の量の増減についての仮説だった．一方で仮説 3・4 は，新入社員という同じ年代の，2020 年に入社した社員と 2019 年に入社した社員を比較する，社員"間"の比較に関する仮説である．

　　仮説 3：2020 年に入社した新入社員のほうが，2019 年に入社した新入社員よりも入社 1 年目の感謝をやり取りする量が少ない．

　　仮説 4：仮説 3 の傾向は，同じ部署の相手との間の感謝よりも，違う部署の相手との間の感謝に顕著に生じる．

4.2　研究の方法

　本章では単一の企業を事例として扱い，その企業において，感謝のコミュニケーションが全社的なテレワークの導入前後でどのように変化したかを，コミュニケーションのログデータを使用して分析する．

　対象企業は東京都内に拠点を置く，従業員数約 1300 人規模のインターネット関連サービス業の A 社である．この会社では従来テレワークは大規模には行われてこなかったが，新型コロナ流行に伴って 2020 年 2 月下旬から全社員を対象としたテレワーク対応が開始され，データ取得日（後述）の 2020 年 9 月末日時点でも継続していた．とりわけ 2020 年 4 月入社の新入社員は，入社して以来ほぼ一度もオフィスに出社せず，テレワーク勤務しか経験していない点で，テレワーク導入の影響を最も強く受けていた．

　分析対象は A 社の正社員のうち，2019 年または 2020 年のいずれかの年に感謝のメッセージ（後述）の送受信に一度でも関わった社員に限定した．最終的な分析対象は，2019 年が 861 人，2020 年が 991 人だった．なお，2020 年のほうが対象者数が多いが，2020 年に新たに感謝の送受信に関わった社員の 77.4% は，2020 年の新入社員と，2019 年 10 月 1 日以降（2019 年の感謝のイベント終了後）に入社した社員だった．

分析に使用するデータ：感謝のメッセージ送受信

　A 社では 2011 年より，毎年 9 月中旬から下旬にかけて，社内の全員を対象として「任意の相手に感謝のメッセージを送る」イベントが行われている．メ

ッセージの送受信はウェブを介して「同じ相手には 1 通のみ」しか送信できないという制約のもとで行われ，金銭的なインセンティブなども伴わない単なるメッセージのやり取りであり，参加は業務上必須ではない．しかし，実際には全社員の少なくとも半数以上がメッセージの送受信を行っており，このイベントを通じて感謝を表明し，また受け取ることが社員の中で一定程度定着している．このメッセージの送受信の履歴が A 社に保存されており，そのデータを用いて研究を行った．なお，同社の人事データ分析担当部門と議論を行った上で，メッセージの内容は受領せず，架空の ID をもとにした「送信の有無」（例えば，「ID1 の社員が ID2 の社員に送信」）のみを分析の対象とした．分析対象は，メッセージ送信が 2019 年 9 月 11 〜 30 日にかけて行われた 2019 年の行動履歴と，2020 年 9 月 16 〜 30 日にかけて行われた 2020 年の行動履歴である．これらの履歴をもとに，社員ごとに感謝のメッセージの送信数と受信数を計算し，分析に用いた．2019 年と 2020 年のイベントのデータそれぞれに対して計算を行った上で，社員を表す ID ごとに，各回の送受信数をまとめた．

　また，感謝のメッセージの送受信履歴と，対象者の所属部署や勤続年数のデータ（後述）を組み合わせて，メッセージの送受信が「同じ所属部署内で行われたものか」「同じ勤続年数の社員どうし（同期内）で行われたものか」を区別し，分析に用いた．どちらも，該当する感謝のメッセージ数を単純加算し，「部署内または部署外」ならびに「同期内または同期外」の感謝の送信数・受信数とした．

分析に使用するデータ：A 社の一部人事データ

　これに加えて，二つめのデータとして，2019 年 10 月 1 日時点と 2020 年 10 月 1 日時点の，社員の勤続年数などの人事情報を使用した．情報は前述の架空の ID に紐づける形で取得し，個人が特定できないように加工を行った上で，筆者がデータ提供を受け，主に分析を行った．

　本章の目的に関わる必要最小限度の個人属性として，(1)社員の勤続年数，(2)所属部署，(3)同じ部署に所属するメンバー数を分析に用いた．次に，所属部署に関しては，A 社の組織階層において「部」「課」の上位に位置する，業務上の機能・役割別の社内区分を「部署」の単位として用いた（正式な組織区分

の名称は匿名性の担保のために割愛する）．同社の社員によれば，業務は部署横断のプロジェクトチームで行われることも多いものの，マネジメントラインはこの部署を単位としている他，「先輩が後輩に仕事を教える」といった相互作用が生じる単位もこの部署であることが多いという．これを踏まえて本章の研究でも，日常的な相互作用が存在する単位であると仮定し，この組織単位を分析に用いた．78 個の部署が分析の対象となったが，メンバーが 1 人だけの部署も見られた．感謝は複数人の間で交わされるものである特性を考慮し，メンバーが 2 人以上の部署だけに分析の対象を限定した（最終的な部署数は 62 個）．部署ごとの所属メンバー数の平均値は 15.73 人，標準偏差は 25.22 だった．

倫理的配慮

　本章で使用するログデータは，働く人々の日々の活動に関わるデータであるために，取り扱いには倫理的配慮が一層求められる．そこで研究上の倫理的配慮として次の点に留意した．まず研究の実施前に A 社の人事データ分析担当部門の担当者と事前に議論し，内容の確認と研究目的利用の許諾を得た上で分析を行った．また，名前などの個人が特定できる情報は除外し，各社員には A 社内で予め作成した架空の ID を割り振り，分析を行った．加えて，個人の特定やプライバシーに関わりうると判断したため，感謝のメッセージの内容は分析に使用せず，あくまでも架空の ID に基づいた「メッセージの送受信の有無」のみを分析の対象とした．最後に，研究で利用・公開するデータは最小限度の範囲にとどめ，例えば病歴や思想・信条に関わる情報など，特に取り扱いに配慮を要する情報は含まれていなかった．なお，感謝のメッセージは社内表彰の対象となっており，事務局（社内の人事・総務部門）が閲覧することが事前に社員に明示されている他，人材育成に関する研究活動を目的として送受信数などの統計情報を利用する場合がある旨も事前に明示されており，研究もその範囲内にとどめて行った．

4.3　研究の結果

　この研究には，同一社員の感謝の量が 2019 年から 2020 年にかけて減少した

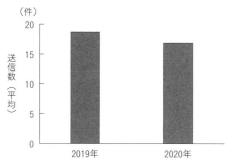

図 4.1　感謝のメッセージ送信数の平均値

と予想する仮説（仮説 1・2）と，異なる年度の新人社員間で入社初年度の感謝の量が異なることを予想する仮説（仮説 3・4）の二つの種類が含まれている．そこでまずは仮説 1・2 について分析した後，仮説 3・4 の検討を行う．研究に用いたデータは，実在の組織における行動のデータであるため，回答上のバイアス（例えば，記憶違いや，社会的に望ましい回答をしようとすること）などの問題が生じにくい利点がある．一方で，感謝の有無と（感謝が交わされるような）仕事上の対人関係の有無を分析で識別することや，他要因の統制が困難な点に限界があるため，この点を考慮して慎重に分析と考察を行う．

仮説 1・2 に関する分析：同一社員の 2 年分の傾向の比較

　まず，最も基本的な分析として，送信された感謝のメッセージの件数の平均値を 2 年分計算した（図 4.1）．分析の結果，送信されたメッセージ数の平均値は 2019 年には 18.70 件（標準偏差 17.98）だったが，2020 年には 16.89 件（標準偏差 17.00）となり，統計的に有意な減少が見られた（$p<.001$, $\eta_\mathrm{g}^2=.0024$）[3]．なお，「全社，数百人」という規模での集計であり，また 1 人が送信できるメッセージ数も最大数百件（全社員数）と最大値が大きいこともあって個人差が大きく，それゆえに標準偏差が非常に大きい[4]．その影響からか，ばらつきを考慮した「差の大きさ」を表す効果量が小さいため，「多大な影響があった」と

3）　後述の「感謝の送受信年」と「送信・受信」を加えた参加者内 3 要因分散分析の結果．

4）　第 IV 部で分析に使用した感謝や称賛を交わすアプリケーションの利用データにも同様の特徴が見られる．したがって，質問紙調査の質問のように「5 点満点」などの上限が決まっているデータとは違い，上限が決まっていない（または非常に大きな値が上限になる）人の自然な活動データを分析に使用する場合に共通の特徴であり，今後も類似データを分析する上での課題となると筆者は考えている．

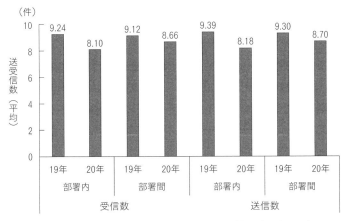

図 4.2　感謝のメッセージ送受信数の平均値（部署内・部署間）

までは言えない．しかし，「平均で 2 件ほどのポジティブなつながりを失った」ことは事実のようである．以上より，一定の限界はあるものの，仮説 1 を支持する結果が得られた．

　次に「感謝を交わす相手」による違いを分析するために，感謝の相手を部署内外に分けて詳細な分析を行った（図 4.2）．図 4.1 と同様に，全体的に 2020 年には 2019 年よりも感謝のメッセージ件数の減少が見られる．ただし，概観する限り，「部署内」で交わされたメッセージ件数のほうが，「部署間」で交わされたメッセージ件数よりも，減少幅が大きいように見える．

　参加者内 3 要因分散分析[5]という詳細な分析を行ったところ，感謝の送受信年と感謝の相手の 2 要因交互作用が統計的に有意であり，感謝を交わす相手によって，年度間の差の大きさが異なることがわかった（$p<.05$, $\eta_\mathrm{g}^2=.0003$）．具体的には，部署内で送受信された感謝（19 年の $M=9.32$ 件，20 年の $M=8.14$ 件．$p<.001$, $\eta_\mathrm{g}^2=.0053$）のほうが，部署間で送受信された感謝（19 年の $M=9.21$ 件，20 年の $M=8.68$ 件，$p<.05$, $\eta_\mathrm{g}^2=.0008$）よりも，年度間の平均値差が相対的に大きかった．したがって，部署間の感謝のやり取りのほうが減少が大きいと予想

---

5)　参加者内要因として，(1)感謝の送受信年，(2)感謝の相手（部署内または部署外），ならびに，(3)感謝の種類（送信または受信）を用いた．後述の同期内・同期外の違いを扱う分析では，(2)を同期内・同期外の違いに差し替えて分析を行った．

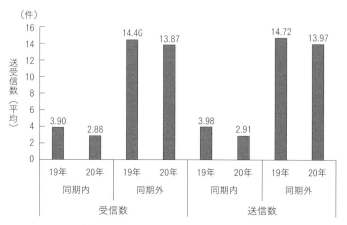

図 4.3　感謝のメッセージ送受信数の平均値（同期内・外）

した仮説 2 とは逆の結果が得られた.

　次に，自分と同期の相手との間（同期内）の感謝と，同期以外の相手との間（同期外）の感謝を区別して分析を行った（図 4.3）. やや自明なことではあるが，同期ではない社員のほうが母数が必然的に大きいため，同期以外の相手との間で交わされた感謝のメッセージのほうが多い. しかし同期内・同期外の送受信ともに 1 件ほどの減少が見られており，感謝を交わす相手が自分と同期の社員か否かによって違いはないように思える. 事実，前述の 3 要因分散分析を用いた詳細な分析の結果でも，感謝の送受信年と感謝の相手の交互作用は統計的に有意ではなかった. したがって，感謝の量の増減は同期入社の相手かどうかによって，違いが見られなかった.

仮説 3・4 に関する分析：「異なる年度の新入社員」の傾向の比較

　次に，2020 年の新入社員と 2019 年の新入社員の社員間比較に関する仮説 3・4 の検証を行った. これは先ほどまでの分析とは異なり，「同じ社員の 2 年分の結果」ではなく，「異なる年度に入社した，異なる新入社員の結果」を比較する分析となっている. 具体的には，2020 年の新入社員の 1 年目の感謝に関する各種得点（当該社員の 2020 年のデータを使用）と，2019 年の新入社員の 1 年目の感謝に関する各種得点（当該社員の 2019 年のデータを使用）の平均値を比

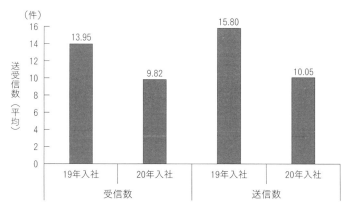

図 4.4　新入社員の感謝のメッセージ送受信数の平均値（入社年別）

較し，異なる年度に入社した社員どうしの，入社後最初の感謝の量を比較した．
新卒・中途採用の両方を含めて，分析の対象となった新入社員の数は，2020 年
は 160 人，2019 年は 126 人だった．

　まず，「入社年によって感謝の送受信量が異なるか」を分析するために，入
社年ごとに，感謝の送受信数の平均値を算出した（図 4.4）．図からも明らかな
ように，2020 年度の完全テレワーク実施下で入社した社員のほうが，2019 年
度のオフィス勤務下で入社した社員よりも，感謝のメッセージを送受信する件
数が平均 5 件ほど少なかった．これは先ほど触れた「全社員」の減少幅（平均
2 件ほど）よりも大きく，人脈を未だ十分に築けていない新入社員などの若手
社員ほど，全社的なテレワーク導入の影響を強く受けていたものと考えられる．

　こうした傾向の統計的な有意性を確認するために，混合 2 要因分散分析[6]を
行った．分析の結果，2020 年に入社した新入社員の感謝量の平均値は，2019
年に入社した新入社員の感謝量の平均値よりも統計的に有意に小さかった（$p<.001$,
$\eta_g^2=.0436$）．なお，入社年と感謝の送信／受信の交互作用は統計的に有意では
なく，送信と受信の間で入社年による違いの傾向が異なるとは言えなかった．

　以上の結果から，2020 年の新入社員の感謝量が 2019 年と比べて少ないこと

---

6)　参加者間要因として(1)入社年（2019 年または 2020 年），参加者内要因として(2)感謝の
　　種類（送信または受信）を用いた．

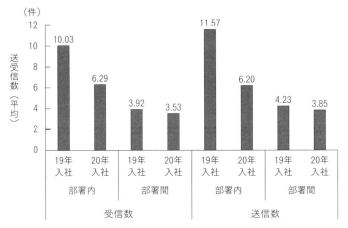

図 4.5　新入社員の感謝のメッセージ送受信数の平均値（入社年別，部署内・部署間）

を予想した仮説 3 は支持されたと言える．

　続いて全社員対象の分析と同様に，「感謝を交わす相手」による違いを考慮して再分析を行った．

　まず，「同じ部署の相手か否か」によって群分けを行った結果が図 4.5 である．図を見る限りでは，2020 年度入社の新入社員のほうが，2019 年度入社の新入社員よりも，総じて 1 年目の感謝の量が少なかった．ただし，その傾向は「部署内」で交わされた送受信に顕著であり，「部署間」の感謝の量はさほど変わっていないように思われる．

　この傾向を詳細に検討するために混合 3 要因分散分析を行った[7]ところ，本章の仮説に関わる，入社年と感謝の相手の 2 要因交互作用が統計的に有意だった（$p<.001$, $\eta_g^2=.0225$）．このことは，特定の感謝の相手に対して特に，入社年による差が強く見られることを意味している．より具体的に分析を行ったところ，2020 年入社の新入社員が部署内で交わした感謝の平均値は，2019 年入社の新入社員の平均値よりも小さかった（$p<.001$, $\eta_g^2=.0684$）．一方で，部署間で交わされた感謝の平均値には統計的に有意な差は見られなかった（$n.s.$, $\eta_g^2=$

---

7)　参加者間要因として(1)入社年（2019 年または 2020 年），参加者内要因として(2)感謝の相手（部署内または部署外），ならびに(3)感謝の種類（送信または受信）を用いた．後述の同期内・同期外について行った分析では，(2)のみを差し替えて分析を行った．

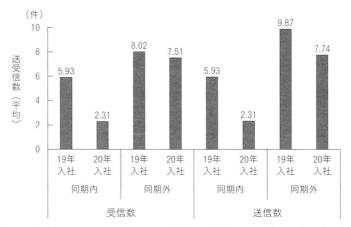

図 4.6　新入社員の感謝のメッセージ送受信数の平均値（入社年別，同期内・外）

.0016).　したがって，部署間の感謝の量のほうが入社年による差が大きいと考えた本章の仮説 4 とは逆の結果が得られた.

　最後に，分析の切り口を「同期の相手か，そうでないか」に変更して分析を行った（図 4.6）.　この図では，本章が想定した仮説に近い結果が得られているように思われる.　つまり，全体的に 2020 年度に入社した新入社員の感謝の量が少ないが，特に「同期」と交わす件数が，「同期外」と交わす件数よりも大きく減っているように見える.

　この傾向が統計的に有意なものかを確認するために，混合 3 要因分散分析を行ったところ，仮説に関わる入社年と感謝の相手の 2 要因交互作用が統計的に有意であり，感謝を交わす相手によって，入社年による差の大きさが異なるという結果が得られた（$p<.001$, $\eta_g^2=.0077$）.　そこでより具体的な分析を行ったところ，同期内で交わされた感謝の平均値において入社年の効果が統計的に有意であり，2020 年入社の新入社員の感謝の平均値（2.31 件）は，2019 年入社の新入社員の感謝の平均値（5.93 件）よりも小さかった（$p<.001$, $\eta_g^2=.1048$）.　一方で，同期外の相手との間で交わされた感謝の平均値には統計的に有意な差は見られなかった（*n.s.*, $\eta_g^2=.0077$）.　したがって，2020 年入社の新入社員は，同期内で感謝を交わす機会が前年と比べて少なかったと言える.

4.4　考察：感謝を介して見るテレワークの影響

　本章の目的は，対人的な助け合いに寄与する「感謝」というポジティブなコミュニケーションを切り口に，大規模なテレワーク導入が組織内のコミュニケーションに及ぼした影響を検討することにあった．

テレワークの影響で感謝を交わす機会は減少した

　まず，2019 年と比べて 2020 年には感謝の量が減少していた．この結果は，コロナ禍に国内で実施されたアンケート調査において（藤澤, 2020），回答者が感謝の量が減ったと主観的に認識していたこととも合致する．したがって，テレワーク導入のみに原因があると断定することはできないが，社員どうしのポジティブかつインフォーマルなコミュニケーションである感謝のやり取りは，2020 年にかけて減少したものと考えられる．ただし，平均値差の効果量と呼ばれる指標は一般的な基準に照らして非常に小さく，したがって感謝量の増減には個人差も大きいものと考えられる．

　しかし，日常的な業務上のやり取りが少ない「部署外」の相手と交わす感謝の量がより減少しやすいと予想した仮説 2 は支持されなかった．むしろ，同じ「部署内」の相手と交わす感謝の量のほうが，2019 年よりも 2020 年に相対的に大きな減少が見られた．その主な理由として，事後的に明らかになったことだが，本章の研究で扱った A 社では部署横断的なプロジェクトチームによって仕事が進むことも多く，そもそも「部署外」の相手とのほうが業務上コミュニケーションを取る（取らなければいけない）機会が多かった可能性がある．

　また，本章では明確な仮説こそ設けなかったものの，同期入社の社員相手と，そうでない相手と交わす感謝も区別して分析を行った．しかし，この点については，全社員を対象とした分析では交互作用が見られなかった．そのため，感謝量の減少は二者の入社年にかかわらず生じていたと解釈できる．

テレワークの影響は新入社員に対して特に顕著だった

　本章ではさらに，同一社員内の前後比較だけでなく，2020 年入社の新入社

員と，2019 年入社の新入社員の 1 年目の感謝の傾向も比較した．2020 年入社の新入社員は，入社以来テレワークによる勤務が続いており，対人関係を広げ，深める機会が得にくかった．したがって，テレワーク導入に伴う感謝の減少の影響は，既存社員のみならず，新入社員に強く及ぶのではないかと考えた．

　分析の結果，2020 年に入社した新入社員のほうが，2019 年に入社した新入社員よりも入社後 1 年目の感謝の件数が少なく，本章の仮説が支持された．また，平均値の比較にすぎず，分析方法も「同じ社員を対象とする」か「違う社員を対象とする」かの細部が異なるが，全社員を対象とした際の差（約 2 件）よりも，新入社員を対象とした際の差（約 5 件）のほうが減少幅が大きく，こうした点からも，全社的なテレワーク導入は特に新入社員に強く影響したものと推測できる．

　また，同期内・同期外の相手と交わした感謝については，全社員を対象とした分析とは異なる結果が見られた．具体的には，2020 年の新入社員は，特に同期内の相手に対する感謝の量が前年の新入社員と比べて約 4 件少なかった．同期入社の社員どうしのつながりを培う機会の中には，業務上の関わりだけでなく，懇親会・飲み会などのインフォーマルな場も多く含まれうる．しかし，新型コロナ流行に伴ってこうしたインフォーマルな場を設けにくくなり，本来であれば構築しやすかった関係性が構築しにくくなった可能性が考えられる．

テレワークによって失われた「人と人の重要な関係性」の可視化

　以上の結果を踏まえた実践的な示唆としてどのようなことが言えるだろうか．まず，テレワークは感謝というインフォーマルだがポジティブなコミュニケーションに悪影響を及ぼしやすいため，それを意図的に補う工夫が必要と考えられる．特に，若手・中堅社員は同期や同僚を含む様々な相手から対人的な支援やフィードバックを受けながら成長し，また日々の業務を遂行する（中原，2014）．また，他者からのサポートは若手社員の組織適応にも影響する（尾形，2012）．感謝のコミュニケーションには，他者との関係を強化し，相互扶助を促す機能があることを踏まえれば，大規模なテレワーク導入によって感謝の量が例年と比べて減少することで，特に若手社員は日々の業務遂行上の支援を他者から得ることが難しくなっただけでなく，成長や組織適応に必要な対人的支

援も得にくくなった可能性がある．さらに，こうした配慮は特に新入社員に対して必要と言える．中でも，従来は自然に培われていたであろう「同期入社」などの緩やかなつながりが失われたという本章の研究の結果からは，前述の通り，新入社員の今後の組織適応や成長への悪影響も懸念される．2020 年に入社した新入社員に対して，周囲とのつながりを補うような施策や，ふとした時に気軽に相手に感謝を伝えられるような施策・しかけが必要と考えられる他，同様の影響が生じると思われる，今後テレワーク実施下で入社する新入社員に対しても，「よい対人関係や絆」を早期に築けるようにするための一層の配慮が必要と考えられる．

　加えて，あえて「感謝」という特殊なコミュニケーションに絞った分析だからこそ，社会情勢の変化や施策の影響をわかりやすく考察できると筆者は考えている．例えば，「業務上交わすメールの頻度が減った」からといって，それが職場の対人関係やチームワーク，ビジネス上の生産性に影響を及ぼすとは限らない．むしろ，仕事が効率化されたと解釈することもできる．しかし，「感謝を交わす頻度が減った」場合には，そもそも感謝のきっかけになるような助け合いが減ったか，あるいは誰かに仕事上で助けてもらったとしてもそれに対して「ありがとう」と伝えず，受け流してしまうことが増えたと推測できる．あるいは，顔を合わせずに仕事をすることが多くなった結果，対人関係が一層ビジネスライクなものになり，その結果「あえて感謝を伝える」ということに思い至ることが減った可能性もある．これらは職場の人間関係を緊張させるように働くと予想されるため，実践的に見ても望ましくない事態だろう（例えば，せっかく相手を助けたのに感謝されなかったので，次に助ける意欲が失われる，信頼関係が損なわれる，など）．理論的に言っても，感謝には対人関係を円滑にし，「自分が相手を気にかけている」ことを伝える他，利他的行動を促す機能が指摘されている（Algoe, 2012; Fehr *et al.*, 2017）ために，こうした有用なコミュニケーションが失われることは望ましくない事態だと解釈できる．

　このように「ポジティブなコミュニケーション」という特殊な対象に絞って分析を行うことにより，（対策が不十分な中で行われる）全社的なテレワーク導入の課題をわかりやすく指摘できるようになる点に，本章の試みの意義があると考えている．

第 II 部（第 3・4 章）では「感謝」をキーワードに，「ダイバーシティ」「テレワーク」という異なる論点を挙げて，感謝と現代の組織課題との関係について考察した．第 3 章では，感謝を交わすことが当事者だけでなく職場全体にも有用であるという結果が得られた他，そうした感謝の効果は性別ダイバーシティが高く分断が生じやすい職場で顕著となる可能性も垣間見えた．第 4 章では論点を変え，全社規模のテレワーク導入により，従業員，特に新入社員が感謝を交わす機会や，背後にある助け合う関係が損なわれたことを示唆する結果が得られた．

以上を踏まえた第 II 部の結論は，「感謝は単なるマナーではなく，職場でも，また現代の組織課題に取り組むためにも大事だ」の一文に尽きる．この結論だけを切り出すときわめて自明にも思えるだろう．さらに批判的に言えば，家族や友人，学校生活などの日常の対人関係を対象とした結論としては納得ができたとしても，論理的な課題解決や高度な人材・組織マネジメントなどを重んじる企業組織やビジネスの文脈にはそぐわないようにも思える．

しかしそれでもなお，筆者は組織課題の解決の糸口として感謝は大きな可能性を秘めた概念であり，その一端が第 II 部で示した現代的な組織課題との関わりに表れていると考えている．そもそも人は感情に左右されて考え，行動する存在であり，組織課題の中には心理・感情的な要因が強く影響するもの（例えば，モチベーション，メンタルヘルス，組織への適応や定着）や，そうした人どうしが起こす対人関係上の問題（例えば，コミュニケーション，上司部下関係）に起因するものも多い．さらに言えば，2023 年時点で多くの企業に起きている変化の中には，従業員間や従業員対組織の関係性が希薄化する，言わば「遠心力」のように働くものも多い（例えば，テレワーク推進，キャリア自律の促進）．本来，組織にはそうした「遠心力」に加えて，組織を一つにまとめる力や，信頼や絆などの従業員間を有機的につなぐ関係性が併せて必要になるが，そうしたバランスが崩れがちになる現実もある．

第 II 部で扱ったダイバーシティ推進とテレワーク導入というトピックは，こうした社会心理学的にマネジメントのハードルが高い組織課題の具体例であると言える．ダイバーシティ推進においては，「違う価値観や背景を持つ者が互いを理解し，共に働く」ことの心理的な難しさや集団内の葛藤が問題を複雑化させており，テレワーク導入においては，遠隔のコミュニケーション・ツールだけでは再現が難しいという対人コミュニケーションの脆弱さが組織マネジメントの課題となっている．

そして第 II 部では，これらの問題の発端が人の感情や対人コミュニケーションにあり，

さらには組織内の対人的な関係性や絆，つながりを損なうことが問題の根源にあるからこそ，その解決につなげるものもまた，感謝という対人関係の維持と改善に働きかける，言わば職場を「つなぎ直す」感情や行動にあると考えて実証研究を行った．テレワークに関する研究では問題の可視化にとどまったが，特にダイバーシティ推進に関する研究では，前述のようなダイバーシティ推進に伴う困難を乗り越える工夫の一つとして，あえて感謝という感情的で，かつ対人関係に働きかけるコミュニケーションを取ることが有用である可能性が示唆された．単体の調査結果にとどまるために，この結論の妥当性は今後も検証を重ねる必要があるが，ダイバーシティ推進のために「明日からできること」の道筋や新たな仮説を示した点には意義があると考えている．

　こうした議論を踏まえると，結論は冒頭で述べた「感謝は単なるマナーではなく，職場でも大事だ」と変わらないが，組織課題を解決するための糸口になりうることが組織における感謝の意義の一つであると考えられる．

第 III 部

実証研究：感謝の効果と促し方

第 II 部では，組織の現代的課題に絞る形で感謝のコミュニケーションの意義に関する分析を行った．しかし，本書の目的は組織の現代的課題を論じることだけでなく，感謝や称賛のコミュニケーションそのものの意義を探究することにもある．そこで第 III 部では「現代的課題」という制約を取り払い，「職場で感謝を交わすことにどのような効果が期待できるか」を，日本の企業で働く人々を対象とした調査結果をもとに論じたい．

本章では，ある企業で実施した質問紙調査の結果を紹介する．職場内で交わす感謝の頻度と，仕事に対して感じるやりがい（ワークエンゲイジメント）や，日々の助け合いの行動の頻度の関係を分析する．また，分析を深める中で見出された，感謝を交わす上での「落とし穴」（注意点）もデータとともに紹介し，実践において何に気をつける必要があるのかについても議論したい．

5.1 研究の背景

職場における感謝行動の効果でまだ明らかでないこと

第 2 章における先行研究の概観では，日常生活（例えば，大学生の交友関係，恋人・家族間）における感謝行動の研究は積み重ねられているものの，職場における感謝行動の効果はまだ新しい研究テーマであるため，明らかになっていないことも多いことがわかった．

そうした課題の一つが，果たして感謝は職場でも「する側」「される側」の双方にポジティブな効果をもたらすのか，そして「感謝すること」と「感謝されること」には違う効果があるのかという点である．第 2 章の議論の通り，「感謝すること」は特に，視野の広がりやものごとのポジティブな側面への注目を促すか（拡張―形成理論：Fredrickson, 2004），利他の気持ちや道徳心を喚起することで（道徳感情論：McCullough *et al.*, 2008），ポジティブな態度や行動を

促すと考えられてきた．他方の「感謝されること」の効果も，共通の理論で説明されることも多いものの，感謝を交わすことで対象者との対人関係への満足度や関係を深めようとする意図が促されるか（find, remind, and bind 理論：Algoe, 2012），自己効力感や自身が持つ社会的価値の知覚が高まることで，ポジティブな態度や行動が促されると考えられてきた．もしこのように「感謝すること」と「感謝されること」が効果を発揮するメカニズムが違うなら，(1)それぞれがまったく異なる要因に対して影響を及ぼすか，(2)それぞれが同じ要因に対して与える影響を統制[1]しても効果が残ると考えられる．しかし，先行研究では往々にして「感謝すること」の効果のみか，「感謝されること」の効果のみのどちらか一方だけが取り上げられることが多く，(1)(2)のような可能性が議論の組上に載ることは稀だった．

　そこで本章では，感謝行動との関連性がたびたび指摘される，(1)ワークエンゲイジメント（仕事のやりがい），(2)文脈的パフォーマンスと呼ばれる職務上の行動の中でも特に対人的な援助行動，これらの二つの要因を取り上げ，「感謝すること」と「感謝されること」の効果の程度や違いを検討する．この二つに注目した理由は，これらはどちらも組織を運営する際に非常に重要な構成要素である上に，(1)は働く人の「心理や態度」，(2)は働く人の「行動」と，それぞれが異なる特徴を意味しており，これらと感謝行動の関係を理解することが感謝の効果の幅広さを知る上で重要になるのではないかと考えたためである．

感謝行動とワークエンゲイジメントの関係

　ワークエンゲイジメントとは，仕事に対するポジティブで充実した心理状態を指し，仕事に対する活力や熱意，没頭によって構成される概念である（Schaufeli et al., 2002）．きわめて平易に言えば，「仕事に対するやりがい」を感じている程

---

1)　第 3 章の注 6 でも触れたが，ある要因 A に対する要因 B と要因 C の効果を検討する際に，要因 B と要因 C の共通の影響を排除し，「要因 B に固有の影響」と「要因 C に固有の影響」を抽出することを指す．一例として，特に質問紙調査を使用した心理統計学では，重回帰分析に複数の独立変数や統制変数を同時に投入することで，こうした「他の要因には見られない，特定の要因に固有の影響」を分析することが多い．

度を指す概念だと言い換えることも可能なように思われる．また，近年，人事・組織の実務においても注目される「エンゲージメント」と呼ばれる概念の一側面でもあり，第 3 章で扱った組織コミットメントが「組織」に対するエンゲージメントを指すとすれば，ワークエンゲイジメントは「仕事」に対するエンゲージメントを指すというように位置づけ，理解することも可能と思われる．向江（2018）によれば，ワークエンゲイジメントは離職意図の低下や仕事の結果など，心理的変数と仕事のパフォーマンスに関する多岐にわたる変数との間にポジティブな関係があるために，多くの研究で注目され，また研究上の重要性も高いとされる概念である．

　様々な要因がワークエンゲイジメントを高めるメカニズムを説明するために使用される代表的な理論が，「仕事の要求度―資源モデル（JD-R モデル）」である．このモデルではワークエンゲイジメントと，それと対になる概念であるバーンアウトの規定因が議論されるが，ワークエンゲイジメントは特に仕事における様々な「資源」によって向上するとされる（Bakker *et al.,* 2014）．資源の中には「仕事の資源」と「個人の資源」の 2 種類があり，前者は，(1)仕事に関する心身の負担を軽減し，(2)目的達成を促し，(3)個人の成長や発達を促進し続けるための物理的，社会的，組織的な仕事の側面であると定義される．後者の個人の資源とは，仕事における様々なポジティブな自己評価であり，周囲の環境をうまくコントロールし，影響を与えることができるという個人の感覚のことを指し，自己効力感などが含まれる．先行研究では「自己決定理論」（Deci & Ryan, 2000）などをもとに，働く人がこれらの資源を十分に有している（と感じている）時にワークエンゲイジメントが高まるとして，メカニズムが説明されている．Bakker & Demerouti（2007）によれば，仕事の資源は組織における人の成長や学習，達成を助け，それにより働く人が組織内で自律性や有能感，円滑な対人関係形成などの基本的な欲求を満たすことにつながり，それゆえに仕事に対するやりがいとしてのワークエンゲイジメントを培いやすいと考えられている．また，Bakker *et al.*（2014）によれば，個人の資源はそれ自体が前述の三つの基本的な欲求を満たすことにつながる他，高い目標設定や遂行におけるレジリエンス（困難から立ち直る力）を促すことで，ワークエンゲイジメントを向上させると考えられている．

　本章では以上の議論をもとに，2種類の感謝行動が仕事と個人の資源につながり，それゆえにワークエンゲイジメントを高めると理論的に推測する．まず，感謝を「表明する」ことは，日々自分が受けるサポートなどのものごとのポジティブな側面に注目することを促す特徴があるとされる．この特徴がJD-Rモデルにおける個人の資源の効果と同様に機能し，目標遂行を支えることで，ワークエンゲイジメントを高めるメカニズムがあると予測する．

　また，感謝を「受領する」ことは，自身の社会的価値の認識や，他者との関係性の充実につながることが知られている．これもJD-R理論における個人の資源の効果と同様に，自身の社会的価値を確認することが仕事における有能感や所属の欲求を直接充足することを通じて，ワークエンゲイジメントを高めるのではないかと予想する．

　これらを踏まえて本章では，感謝の表明と受領の経験はともにワークエンゲイジメントを独立に促すと予想する（仮説1a・1b）．ただし表明と受領の効果は必ずしも同程度ではなく，一方が他方よりも強い可能性も考えられる．前述の通り，感謝の受領には自己効力感や仕事における自身の社会的価値を直接高める可能性が指摘される一方で（Grant & Gino, 2010），感謝の表明にもそうした可能性があるとは考え難い（つまり自分が誰かに感謝をすることが，自分の自己効力感にはつながりにくいと考えられる）．そのため，本章では感謝の受領のほうが直接的に有能感や所属の欲求を充足すると考え，感謝の表明よりも効果が強いと予想する（仮説1c）．

　　仮説1a：感謝を表明する経験が多いほど，ワークエンゲイジメントも強い．
　　仮説1b：感謝を受領する経験が多いほど，ワークエンゲイジメントも強い．
　　仮説1c：感謝を受領する経験がワークエンゲイジメントに与える正の効果は，表明する経験がワークエンゲイジメントに与える正の効果よりも強い．

感謝行動と対人的な援助行動の関係

　次に，感謝行動は対人的な援助行動も促すと予想する．この援助行動について考える上で，まず「文脈的パフォーマンス」という上位概念について考えるところから始めたい．文脈的パフォーマンスとは，組織が適切に機能するため

に必要な貢献を果たす様々な行動を指す概念で（Borman & Motowidlo, 1997; 池田・古川, 2008; 田中, 2012），職務そのものに貢献する（つまり業績を上げるなどの）狭義のパフォーマンスを指す「課題的パフォーマンス」と対をなしている．具体的には主に五つの内容が含まれるとされており，「人一倍努力する」「自分の役目ではない活動にも取り組む」「他者を助け，協力する」「個人的に不便でも組織の規則や手続きにきちんと従う」「組織の目標を支持・支援し守る」といった行動で構成されるという（田中, 2012）．このように，課せられたタスクで高い成果を上げる以外の点で組織に貢献する行動であるために，第2章でたびたび言及した組織市民行動（義務でなく，報酬で報いられるとも限らないが，組織が機能する上で必要な自主的行動）とも近い概念である．

　本章ではこの文脈的パフォーマンスの中でも，「他者を助け，協力する」こと，つまり援助行動が感謝と特に関連が深いと考え，これに注目する．先行研究では，感謝感情が利益提供者や第三者に対する向社会的行動を促すことの他，組織市民行動との相関や因果関係を示した研究もある（池田, 2015; Ford et al., 2018; Sun et al., 2019）．この効果は特に感謝感情や，「感謝を表明する」経験について指摘されており，道徳感情理論や拡張─形成理論に基づいて，感謝がものごとのポジティブな側面に注目を促す他，当人の思考と行動の幅を広げ，向社会的モチベーションを高めることが背景にあると考えられている．

　これを踏まえて本章でも，感謝の「受領」よりも，感謝の「表明」のほうが，対人的な援助行動に対して強い正の効果を持つと予測する（仮説2a～2c）．感謝を感じ，表明することは，利益提供者に対するものに限らず，向社会的モチベーションを促すと考えられている．一方で感謝の受領の効果は，こうしたメカニズムよりも，自身の社会的価値の認識の向上や，他者との関係構築が本質であると指摘されてきた（Algoe, 2012; Grant & Gino, 2010）．たとえそうであっても，感謝を受けることで他者を助けることができるという自信が強まり，さらなる対人協力につながる可能性は十分に考えられる．しかし，たとえ自ら起こす行動に対する自信が強かったとしても，その行動を取るに足るだけの理由やモチベーションがない場合には，そうした行動は起きにくい（Parker et al., 2010）．したがって，直接的に向社会的モチベーションを高める効果があるとされる感謝の「表明」のほうが，向社会的行動の一種である援助行動を促す効果がより

強いのではないかと予測する.

　仮説 2a：感謝を表明する経験が多いほど，援助行動も多い.

　仮説 2b：感謝を受領する経験が多いほど，援助行動も多い.

　仮説 2c：感謝を表明する経験が援助行動に与える正の効果は，受領する
　経験が援助行動に与える正の効果よりも強い.

さらなる研究課題：感謝の主観的な「釣り合い」の影響

　そして，2 種類の感謝行動を区別することで，新たな課題を実証的に検討することも可能になる. 中でも本章で注目する課題が，感謝の表明と受領が「釣り合っている」と感じることの効果である. 2 種類の感謝行動を同時に測定することで，例えば「自分は周りに対して感謝をよくするし，周りからもよく感謝をしてもらっている」のか，それとも「自分は周りに対して感謝をよくするが，周りは感謝をしてくれない」のかなど，感謝をめぐる詳細な状況を可視化することができるようになる. では，こうした「自分も感謝し，周りからも感謝されている」といった，言わば「感謝の釣り合いが取れる」ことには，何かポジティブな影響があるのだろうか. あるいは，こうした釣り合いが失われると，感謝行動の効果は弱まるのだろうか.

　この問いを分解すると，そこには厳密には二つの異なる論点が含まれていることがわかる. ここからは，その二つの論点それぞれについてどのようなことが推測できるか，またはどのようなことがすでにわかっているのかを述べる.

　一つめの論点が，感謝の表明と受領は「ともに高まる」ことにポジティブな効果があるのか，それともどちらかが特に高まる場合に効果的なのか，という論点である. 前述の仮説では，感謝の表明と受領には異なる心理的メカニズムが働き，独立にポジティブな効果をもたらすとした. これを踏まえると，感謝行動の効果はどちらか一方だけが高い場合ではなく，両方が高まるほどより効果を発揮すると推測できる. この点に似た内容を検討した先行研究として McNulty & Dugas（2019）の研究がある. この研究では，カップルを対象に調査が行われ，パートナーから得られる感謝が少ない場合には自身が感謝を多く表明するほど結婚関係に対する満足度が低下し，パートナーの感謝頻度が多い場合には自身の感謝頻度が満足度を高める傾向が見られた. この研究からは，少なくと

も感謝を受領する頻度が表明する頻度を下回ると好ましくない影響が及ぶ可能性と，双方が高まる場合に好ましい影響が生じやすくなる可能性が示唆される．加えて，集団におけるやり取りを想定して，異なる観点から同様の可能性を指摘する研究もある．Locklear *et al.* (2021) は，自組織のメンバーが感謝を頻繁に表明しているという知覚を「感謝規範」と定義し，2週間にわたって自分が感謝を感じた経験を記す，感謝日記を用いた介入を行った．その結果，感謝規範を強く知覚していた人（自組織のメンバーが他者に感謝を表明する頻度が多いと回答した人）に感謝日記による介入の効果が強く見られた．この研究は，感謝規範が存在する集団では，もともと感謝を感じる経験に対する感受性が高く，したがって自身が誰か・何かに対して感謝を表明することの効果も強まりやすいと解釈している．これらの研究を踏まえると，感謝行動は自分だけが感謝を表明する場合よりも，自分も周囲も感謝を表明していると知覚する場合に，特に強まると予測できる．

　　仮説 3a：感謝する頻度と感謝される頻度がともに高いほど，ワークエンゲイジメントが高くなる．

　　仮説 3b：感謝する頻度と感謝される頻度がともに高いほど，援助行動が多くなる．

　二つめの論点が，感謝の表明と受領の頻度が「一致する」場合に特にポジティブな効果を生むのかという論点である．一つめの論点との違いは，感謝の表明と受領の頻度が多いか少ないかにかかわらず，とにかく両者が同程度行われていると感じており，「自分が感謝するのと同じくらい，周りから感謝されている」と感じることに積極的な意義を求める点にある．すなわち，例えば自分が対人コミュニケーションを煩わしく感じて感謝をあまり表に出さない場合には，周囲も同じであるほうがよく，逆に対人コミュニケーションに意欲的でよく周りに感謝をする場合には周りもそうであるほうがよい，といった可能性があるのかについて議論する．

　この論点について考える上で役立つと思われる，組織における心理・行動メカニズムを説明する理論の一つに，person-environment fit の理論がある（van Vianen, 2018）．この理論では，周囲の価値観や特徴，ニーズなどと自身のそれが一致する場合に，人は対象に対して魅力を感じる他，集団に対する所属欲求

が満たされるといった心理的メカニズムが想定されている．そしてその結果として，職務満足度や組織愛着が高まる他，相対的に効果は弱いが組織市民行動を促す効果も見られる（van Vianen, 2018）．

　感謝行動についてもこうした自他の特徴の一致の効果が見られるかは定かでない．例えば，McNulty & Dugas（2019）では，たしかに感謝を受領する頻度が低く，表明する頻度が多いことが問題となることは示唆されるが，反対に感謝の受領の頻度のほうが多いことが問題かは不明瞭である．そこで本章ではこの「一致」の効果については明示的な仮説を立てずに，「感謝を表明する頻度と受領する頻度が一致することが，何らかの効果を生むのか」を探索的に分析する．

5.2　研究の方法

　本章では，ある特定の企業で実施した質問紙調査のデータをもとにして，感謝をする・される経験の頻度や，日々の仕事のやりがいの強さ（ワークエンゲイジメント），対人的な援助行動の頻度をたずね，それぞれの関係を分析する．大きな特徴として，仮説 3a・3b で示した「感謝の表明と受領の一致の効果」を検討する点がある．

　この仮説を精査するために，本章では「応答曲面分析（response surface analysis）」と呼ばれる特殊な手法を用いた．応答曲面分析とは，同じ測度（例えば，「あてはまる」から「あてはまらない」までの 5 件法）で測られた二つの独立変数の値が一致することの効果を，結果を三次元上に描くことで（図 5.1），詳細に検討することができる分析手法である（Edwards & Parry, 1993）．この分析を使用する利点として，(1)結果を図 5.1 のように三次元上に描くことで，「二つの独立変数がともに 100 点どうし」の場合の一致と，「ともに 0 点どうし」の場合の一致を区別し，かつ視覚的にその様子を理解することができるようになる．それによって，「得点が一致している」という条件さえ満たされれば従属変数の得点が高くなるのか，それとも「100 点どうし」などの特定の場合に限って得点が高くなるのか，といった詳細を分析することができるようになる．また，結果を視覚的に把握できるのみならず，(2)回帰分析の結果をもとにして，曲

面の一部形状について統計的な有意確率を計算し，統計的に言って「意味のある形状なのか」を把握することもできる．

　なお，応答曲面分析は日本国内の社会心理学の研究ではあまり一般的な分析手法ではないように思われる．そのため，どのような統計分析の手法であるのかの説明と結果の詳細は，本章のもととなる正木（2023）や，同じ手法を用いて筆者が職場のダイバーシティをテーマとして過去に行った研究である正木・

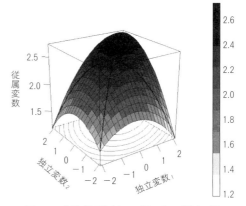

図 5.1　応答曲面分析から得られる結果の例

ある独立変数1と独立変数2の組み合わせが従属変数に与える効果を図示．この曲面の場合，独立変数1と2の両方が高いほど，また両者の得点が一致するほど，従属変数の値（縦軸）が高い得点を取る．

村本（2021）に示した．本書では結論を中心に要点を端的・視覚的に示すにとどめるため，詳細は当該論文を参照されたい．

調査対象

　日本の情報通信業の企業 B 社[2] の従業員を対象に，2021 年 2 月から 3 月にかけて質問紙調査を実施した．あらかじめ同社のスタッフと議論し，同社のサービス開発と第三者による学術研究の二つの目的を兼ねている旨を明示し，同社が主体となって調査を実施した．調査はオンラインで行われ，主旨を調査ページの冒頭で説明した上で，同社の従業員を対象に，任意かつ匿名で回答を求めた．社内のポータルサイトのトップ画面に回答 URL を掲示して回答を募集し，最終的に 281 件の回答が得られた．

　平均年齢は約 47.64 歳，男性 205 人，女性 75 人，性別無回答が 1 人だった．

2)　筆者は調査対象企業の研究アドバイザーを務めている．本書やもととなる論文の執筆や発表は，契約や業務の範囲外だが，読者が研究結果を検討するための参考材料として，一定の潜在的な利益相反関係が存在する旨をここに開示する．

質問項目：感謝の経験

先行研究には，仕事上の感謝の「感情」を測定する尺度はある（Cain *et al.*, 2019）が，仕事上の感謝の「行動」を測定する一般的な尺度は存在しない．そこで，調査対象企業のスタッフと議論し，独自に 10 項目の質問を作成した．その中には，(1)自分が誰かに感謝「する」頻度と，(2)誰かから感謝「される」頻度を聞く質問が 5 項目ずつ含まれていた．各 5 項目では，働く中で異なる相手と交わす感謝の頻度を質問した．感謝の受領を具体例として挙げると，「上司から，感謝の気持ちを伝えてもらっている」という質問項目があり，「上司から」の箇所のみを「同僚から」「部下や後輩から」「他部署の人から」「社外の人から」の四つのパターンに変更して合計 5 項目を作成した．すべての質問には「まったくない」から「とてもよくある」までの 5 件法で回答を求めた．

質問項目：ワークエンゲイジメント

Schaufeli *et al.*（2019）の UWES-3 を用いた．ただし，同社内のアンケートで用いられた他の質問項目との整合性を保ち，回答者の回答負荷を下げるために，選択肢を変更して用いた．具体的には「仕事をしていると，活力がみなぎるように感じる」「仕事に熱心である」「私は仕事にのめり込んでいる」の 3 項目に対して，「あてはまらない」から「あてはまる」までの 5 件法で回答を求めた．十分に高い信頼性が確認されたため（$\alpha = .84$），3 項目の平均値をワークエンゲイジメントの得点として用いた．

質問項目：援助行動[3]

池田・古川（2008）の文脈的パフォーマンスの「実行レベル」に関する質問のうち，対人関係に直結する「同僚に対する協力」に関する質問項目を抜粋して用いた．ただし，池田・古川（2008）の尺度には，「同僚の仕事の成功を褒めている」といった同僚への声がけに関する項目など，ポジティブな言語的コミュニケーションとしての特徴に感謝と似た内容が含まれていた．こうした質

---

3)　初出論文の正木（2023）では「文脈的パフォーマンス」と呼んだが，他の章の内容との整合性を保つ表現上の理由から，本書では「援助行動」と呼ぶ．

問項目を除外した中から，因子負荷が高い次の 3 項目を用いた．具体的には「同僚が仕事に関わる問題を解決できるよう進んで援助している」「自発的に職場内の同僚を援助している」「同僚に対してアイディアや意見を提供している」の 3 項目に対して，「あてはまらない」から「あてはまる」までの 5 件法で回答を求めた．十分に高い信頼性が確認されたため（$\alpha = .89$），3 項目の平均値を援助行動の得点として用いた．

質問項目：統制変数

統制変数として，性別，年齢，役職を分析に用いた．性別は「男性」「女性」「その他・答えたくない」で回答を求めた．「その他・答えたくない」という回答はきわめて少数だったため，以降の分析からは除外した[4]．年齢は 5 歳間隔で「20 歳以上 25 歳未満」から「60 歳以上」までの 9 個の選択肢で回答を求め，「20 代から 30 代」「40 代」「50 〜 54 歳」「55 歳以上」の四つのカテゴリに再分類した．役職に関する選択肢には調査対象企業内の固有名称を用いたため詳細は割愛するが，最終的に「組織長以上」（36 人）と「一般社員・その他」（245人）の 2 値に変換した．

5.3　研究の結果

本章では感謝行動を測定するために，筆者が独自に作成した 10 項目を用いた．特に自分の職場内の感謝のコミュニケーションが同僚間の助け合いなどに与える影響を分析することを目的としたため，「他部署」「社外」の相手に対する感謝の表明と受領に関する質問を除外し，合計 6 項目で探索的因子分析[5]（最尤法，プロマックス回転）を行った．平行分析では 3 因子構造が推奨されたが，不適解となったため，2 因子構造を採用した（表 5.1）．それぞれの因子に対し

---

4)　第 3 章注 5 と同様の統計分析上の理由による．
5)　複数の質問項目の背後に，いくつの「共通の特徴」（潜在因子）を想定することができるかを統計的に検討する方法．ここで言えば，6 項目の背後に「感謝」という一つの共通の特徴を想定することが妥当なのか，「感謝の表明」「感謝の受領」という二つの共通の特徴を想定することが妥当なのかを，統計的な基準をもとに検討することができる．

表 5.1　感謝行動に関する探索的因子分析

	表明	受領	共通性
同僚に対して感謝の気持ちを伝えている	.97	− .04	.89
部下や後輩に対して感謝の気持ちを伝えている	.79	.04	.65
上司に対して感謝の気持ちを伝えている	.74	.03	.58
同僚から，感謝の気持ちを伝えてもらっている	.01	.93	.88
部下や後輩から，感謝の気持ちを伝えてもらっている	.01	.81	.67
上司から，感謝の気持ちを伝えてもらっている	.02	.69	.50
因子寄与	2.13	2.03	
因子間相関			
表明	−	.60	
受領		−	
α	.87	.87	

数値は因子負荷．.40 以上の負荷が見られた箇所を太字で示した．

て強い負荷を示した質問項目をもとに，因子 1 は感謝の表明，因子 2 は感謝の受領に関する因子と解釈し，それぞれの質問項目の平均値を得点として用いた（$\alpha = .87$, .87）．

　分析に使用する変数すべてに適切に回答した人だけを対象に，それぞれの得点の平均値と標準偏差，相関係数を算出した（表 5.2）．

　特に注目した点が，感謝の「表明」と「受領」の平均値だった（図 5.2）．詳細な分析の結果，感謝の表明の平均値は受領の平均値よりも統計的に有意に高く（$t(273) = 12.52$, $p < .001$），平均的に見ると，多くの回答者が「自分は周りによく感謝をしているが，周りからはあまり感謝をされていない」と感じる傾向が見られた．

　次に，仮説 1a ～ 1c と仮説 2a ～ 2c を検証するために，重回帰分析を行った（表 5.3）．分析に使用する変数の組み合わせを変え，いくつかのパターン（モデル：Model）で分析を行った．具体的には，まず(1)ワークエンゲイジメントに対する感謝の効果を分析する場合（Model 1 ～ 3）と，援助行動に対する感謝の効果を分析する場合（Model 4 ～ 6）の，大きく 2 通りに分かれていた．加えてそれぞれに 3 通りの分析が含まれており，Model 1 ～ 3，および Model 4 ～ 6 では，(2)独立変数として感謝の表明と受領のどちらを使うか（または両方か）を変えた 3 通りの分析を行った．このように複数のパターンで分析を行った理

表 5.2　記述統計量ならびに相関係数

	平均値	標準偏差	相関係数								
			2	3	4	5	6	7	8	9	10
1　感謝の表明	3.66	0.83	.55***	.18**	.31***	−.02	.03	−.10	.09	−.03	.11†
2　感謝の受領	3.08	0.79		.17**	.22***	.01	.14*	−.08	.03	−.09	−.04
3　ワークエンゲイジメント	3.09	0.86			.41***	.09	−.14*	−.06	.16*	.03	.15*
4　援助行動	3.70	0.80				.11†	−.13*	−.14*	.22***	.03	.23***
5　性別（男性＝1，女性＝1）	0.73	0.44					−.27***	.02	.16*	.06	.11†
6　年齢（20 代〜30 代ダミー）	0.23	0.42						−.29***	−.34***	−.32***	−.16*
7　年齢（40 代ダミー）	0.22	0.42							−.34***	−.32***	.16*
8　年齢（50〜54 歳ダミー）	0.29	0.45								−.38***	.09
9　年齢（55 歳以上ダミー）	0.26	0.44									−.08
10　役職（組織長＝1，その他＝0）	0.13	0.34									

†p<.10，*p<.05，**p<.01，***p<.001．N=274．

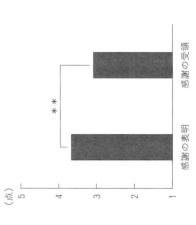

図 5.2　感謝の表明と受領の平均値（表 5.2 より抜粋して作成）

由だが，感謝を表明する・受領する経験の頻度の間には中程度の正の相関が見られたためである（$r=.55$, $p<.001$）．このように独立変数どうしの相関が強い場合，それぞれの要因の効果（今回の分析では「表明する」ことの効果と「受領する」ことの効果）がいわば打ち消し合い，適切な分析結果が得られない可能性がある．それゆえに，「表明する」ことの効果だけの分析（Model 1・4），「受領する」ことの効果だけの分析（Model 2・5），両方を同時に見る分析（Model 3・6）に分けて，分析を行うこととした．

　以上を踏まえた上での表 5.3 の解釈の仕方だが，第 3 章で用いた HLM とほとんど同じように結果を解釈することが可能である．それぞれの行に記載した数値（標準化偏回帰係数）は，各行の左端に表した独立変数・統制変数が，各列の従属変数に与える効果（または相関関係）の強さを表している．前述の通り，感謝の表明と受領の効果を同時に分析することが絶対の正解とも言い難いため，ワークエンゲイジメントと援助行動に対するそれぞれ 3 通りの分析結果を総合的に勘案し，結果を解釈する．

　まずワークエンゲイジメントを従属変数として用いた場合，表 5.3 の Model 1 では感謝の表明が多いほど，Model 2 では感謝の受領が多いほど，ワークエンゲイジメントが高かった．ただし両者を同時に分析に用いた Model 3 では感謝の受領の正の効果が統計的に有意傾向にあるだけだった．したがって，感謝を表明する経験の正の効果に関する仮説 1a，感謝を受領する経験の正の効果に関する仮説 1b は，両者を統制し合う場合に効果が弱まるものの，部分的には支持された．

　次に仮説 1c を検討するために，効果の大きさ（偏回帰係数）の値が等しいかに関する統計的検定を Model 3 を用いて行った[6]．分析の結果，二つの感謝行動の偏回帰係数に統計的に有意な差は見られなかった．したがって，仮説 1c は明確には支持されず，「感謝をする」ことと「感謝をされる」ことは概ね同じような大きさの効果を持っていたと言える[7]．

　続いて援助行動を従属変数として用いた場合，表 5.3 の Model 4 では感謝の

---

6)　Shrout & Yip-Bannicq（2017）が推奨する方法に準じ，同論文で提案されていた R のシンタックスを使用した．

表5.3　重回帰分析の結果

従属変数	ワークエンゲイジメント			援助行動		
	Model 1	Model 2	Model 3	Model 4	Model 5	Model 6
感謝の表明	.16**	—	.08	.27***	—	.20**
感謝の受領	—	.19**	.14†	—	.23***	.12†
性別（男性＝1，女性＝0）	.05	.03	.04	.06	.04	.05
年齢（40代ダミー）	.04	.05	.05	−.04	−.03	−.03
年齢（50〜54歳ダミー）	.18*	.21**	.20*	.20**	.23**	.21**
年齢（55歳以上ダミー）	.12	.15†	.15†	.11	.14†	.13†
役職（組織長＝1，その他＝0）	.11†	.14*	.13*	.19***	.23***	.20***
R^2	.08***	.09***	.09***	.19***	.17***	.19***
調整済み R^2	.06	.07	.07	.17	.15	.17
N	274	274	274	274	274	274

†$p<.10$, *$p<.05$, **$p<.01$, ***$p<.001$. 数値は標準化偏回帰係数（β）. VIFはどのモデルでも5未満だった. 年齢のベースカテゴリは20代〜30代ダミー.

表明が多いほど，Model 5では感謝の受領が多いほど，援助行動の得点も高かった. また両者を同時に分析に用いたModel 6においても，感謝の表明の正の効果が統計的に有意であり，感謝の受領の正の効果も統計的に有意傾向にあった. したがって，感謝を表明する経験の正の効果に関する仮説2a，感謝を受ける経験の正の効果に関する仮説2bは支持された. ただし，前段落と同様に，やはり効果の大きさ（偏回帰係数）の差の検定は統計的に有意ではなかったため，仮説2cは明確には支持されなかった.

　次に，「自分が感謝をするのと『同じくらい』，周りから感謝されている」と感じることの効果（一致の効果），そして両者がともに増加することの効果を検討するために，応答曲面分析を行った. 応答曲面分析では，本来は(1)多項式[8]を用いた重回帰分析を行って感謝の表明・受領の頻度と従属変数の関係を分析し，(2)その結果に基づいて三次元上に曲面を描き，(3)曲面のいくつかの特

7）　Model 3では感謝を受ける経験の効果だけが統計的に有意傾向だったため，それを根拠に効果差を議論する基準では，仮説に沿った結果が得られたと言える. しかし，Shrout & Yip-Bannicq（2017）は直接的に偏回帰係数の効果の大きさの検定を行うほうが厳密であると指摘しており，その基準に照らすと本文のような解釈となると考えた.

8）　(1)感謝の表明，(2)表明の得点の二乗，(3)受領，(4)受領の得点の二乗，(5)表明と受領の交互作用項，の五つの項を含めて重回帰分析を行う必要がある. そのため，前述の二乗を含まない重回帰分析とは異なる結果をもとに図示している.

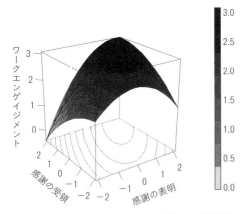

図 5.3　ワークエンゲイジメントに関する応答曲面

徴に関する統計的検定を行う，といういくつかの手順を踏む．しかし本書では端的に結果を示すために，（2）と（3）に絞って重要な結果のみを紹介する．詳細な結果は，本章のもととなった正木（2023）の論文を参照されたい．

　まず，ワークエンゲイジメントに対して感謝の表明と受領のそれぞれが与える効果を分析し，それをもとに作成されたものが図 5.3 である．この図には，分析の対象になった調査データをもとにして，感謝の表明と受領がそれぞれ何点くらいの時に，従属変数（ワークエンゲイジメント）の得点がおよそ何点ほどになるか，統計分析をもとに予測した結果が掲載されている[9]．

　まず図 5.3 のうち，手前（表明と受領の得点がどちらも低い）から，奥（表明と受領の得点がどちらも高い）に向かって，縦軸（ワークエンゲイジメント）の得点が高くなる傾向が見て取れる．この傾向は統計的にも有意だったため（$b_{a1} = 0.33$，$p < .01$），感謝の表明と受領は「両方ともに増える場合にワークエンゲイジメントも高まる」と言え，仮説 3a の予測を支持する結果が得られたと言える．

　では，もう一つの検討事項だった「感謝の表明と受領が同じくらいの頻度で行われている」と感じることの効果はどうだろうか．この結果について視覚的に解釈をするためには，図 5.3 の手前から奥に向かう対角線上（表明と受領の得点が一致する対角線上）で最もワークエンゲイジメントの得点が高くなる（つまり，表明と受領のズレが大きい図の左端と右端でワークエンゲイジメントが低くなる）という，逆 U 字型の形状になっているかを確認すればよい．図 5.3 を見ると，

---

9)　学術的に言えば，二つの独立変数とそれらの二乗，交互作用項が従属変数に与える効果を重回帰分析を用いて予測し，得られた予測式を三次元上に描画した結果である．

分析結果もそうした形状となっており，図の左端（感謝を多く受領するが表明しない）や，右端（感謝を多く表明するが受領しない）でワークエンゲイジメントの得点が低く，対角線上で得点が高くなる，逆 U 字型の形状が見られた．この傾向は統計的にも有意だったため（$b_{a4} = -0.54$, $p < .05$），感謝の表明と受領のどちらかが他方を超過することな

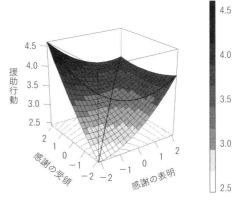

図 5.4　援助行動に関する応答曲面

く，ちょうど釣り合う場合に，ワークエンゲイジメントは最も高くなると解釈するに足る結果が得られた．

　続いて，次の図 5.4 は援助行動に対する感謝の表明・受領の効果を，同様の方法で図示した結果である．この図では先ほどのワークエンゲイジメントに関する分析結果とはまったく違う結果が得られている．まず，図の手前（表明と受領の得点がどちらも低い）から，奥（表明と受領の得点がどちらも高い）に向かって，たしかに縦軸（援助行動）の得点が高くなる傾向が見て取れる．この傾向は統計的にも有意だったため（$b_{a1} = 0.33$, $p < .001$），感謝の表明と受領は「両方ともに増える場合に援助行動も多くなる」と言え，仮説 3a の予測を支持する結果が得られたと言える．

　しかし，もう一つの検討事項である「感謝の表明と受領が同じくらいの頻度で行われている」と感じることの効果は見られなかった．図 5.4 ではむしろ想定と逆の結果が得られており，図の左端（感謝を多く受領するが表明しない）や，右端（感謝を多く表明するが受領しない）で援助行動の得点が高く，対角線上で得点が低くなる，U 字型の形状が見られた．ただし，これはあくまでも緩やかな傾向であり，U 字型の効果は統計的に有意ではなかったため（$b_{a4} = .23$, $n.s.$），「感謝の表明と受領が同じくらいの頻度で行われている」ことの効果が見られたとは言えない，と考えることが妥当と言える．

5.4　考察：適切な循環によって感謝が効果を増す可能性がある

職場における感謝行動は仕事のやりがいや助け合いと関わる

　本章では日常生活における感謝行動の研究を援用しつつ，特定の企業における質問紙調査のデータを用いて，ワークエンゲイジメントと援助行動に対する感謝の効果を検討した．以下では特に分析結果の三つの意義に注目して考察を行う．

　一つめの意義は，職場における感謝行動の効果を調査データを用いて確認し，日常生活を対象とした研究との共通点や差異を検討したことにある．分析の結果，感謝を表明する経験と受ける経験のどちらにもワークエンゲイジメントと援助行動に対する正の効果が見られた．日常生活を対象とした研究でも感謝の感情や行動が向社会的行動や援助行動と関わることはたびたび指摘されており，企業組織を対象とした本章の分析結果も突飛なものではなく，先行研究と整合性が高いと言える．したがって，「金銭」「契約」「仕事」などの特徴に象徴されるようなドライな対人関係が顕著になりやすい企業組織という場でも，また表明と受領の二つの感謝行動に対しても，先行研究の知見はある程度応用可能と考えられる．

　二つめの意義は，感謝の表明と受領の二つの行動の効果の違いを検討した点にある．しかし，二者の効果の差については明確な結論が得られず，効果の大きさ自体は異なるものの，統計的に有意な差とは言えなかった．さらに言えば，感謝の表明の頻度と受領の頻度の得点の相関が比較的強く，感謝を多く表す人は，同時に誰かから感謝を多く受ける傾向もあったと言える．第4章のもととなった正木・久保（2021）の研究でもこれは同様で，客観的な感謝のやり取りの頻度を用いて分析したとしても，感謝の表明数と受領数の相関係数は約 .70 と高かった．これらを踏まえると，同じメンバーどうしが長い時間一緒に働く場である企業組織では特に，感謝を多く表明する人ほど感謝を多く受け取っており，結果的に似た心理的メカニズムで効果を発揮する可能性が考えられる．ただし，第2章で述べた通り，感謝を表明することと受領することには理論的には異なる効果の発揮の仕方があると考えられてきたが，それがそもそも誤り

だったのか，それともメンバーが比較的固定される企業組織ではそうではない
というだけなのかといった点については，結論を断言はできないため，さらに
研究を重ねる必要がある．

「私は感謝しているのに，感謝されていない」と感じることの問題

　本章の研究の三つめの意義が，二つの感謝行動の両方と，それらの間の「ズ
レ」を分析で扱った点にある．

　分析の結果，ワークエンゲイジメントと援助行動のどちらを従属変数として
使った場合にも，感謝の表明と受領の頻度がともに増すほど，ワークエンゲイ
ジメントと援助行動も増加していた．したがって，二つの感謝行動はどちらか
だけが増えればよいのではなく，双方が増えることによって一層効果を発揮す
るものと考えられる．この結果は，他者の感謝行動の頻度が高い場合に自分の
感謝行動や感謝日記による介入効果が強まったことを指摘した先行研究の結果
とも重なるもので，その意味では，感謝の表明と受領は「どちらかだけが増え
ればよい」わけではなく，「私は感謝をしているし，周りも感謝してくれる」
といった，職場内で感謝が「循環する構造」や，助け「合う」ことが重要だと
言える．

　加えて，ワークエンゲイジメントに対してのみではあるが，感謝の表明と受
領の頻度がともに同程度の場合に，最も得点が高まる傾向が見られた．言い換
えれば，両者が同程度行われる場合に，どちらかに偏る場合よりも，ワークエ
ンゲイジメントが高かった．person-environment fit の理論に基づけば，組織や
他者と自分の特徴が一致する場合に，相互の類似性が高まって対象に対する魅
力が高まり，また自分に合った集団に所属する欲求が満たされることで，職務
満足度などが高まるとされる．本章の研究結果もこれと一致しており，感謝の
表明と受領の頻度が釣り合う場合に，自分に合った対人関係や組織の中で働く
ことができていると感じ，ワークエンゲイジメントが高まる傾向が見られたと
考察できる[10]．このことからも，「私は感謝をしているし，周りも感謝してく
れる」という釣り合いが非常に重要であると考えられる．

　ただし，本章の研究結果では，平均的に見ると「自分が感謝を表明する頻
度」は「他者から感謝を受領する頻度」よりも多い傾向も見られた（つまり，

自分は感謝をしているが，周りは感謝をしてくれないと感じる人が多い）．したがって，これらの結果の含意を端的にまとめるならば，以下の(1)・(2)のようなリスクがあると言えるかもしれない．

(1) 人は往々にして「自分が感謝するほど，周りから感謝をされていない」と感じるという「落とし穴」がある．あるいは単に感謝は送り手の想像以上に真意が受け手に伝わりにくく，こうしたすれ違いが生じやすい．

(2) こうしたズレが生じると，仕事に対してやりがいを感じにくくなるリスクがある．

こうしたズレが生じないようにすること，つまり職場のメンバーどうしが対等に感謝を交わし，かつそれが（社交辞令ではなく）「感謝の気持ちを表しているのだ」とメンバーが適切に理解できているような状態を作ることが，「感謝の効果」を発揮するためには重要と言えるだろう．

なお，援助行動にはこうした感謝の表明と受領の頻度の一致の効果は見られなかったため，感謝の表明と受領の一致が幅広い行動を喚起するとまでは言えなかった．あるいは，援助行動は感謝行動の頻度の一致以外に不一致によっても動機づけられる可能性もありうる．例えば，自分が感謝を表明する頻度のほうが感謝を受ける頻度よりも多く，他者から恩を受けることのほうが多いという自覚がある場合には，その恩返しをするために，一層，他者の援助に積極的になる可能性がある．

加えて本章の研究の限界として，果たして「感謝に対して感謝で報いる」必要があるのかという点は定かでない．たしかにワークエンゲイジメントに対しては前述のような「ズレ」の効果が見られたが，例えば「誰かから助けてもらった」ことに対して「自分が感謝を示す」ことで報いるなど，異なる要因によって対人関係上の釣り合いが保たれる可能性も残される．こうした幅広い可能

---

10) なお，本章では結果を割愛したが，「上司と交わす感謝」「同僚と交わす感謝」「部下・後輩と交わす感謝」の三つに分けて同様の分析も行った（正木, 2023）．分析結果は大きくは本章の内容と変わらなかったが，「自分が上司に感謝する頻度」と「上司から感謝される頻度」の組み合わせで，特に効果が強まる傾向にあった．その背後には，(1)上司が職場においては非常に重要な存在であるからという可能性と，(2)同僚や部下・後輩と比べて上司だけは対象人物が一人に同定されるために，「釣り合い」を回答者が想像しやすかったという可能性の二つが考えられる．

性を検討しきれておらず，数ある釣り合いの一側面しか明らかにできていないことが限界として残ることは明示しておきたい．

実践的な含意：感謝は職場でも有効だが，容易にすれ違うことに注意

　最後に，本章の研究結果から得られた実践的な含意について述べる．職場では報酬や評価体系などが明確であるがゆえに，日常生活以上に交換的規範（言わばギブアンドテイクの規範）が優勢になることが推測できる．それゆえに，日常生活における感謝感情・行動の研究を援用しつつも，その有効性を改めて職場を対象とした研究で確認することが求められている（Fehr *et al.,* 2017）．本章の分析では因果関係は明らかにできなかったが，こうした問題に対して二つの示唆が得られたと考えられる．

　第一に，感謝行動は日常生活だけでなく，職場でもワークエンゲイジメント向上や同僚間の助け合いの促進に寄与する可能性がある．逆に言えば，第 4 章で示したように，コロナ禍でのテレワーク拡大を経て感謝を交わす機会が減少したことが，職場の対人関係のぎこちなさを増し，助け合いの減少につながった可能性もあると推測できる．感謝行動が唯一の対人関係の改善手段とまでは言えないが，数ある手段の一つとして，意識的に感謝を交わす試みも有用と推測できる（この点については，第 9 章でも関連する分析・研究を紹介する）．

　ただし，本章の研究では，自分が感謝を表明する頻度のほうが，感謝を受領する頻度よりも多いと平均的に考える傾向も見られた．この背景には，事実として感謝行動の頻度が異なる可能性もあるが，たとえ他者から感謝を表明されてもそれを聞き流してしまう，または単なる社交辞令と解釈しがちであるなど，何らかの認知バイアスが存在する可能性も考えられる．この点には大いに注意する必要があり，感謝の意図が適切に伝わるような工夫も有用ではないかと推測できる．例えば，カードなどの物理的な手段を用いたり，単に「ありがとう」と一言伝えるだけではなく何に対する感謝か，何をありがたいと感じたのかを具体的に伝えたりすること（例えば，「さっきは○○のことで助けてくれてありがとう」「○○のことを教えてくれてありがとう」）が必要と言えるかもしれない．

　第二に，感謝行動は誰かが一方的に送るだけでなく，職場で互いに交わすことでさらなる効果を発揮するものと考えられる．本章では感謝を表明すること

にも，受けることにもいくつかの肯定的な効果が見られたが，両者がともに増加する場合や一致する場合に，特にワークエンゲイジメントが高まっていた．したがって，例えば上司が率先して部下に対して感謝を表明するだけでなく，部下からも感謝を表明する機会を設けるなど，上司・部下関係にとどまらないが，職場のメンバーどうしで互いに感謝を交わし，一方的な関係にしないようにする習慣作りも有用と考えられる．

第6章 感謝の多様な効果──助け合いを促すメカニズム[1]

　第5章で行った調査・分析は，職場という特殊な環境で感謝が持ちうる多様な効果の一部を選定し，それを掘り下げるものだった．しかし，職場における感謝の効果を総合的に研究するためには，さらにいくつかの点で検討の余地が残されている．具体的には，(1)感謝行動が影響を与える対象は仕事のやりがいと助け合いだけなのか，あるいは，(2)「なぜ」仕事のやりがいや助け合いにつながるのか，そして(3)感謝行動の「質」と「量」のどちらが重要なのか，といった点である．本章では，以上の三つの論点をさらに掘り下げて，調査と分析を行う．

6.1　研究の背景

感謝行動が影響を与える要因の幅広さ

　第5章では，自身が感謝する・される頻度が，ワークエンゲイジメント（仕事のやりがい）と対人的な援助行動に与える効果に焦点を絞って分析を行った．たしかにこれらは日々の仕事において，あるいは職場が円滑に機能する上で重要な内容であり，感謝行動との理論的な関係が深い．しかし，感謝行動が潜在的に影響を与えうる要因は他にも多数ありうる．以下の図6.1は第2章の内容をもとに，感謝の感情や行動が影響を与えると思われる各種要因と，それぞれの影響メカニズムとされる理論を整理したものである．

　この図に表れる通り，(1)感謝は人に備わる「利他性」や「道徳性」を喚起して，誰か・何かのための行動（向社会的行動，主体的行動）を促す他（例えば，McCullough *et al.*, 2008），(2)ものごとのポジティブな面への注目を促すなどし

---

1)　本章の内容は JSPS 科研費 JP22K13800 の助成を受けて実施された調査に基づいており，日本社会心理学会第64回大会で行った発表（正木, 2023）を大幅に改訂したものである．

その他の理論
①感謝されることで自己効力感や社
　会的影響力の知覚を強める
②感謝をすることで，組織から配慮
　されているという知覚を強める
③感謝をすることで，セルフコント
　ロールをしやすくなる

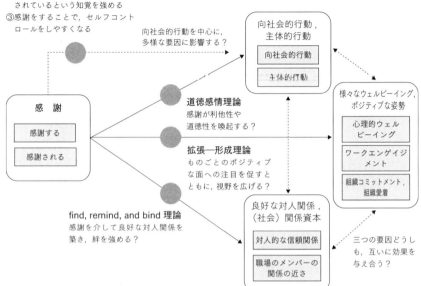

図 6.1　感謝の感情や行動と諸要因の関連
第 2 章の図 2.3 より「感謝」に関わる箇所を抜粋した．

て様々なウェルビーイングやポジティブな姿勢を促し（例えば，Fredrickson, 2004），（3）対人関係を良好にして絆を強める（例えば，Algoe, 2012），といった効果があると考えられている．

　これらの主要な理論の他にも，（4）感謝を受けることで自己効力感や自身の社会的価値・影響力を強く認識するようになる（Grant & Gino, 2010），（5）感謝をしたり感謝感情が強まったりすることで，集中力を発揮するなどのセルフコントロールをしやすくなる（Locklear *et al.*, 2021）[2]，といった新たな観点も実証

---

2) Locklear *et al.*（2021）は，セルフコントロールの資源が増すとしており，その理由として本文(2)のものごとのポジティブな側面に対する注意が増し，ネガティブな活動が抑制されることを挙げている．しかし，(2)の効果の一部としてセルフコントロールを挙げる研究は限られるため，本書では(2)とは別の効果として，(5)に位置づけた．

的な根拠とともに提案されている．さらに言えば，これらの五つの影響は相互に関係しており，例えば感謝が対人的な絆や対人関係の満足度を強め（前述の(3))，それを通じてワークエンゲイジメントを高める（前述の(2))といった異なる影響経路もありうるのではないかと考えられている（例えば，Lee *et al.*, 2019).

　これらの内容を踏まえると，第 5 章の内容は多様な感謝行動の効果のごく一端しか捉えることができていないことがわかる．そこで本章では，先行研究において主に感謝行動が効果を与えると考えられている，次の六つの要因を取り上げる．そして，感謝行動が最終的に促す要因が「メンバー間の助け合い」であると仮定し，感謝をする・されることが，何に影響し，どのような経路で，最終的に助け合いを促すのかについて，調査と分析を行う．

　援助行動　まず第 5 章でも取り上げた対人的な援助行動を再度取り上げる．第 5 章でも述べた通り，感謝行動が関係する代表的な要因であり，また職場が円滑に機能する上で欠かせない要因であるために検討対象に加える．

　職場のメンバーに対する信頼　二つめの要因が，同じ職場のメンバーに対する（対人的）信頼（interpersonal trust）である．信頼には多様な定義があるが，主には同じ職場のメンバーたちに対して好意的・ポジティブな期待を抱いており，かつそれに確信を持っている状態・態度のことを指す（de Jong & Elfring, 2010).本章でも，同じ定義のもとで信頼という名称・概念を使用する．日常生活における感謝の研究では，感謝を交わすことが対人的な信頼関係を強めることがすでに複数の研究で明らかになっている（Locklear *et al.*, 2023)が，職場という環境でも同じ効果が見られるかは不明である[3]．そこで本章では感謝行動との関係を検討対象に加えた．

　職場のメンバーの関係の近さ　三つめの要因が，同じ職場のメンバーとの関係の近さ，すなわち親密さである．二つめの要因として挙げた信頼と非常に似

---

3) 「上司が部下に感謝すること」が部下から上司に対する信頼に与える効果を扱った研究（Ritzenhöfer *et al.*, 2019) はあるが，同僚間などの一般的な職場の対人関係における効果の検討はあまりなされていない．

ているが，信頼は自分が主語にあり，自分が他者のことをどう思うかという「感情」が重視されるのが特徴であるのに対して，関係の近さは自分と相手の二者間に強い絆があるかどうかという「関係性」に焦点をあてた考え方である，といった違いがあるとされる（Locklear *et al.*, 2021）．find, remind, and bind 理論によれば感謝には対人的な絆を強める効果があることから，これも感謝行動との関係を検討する対象に加えた．

　　向社会的モチベーション　四つめの要因が向社会的モチベーション，つまり「他者のために何かをしたい」というモチベーションの強さである．特に（感謝の）道徳感情理論では，感謝の感情や行動は向社会的モチベーションを喚起することが理論の根幹に位置づけられている他，向社会的モチベーションは職場が円滑に機能するためにも重要とされることから（Grant, 2008; シン・島貫, 2021），感謝行動との関係を検討する対象に加えた．

　　社会的影響力の知覚　五つめの要因が社会的影響力の知覚である．前述のGrant & Gino（2010）が行った実験では，部下が上司から感謝を受ける経験をすることで，自分が他人や社会によい影響を与えられると感じるようになり（社会的影響力の知覚），それが次の主体的行動を促すという結果が得られている．このことからも，特に日々の仕事の中で感謝を「受けること」と社会的影響力の知覚は正の相関関係にあるのではないかと考え，検討対象とした．

　　組織支援の知覚　最後に挙げる六つめの要因が「組織支援の知覚（perceived organizational support）」（「知覚された組織的支援」とも呼ばれる）である．これは従業員が自身の所属組織に対して「組織は従業員の貢献を評価し，従業員のウェルビーイングを気にかけてくれている」と感じるかどうかを指す概念である（Eisenberger *et al.*, 1986; 佐藤他, 2020）．McCullough *et al.*（2008）などの道徳感情理論が提唱する通り，感謝には自身が受けた様々な利益や恩に対する注意を促す機能があるとされている．また，組織が自身に対して支援的だと感じるからこそ日々の感謝行動も促されるという可能性もあるため（Ford *et al.*, 2018），因果関係は双方向にありうるが，少なくとも感謝行動と正の相関関係にあること

はたしからしいと考えて検討対象に加えた[4].

幅広い要因どうしの関係性や構造，メカニズム

さらに，前述の六つの要因はすべてが並列に感謝行動と関係するのではなく，何らかの「構造」や「影響の順序」がある可能性もある．そこで，これら六つの要因どうしの関係を整理して，感謝行動がまず何に影響を与え，それが最終的にどのような態度や行動を促すのかなど，影響関係を体系的に理解することも目指す．

先行研究でも同様の試みはわずかながら行われている．職場において感謝の介入を行った効果を検証した Locklear et al.（2021）の研究では，感謝の介入が，(1)向社会的モチベーション，(2)対人関係の近さ，(3)自分をコントロールできる程度を指すセルフコントロールの資源[5]，(4)組織支援の知覚，の四つの要因を高め，その結果として最終的に，(5)対人的な問題行動の抑制，に影響するのではないかと仮説を立てている．この発想は社会心理学の基本的かつ伝統的な考え方である，「人の行動は，パーソナリティ（内面の要因）と環境要因の相互作用を通じて生じる」というアイデアとも合致しており，感謝が内面の態度（例えば，向社会的モチベーション）や，対人関係・環境（例えば，対人関係の近さ）に働きかけることを通じて，「問題行動の抑制」という目に見える行動に

---

4) 組織支援の知覚を検討対象に加えた背景には，職場の感謝に関する海外の先行研究（Ford et al., 2018; Locklear et al., 2021 など）の影響とともに，東京女子大学で筆者のゼミに所属していた学生の影響もある．過去に卒業論文の指導を通じて関わった学生の中に，職場における感謝行動と幸福感，そして組織支援の知覚の三要因の関係に着目した学生たちがおり，本章の調査も一部を共同で行った．プライバシーへの配慮によりお名前を挙げることは差し控えるが，当該の事実を開示するとともに，この場を借りて御礼申し上げたい．
5) Locklear et al.（2021）の研究では，フィールド実験で得られたデータを分析し，セルフコントロールの資源が増すことが，感謝の介入が問題行動の抑制に有効な最大の理由となるという結果が得られた．つまり，日々の感謝を思い返す介入を受けることで，ものごとのポジティブな面に目を向けるようになり，（他の理由よりも）そのことによって努力や集中をすることに前向きになれるため，問題行動が抑制されると結論づけている．しかし，感謝行動とセルフコントロールの関係に注目した研究は限られる他，Locklear et al.（2023）によるレビュー研究でも，ごく最近の新しいアプローチとして言及されるにとどまっている．そのため，本章では代表的な要因を優先して取り上げることとし，セルフコントロールは検討対象から除外した．

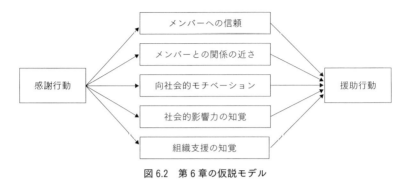

図 6.2　第 6 章の仮説モデル

影響を与えるプロセスを検証したものと考えることができる.

　筆者も Locklear *et al.*（2021）と同じ発想で, 日々の感謝行動が様々な内面の態度や対人関係（環境）の要因に対して影響を及ぼし, それを介して,「援助行動」という行動変容に帰結するのではないかと仮説を立てる（図 6.2）.

　図 6.2 の内容を概説すると, まず段階的な因果関係の「中間」にあたる五つの要因（媒介要因）に対して, 感謝行動がポジティブな影響を与えると考える. そのように仮定できる理論的な根拠は, 前述の六つの要因を紹介した箇所の通りである.

　そして感謝行動は, 前述の五つの媒介要因に対する効果を通じて, 最終的に, 援助行動を強める効果を発揮すると予想する. これらの要因はどれも対人的な援助行動を促すモチベーションとして機能することがすでに知られている. 具体的には,（1）信頼や対人関係の近さが援助行動を促すこと（Dirks & de Jong, 2022）,（2）向社会的モチベーションや社会的影響力の知覚が「自分が誰かを助けることができる」という知覚を通じて援助行動を促すこと（Grant, 2007）,（3）組織支援の知覚が強まるほど, 自身も誰かを助けたり積極的に行動したりしようと感じるために援助行動を促すこと（Moorman *et al.*, 1998）などが知られている. こうした様々な知見を踏まえて, 感謝行動が様々な媒介要因にポジティブな影響を与え, それらの媒介要因が援助行動を起こしやすくするという関係性が成り立つのではないかと考える.

　以上の内容を仮説の文章としてまとめると, 次の通りになる.

　仮説 1：感謝行動が多い人ほど, 職場のメンバーに対する信頼が強い.

仮説 2：感謝行動が多い人ほど，職場のメンバーの関係が親密だと感じやすい.

仮説 3：感謝行動が多い人ほど，向社会的モチベーションが強い.

仮説 4：感謝行動が多い人ほど，自身や仕事の社会的影響力を強く感じる.

仮説 5：感謝行動が多い人ほど，組織支援の知覚が強い.

仮説 6：感謝行動が多い人ほど，仮説 1 〜 5 の要因を通じて援助行動が増す.

感謝の「質」と「量」の違い

　最後の論点は，以上の論点よりも一層具体的な内容で，職場では感謝を表す「質」または「伝え方」「強度」が特に重要なのか，それとも「量」または「頻度」が重要なのか，という点である．第 5 章では，職場における感謝行動の研究の第一歩として，まずは感謝を交わす「頻度」をたずねる質問項目を作成して調査・分析を行った．そのため第 5 章の分析結果を言い換えると，「感謝を『多く』受けるほど，または表すほど，ワークエンゲイジメントが高く，助け合いも多い」という結論になる.

　しかし，単に回数を多く交わすことが重要なのだろうか．例えば「ありがとう」と一言で（時に心なく）頻繁に言うだけで効果的かと言えば，筆者は直感的にはそうは思えない．むしろ，はっきりと伝えることや，伝え方を工夫して伝えることといった，感謝の「質」も併せて重要なのではないかと考えている．しかし，こうした感謝の「量」と「質」がどちらも重要なのか，それともどちらだけが特に重要なのかといった点は，先行研究からははっきりとした結論は得られていない．そこで本章では，第 5 章の調査で使用した「頻度」の質問項目以外に，感謝の伝え方や強度を測定する質問項目を新たに作成し，両者の効果を一つの分析で比較することを試みる．ただし，これらの異なる感謝の捉え方のうち，どちらが特に重要かを先行研究から明確に予測することが困難だったため，明確な仮説は設けずに探索的に分析を進める.

6.2　研究の方法

　第 5 章の研究では特定の企業に勤める人だけを調査対象としたが，感謝を交わす習慣があるかどうかは，勤め先の企業によって異なる可能性がある．そのため，例えば第 5 章で扱った企業が「特に日常的に感謝をしやすい企業だった」可能性や，逆に「感謝をする習慣が特に希薄な企業だった」可能性もある．そこで本章では，様々な企業に勤める人を対象にウェブ質問紙調査を実施した．

　その際，一定の条件を満たす人だけを調査対象とした上で，同じ回答者に対して調査を「2 回」，時間間隔を空けて行った．それぞれの調査を「調査 1」「調査 2」と呼び，以降の議論を続ける．社会心理学や組織行動論の研究などでは同じ対象者に 2 回調査を行うことがよくあり，(1)質問を分けることで調査 1 回あたりの回答者の負担を減らせる他，(2)重要な質問項目（本章で言えば感謝行動）の同じ質問を 2 回ともたずね，2 回の回答の相関関係が強いことを確認して「安定した特徴を測れている」こと（再検査信頼性）を調べられるといった利点がある．また，(3)調査を 2 回に分けることで，同じ調査内で多くの質問に対して連続して「あてはまる」と回答してしまう回答バイアスなど，一つのデータしか分析に使わないために生じやすくなる余分な影響（コモンメソッドバイアス）を軽減することもできると考えられる[6]．以上のような利点を考慮し，本章の研究では調査を 2 回に分けて実施した．

　なお，用いた質問項目の中には「調査 1 でたずねた質問」「調査 2 でたずねた質問」「2 回ともたずねた質問」の三つがあったが，本章の分析で使用した質問項目は大半を「2 回とも」たずねた．

　分析は二つの手順で進めた．まず，第 5 章と同様に，独自に作成した「感謝行動の強度」の質問項目が想定通りに回答されていたか，(1)探索的因子分析

---

6)　ただし，質問紙という共通の方法を用いる上に，同じ回答者から回答を得ている以上，コモンメソッドバイアスの影響を完全に排除することはできないことには注意が必要である．完全に排除するためには，例えば，(1)本人が回答する質問紙と，(2)上司などの第三者からの評価を組み合わせる，(3)人事考課などの客観評価を組み合わせる，などの異なるアプローチが必要になる．

で確認を行った．その後，（2）感謝行動の強度と頻度の効果に関する仮説検証の分析（構造方程式モデリング：SEM（structural equation modeling））を行った．

調査対象

株式会社クロス・マーケティングのウェブモニターに登録する人を対象に，2022 年 9・10 月に約 2 週間の間隔を空けて，2 回の調査を行った（調査 1 は 9 月 26 日，調査 2 は 10 月 12 日に開始）．対象は，全国の従業員数 100 人以上の企業に正社員として勤務する 20 〜 69 歳までの男女だった．その際，年代ごとの回答者数が概ね等しくなるように回収を行った．

調査 1 は 1200 人を対象に実施し，調査 2 はその 1200 人のうち，質問に適切に回答した人[7]の中から 500 人を対象に実施した．

質問項目：感謝行動

感謝行動についてたずねる質問項目として，感謝の「頻度」と「強度」をたずねる 2 種類の質問項目を用いた．

「頻度」の質問　第 5 章で使用した質問項目を使用した．具体的には，「感謝を表す」頻度をたずねる 5 項目と，「感謝を受ける」頻度をたずねる 5 項目の合計 10 項目を使用した．その際，回答の選択肢は「頻度」を表すように，「まったくない」から「とてもよくある」までの 5 件法とした．ただし，第 5 章と同様に職場「内」の援助行動を研究対象としたために，「上司」「同僚」「部下や後輩」の三者と交わす感謝行動の頻度の平均を取って，「感謝の頻度」の得点として使用した．この際，平均値は調査 1・2 ごとに計算し，「調査 1 の時点での感謝頻度」「調査 2 の時点での感謝頻度」の得点を回答者ごとに作成した（α 係数はいずれも .89 以上）．

「強度」の質問　感謝を強く・明確に伝えている（または受けている）程度を

---

7)　「この質問項目だけは必ず『時々ある』を選択してください」と指示した質問項目を設け，当該の選択肢を含む 5 件法で回答を求めた．この質問に正しく回答した人のみを分析対象とした他，2 回目調査の回答依頼を行う対象とした．

たずねるために，「感謝の伝え方」をたずねる 18 項目を独自に作成した（感謝を表す場合と，受ける場合に関する各 9 項目）．項目の作成に際しては，まず，（1）McCullough *et al.*（2002）が示した感謝特性の構成要素をもとに筆者が独自に 5 項目の質問を作成し，併せて，（2）感謝を伝えることについて研究を行った Locklear *et al.*（2021）と Lee *et al.*（2019）を参考に，日本語として違和感がない表現に改訂した 5 項目の質問を作成した．その上で，両者には重複や，職場での使用に違和感があるものも含まれていたため，いくらか調整を行って，最終的に 9 項目を作成した．そして，その 9 項目を感謝を「表す」場合と「受ける」場合についてたずねるように整え，18 項目とした．質問項目の内容は後掲表 6.1 の通りだった．選択肢は「強度」をたずねるために，「まったくあてはまらない」から「とてもあてはまる」までの 7 件法で回答を求めた[8]．得点化の方法は後述の因子分析の箇所で述べる．

質問項目：五つの媒介変数

図 6.2 に示した五つの媒介変数をたずねる質問として，次の内容をたずねた．

職場のメンバーに対する信頼と関係の近さ　メンバーに対する信頼についてたずねる質問は de Jong & Elfring（2010）を参考に 5 項目を作成し，関係の近さについてたずねる質問は Dibble *et al.*（2012）を参考に 5 項目を作成した．前者に含まれる質問例は「私は，仕事で困ったことがあれば，メンバーたちのことを頼りにすることができる」，後者に含まれる質問例は「私とメンバーの関係は親密である」だった．それぞれ，回答者が働く職場の対人関係にどれくらいあてはまるかをたずね，「まったくそう思わない」から「とてもそう思う」までの 5 件法で回答を求めた．5 項目を平均して信頼の得点として使用した（α 係数は 2 回の調査を通じて .91 以上）．関係の近さも，5 項目を平均して得点として使用した（同じく α 係数は .90 以上）．

---

8)　第 3 章で行った調査では，普段感謝を受ける経験を端的にたずねたところ，4 点満点中の平均値が 3 点台と非常に高くなった．第 3 章の調査対象企業に感謝を日常的に表す組織文化や習慣があったためである可能性も高いが，選択肢が 4 件法と少なかったことも理由として懸念された．そこで，ここでは 7 件法を用いることとした．

向社会的モチベーション　Grant（2008）を翻訳したシン・島貫（2021）を参考に，4 項目を用いた．回答者に対してなぜ仕事に意欲的に取り組んでいられると思うかをたずね，「私の仕事を通して，他の人の利益のために役立つことが，大切だと考えているためである」などに対して，「まったくあてはまらない」から「とてもあてはまる」までの 7 件法で回答を求めた．4 項目を平均して向社会的モチベーションの得点として使用した（α 係数は 2 回の調査を通じて .96 以上）．

社会的影響力の知覚　Grant（2008）の質問項目を翻訳し，日本の職場で使用することに違和感がないように一部修正した 3 項目を使用した．「私は，自分の仕事が他の人にポジティブな影響を与えると強く感じている」などの項目に対して，「まったくあてはまらない」から「とてもあてはまる」までの 7 件法で回答を求めた．3 項目を平均して，社会的影響力の知覚の得点として使用した（α 係数は 2 回の調査を通じて .95 以上）．

組織支援の知覚　Eisenberger *et al.*（1986）で作成された質問項目をもとに，同論文の著者が抜粋した短縮版 8 項目[9]を独自に翻訳して使用した．「会社は，自社の発展に対する私の貢献を高く評価している」などの項目に対して，「まったくそう思わない」から「とてもそう思う」までの 5 件法で回答を求めた．得点が高いほど特徴が強くなることを表すように調整した後[10]，8 項目を平均して，組織支援の知覚の得点として使用した（α 係数は 2 回の調査を通じて .82 以上）．

---

[9]　原著者のウェブサイト（http://classweb.uh.edu/eisenberger/perceived-organizational-support/）を参照した．ただし，2023 年 11 月現在閲覧不能となっていたため，ここに当該 8 項目を抜粋する．「会社は，自社の発展に対する私の貢献を高く評価している」「会社は，私が特別に努力をしても，そのことに感謝をしてくれない」「会社では，私の不満は無視される」「会社は私のウェルビーイング（幸福・健康）を本当に気にかけてくれる」「私が最高の仕事をしても，会社はそのことに気づかないだろう」「会社は私の仕事上の全般的な満足度を気にかけている」「会社は私に対してほとんど関心を示さない」「会社は私が仕事で上げた成果を誇りに思ってくれる」．

[10]　逆転項目を含むため反転処理を行った．

質問項目：援助行動

　Lee *et al.*（2019）で使用された質問項目をもとに，職場で「相手から助けを求められた」場合に援助行動を行う頻度をたずねた．Lee *et al.*（2019）の研究では自発的な援助行動もたずねられていたが，感謝とより強く相関していたのは「助けを求められた」場合の援助行動のほうだったため，こちらに限定した．質問文ではまず，「普段のお仕事で，一緒に働くメンバーのことをあなたはどれくらい助けていると思いますか？」とたずねた上で，「メンバーに助けを求められて，自分が相手の仕事上の問題を解決するのを手伝うこと」などの 3 項目に対して，自分にどの程度あてはまるかを「まったくない」から「とてもよくある」までの 5 件法で回答を求めた．3 項目を平均して，援助行動の得点として使用した（α 係数は 2 回の調査を通じて .93 以上）．

質問項目：統制変数など

　その他に，仮説に直接関係はないが，余分な影響を排除する目的などでいくつかの質問を行った．

　個人属性　個人属性に関する質問として，(1)性別，(2)年齢，(3)勤続年数，(4)職位，(5)所属企業の従業員数，(6)職種，(7)業種，(8)テレワーク勤務の頻度，をたずねた．

　2 回目の調査にかけての変化　調査 1 の回答時点から調査 2 の回答時点にかけて，もし回答者が転職などを経験していた場合，回答に予期しない影響が及ぶ可能性があった．そこで，2 回目の調査では「最近 2 週間」の間に次のような変化があったかどうかを，複数選択式でたずねた．選択肢は「違う会社や団体への転職」「管理職への昇進」「他の部署への異動」「仕事内容の変化」「部下や後輩の増減」「上司の交代」「あてはまるものはない」の七つだった．これらの中であてはまるものが一つでもあった回答者（他の質問に適切に回答した 456 人中 60 人，13%）は，以降の分析からは除外した．

6.3　研究の結果

　まず，感謝行動の強度を測るために独自に作成した質問項目が「一つの共通した内容を測定している」と考えることができるかを確認するために，探索的因子分析（最尤法，プロマックス回転）を行った．1 回目と 2 回目の調査ごとに，9 個の質問を用いて分析した結果が表 6.1 である．表 6.1 の通り，作成した 9 個の質問から調査 1・2 ともに 1 因子が抽出されたことから，9 個の質問は概ね一つの共通した内容を測定していると解釈することができた．これを踏まえて，2 回の調査のどちらでも 9 項目の平均値を用いて感謝行動の強度の得点として用いた．

　加えて，再検査信頼性を確認するために，感謝行動の「強度」「頻度」のそれぞれに対して，2 回の調査の得点の相関係数を計算した．分析の結果，感謝を表す強度（r=.71），感謝を表す頻度（r=.68），感謝を受ける強度（r=.67），感謝を受ける頻度（r=.65）のすべてで，概ね .70 ほどの高い相関関係が見られた．したがって，少なくとも 2 週間程度では変化しづらい特徴を測定していたと考えられる．

　次に，分析に使用する変数すべてに適切に回答した人だけを対象に，それぞれの得点の平均値と標準偏差，相関係数を算出した（表 6.2）．これ以降の分析では，従属変数である表 6.2 の 1 〜 6 個目の得点は調査 2 のものを，独立変数である 7 〜 10 個目の得点は調査 1 のものを使用した．これは，関係性を分析する質問項目が同じ調査から取得されたものである場合，前述のコモンメソッドバイアスという問題が顕著になるためである．なお，表 6.2 では，すべての変数の間に中〜高程度の統計的に有意な相関関係が見られた．その主な理由は，もともと理論的に関係が深い質問を複数聞いていたことと，そしてサンプルサイズが大きい調査の場合は小さな相関係数でも統計的に有意な結果を計算上の理由で得やすくなるためであると考えられる．

　なお，第 5 章でも見られた「私は自分が感謝するほど，周りから感謝されていない」と感じる傾向が見られるかどうか，感謝を「表す」強度・頻度と「受ける」強度・頻度の平均値差の統計的検定も行った（図 6.3）．分析の結果は第

表 6.1　感謝行動の「強度」に関する探索的因子分析の結果

	調査 1		調査 2	
	因子負荷	共通性	因子負荷	共通性
ちょっとしたことでも，相手に感謝の言葉を伝える	.92	.84	.92	.85
自分を助けてくれた人に対して，ポジティブな気持ちを表現する	.90	.80	.90	.81
誰かによいことをしてもらったら，その価値を認めて，感謝を伝える	.90	.81	.90	.80
他の人もいる前で，誰かに感謝の言葉を伝える	.90	.81	.90	.81
職場でいろいろな相手に感謝の言葉を伝える	.89	.79	.92	.85
特定の出来事についてだけでなく，複数のことや，常日頃のことに関して感謝を伝える	.88	.78	.88	.78
感謝の気持ちを伝えるために，相手のためになることをする	.88	.77	.88	.77
感謝の言葉を強くはっきりと相手に伝える	.87	.77	.87	.76
一日の中で，何度も感謝の言葉を誰かに伝える	.83	.69	.87	.75
因子寄与	7.06		7.20	
信頼性	.92		.92	
N	1021		396	

平行分析では 2 因子構造を推奨されたが，複数の因子に高い負荷を持つ質問項目が多数見られた．そこで 1 因子を想定した分析を行い，表の結果を得た．

表 6.2　分析に使用した変数の記述統計量と相関係数

		平均値	標準偏差	相関係数								
				2	3	4	5	6	7	8	9	10
1	信頼	3.44	0.77	.79**	.49**	.51**	.49**	.45**	.54**	.48**	.60**	.47**
2	関係の近さ	3.12	0.80		.52**	.55**	.53**	.51**	.48**	.50**	.59**	.51**
3	向社会的モチベーション	3.93	1.37			.78**	.46**	.46**	.44**	.40**	.52**	.43**
4	社会的影響力の知覚	3.76	1.33				.55**	.48**	.46**	.38**	.56**	.45**
5	組織支援の知覚	2.86	0.71					.33**	.36**	.32**	.52**	.41**
6	援助行動	2.67	0.98						.46**	.55**	.50**	.62**
7	感謝を表す強度	4.43	1.21							.60**	.68**	.52**
8	感謝を表す頻度	2.67	0.95								.53**	.73**
9	感謝を受ける強度	3.90	1.27									.65**
10	感謝を受ける頻度	2.34	0.93									

**$p<.01$. 変数 1 ～ 6 は調査 2，変数 7 ～ 10 は調査 1 の得点を使用．

5 章と同様で，感謝を「表す」強度の平均値は感謝を「受ける」強度の平均値を統計的に有意に上回っており（$t(395)=10.72$, $p<.001$），頻度においても同様だった（$t(395)=9.38$, $p<.001$）．したがって第 5 章と同様に，「私は自分が感謝するほど，周りから感謝されていない」と感じる傾向が回答者に見られたと考

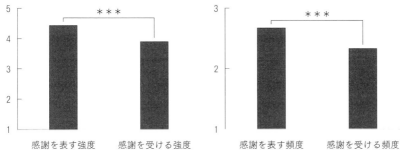

図 6.3　感謝を表す・受ける強度と頻度の平均値（表 6.2 より作成）

えられる．なお，本章では回答者が同じ企業に所属しているとは限らないため，「感謝を積極的に（一方的に）表している」回答者が本当に多かった可能性もあるが，少なくとも第 5 章と同じ「ズレ」が見られたことは付記したい．

　そして本章の主目的である「感謝をする・される経験は援助行動の多さに影響するのか」「影響していたとして，どのような段階を経て影響が及ぶのか」について分析を行った．本章で使用した分析は「構造方程式モデリング（SEM）」という，複数の要因どうしの関係性を同時に分析することができる手法である．この手法を使用することで，独立変数が媒介変数に効果を与え，媒介変数が従属変数に効果を与えるという，段階的な効果の及ぶ方を分析することができる．ただし，あくまでも横断的な調査から得られたデータの分析にとどまるために，「仮説として想定する因果関係の順序で，現状がうまく説明できるか（実態にあてはまるか）」しか分析できず，「因果関係がある」と断言はできない点に注意が必要である．

　さて，分析を行った結果を以下の表 6.3，図 6.4 と，表 6.4，図 6.5 に示した．表と図は同じ内容を指しているが，多くの要因を同時に分析に使用したため，表に詳細な結果を示し，図に概略を抜粋した．なお，第 5 章の分析で感謝の表明・受領の効果を明瞭に識別できなかったことを踏まえて，分析は「感謝を表す」ことの強度・頻度に関するモデルと，「感謝を受ける」ことの強度・頻度に関するモデルの二つに分けて実施した．

　この表も第 3・5 章と同様に，それぞれの行の数値および記号は，各行の左端に記載された独立変数が，各列に記載された従属変数（または媒介変数）に与

表 6.3　感謝を表すことの強度・頻度に関する分析結果

	信頼	関係の近さ	向社会的モチベーション	社会的影響力の知覚	組織支援の知覚	援助行動
感謝を表す強度	.37 ***	.27 ***	.26 ***	.33 ***	.25 ***	.05
感謝を表す頻度	.25 ***	.35 ***	.24 ***	.18 **	.17 **	.35 ***
年齢	.14 *	.08	.21 **	.13 †	− .00	− .03
性別（女性−0，男性−1）	− .09	.08	− .02	− .01	.02	.03
勤続年数	− .03	.05	− .08	− .03	.08	.11 †
職位	.02	.00	.03	.07	.04	− .02
従業員数	.10 *	.02	.08 †	.06	− .00	− .05
職種：一般事務ダミー	.02	.00	− .03	− .01	− .05	− .08
職種：IT ダミー	.01	− .02	.06	.10	− .02	.02
職種：管理・企画・マーケティングダミー	.03	− .03	.03	.02	− .06	.06
職種：その他ダミー	.03	− .04	− .01	− .01	− .16 *	.07
業種：サービスダミー	− .10 *	− .04	− .08	.02	− .06	.02
業種：IT ダミー	.00	− .01	− .06	− .02	− .04	.01
業種：その他ダミー	− .09 †	− .09 †	.01	.04	− .10 †	.06
テレワーク利用頻度	− .01	− .02	− .08	− .03	− .04	.02
信頼						.01
関係の近さ						.17 *
向社会的モチベーション						.04
社会的影響力の知覚						.19 **
組織支援の知覚						− .03

†*p*<.10，*p*<.05，**p*<.01，***p*<.001．1 行目の変数名は媒介変数・従属変数に対応しており，数値は標準化係数を掲載した．ベースカテゴリは職種は営業職，業種は製造業．適合度は RMSEA＝.00，CFI＝1.00.

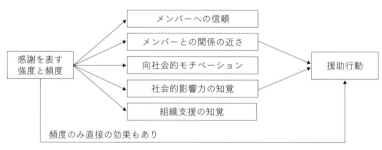

図 6.4　表 6.3 の結果の概略を示したパス図
統計的に有意な関係が見られた箇所に実線の矢印を引いた.

表 6.4　感謝を受けることの強度・頻度に関する分析結果

	信頼	関係の近さ	向社会的モチベーション	社会的影響力の知覚	組織支援の知覚	援助行動
感謝を受ける強度	.48 ***	.42 ***	.38 ***	.43 ***	.42 ***	.01
感謝を受ける頻度	.15 **	.25 ***	.17 **	.16 **	.14 *	.48 ***
年齢	.16 *	.09	.22 **	.15 *	.01	.01
性別（女性＝0，男性＝1）	− .16 **	.02	− .06	− .06	− .02	.00
勤続年数	− .03	.05	− .07	− .02	.09	.11 *
職位	.07	.05	.06	.11 *	.07	.02
従業員数	.08 †	.00	.06	.03	− .03	− .08 *
職種：一般事務ダミー	.03	.02	− .01	.01	− .03	− .05
職種：IT ダミー	.02	− .02	.07	.10 †	− .01	.03
職種：管理・企画・マーケティングダミー	.06	.00	.05	.04	− .05	.06
職種：その他ダミー	.07	− .01	.02	.03	− .13 *	.09 †
業種：サービスダミー	− .05	.01	− .04	.06	− .01	.03
業種：IT ダミー	.04	.03	− .03	.01	− .00	.02
業種：その他ダミー	− .06	− .07	.03	.06	− .08	.05
テレワーク利用頻度	− .02	− .03	− .09 †	− .04	− .05	.00
信頼						.04
関係の近さ						.14 *
向社会的モチベーション						.05
社会的影響力の知覚						.14 *
組織支援の知覚						− .08 †

†$p<.10$, *$p<.05$, **$p<.01$, ***$p<.001$. 1 行目の変数名は媒介変数・従属変数に対応しており，数値は標準化係数を掲載した．ベースカテゴリは職種は営業職，業種は製造業．適合度は RMSEA ＝ .00，CFI ＝ 1.00.

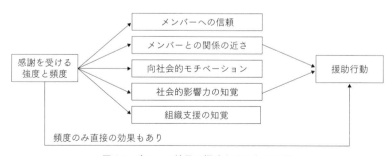

図 6.5　表 6.4 の結果の概略を示したパス図
統計的に有意な関係が見られた箇所に実線の矢印を引いた．

える効果の大きさを表している．統計的に有意な効果が見られたものが解釈に値するものと捉え，以降の考察を進める．

　まず，「感謝を表す」ことの効果に関する結果の要点を文章で述べる（表 6.3, 図 6.4）．(1)感謝を表す「強度」と「頻度」はともに高いほど，職場のメンバーに対する信頼，メンバーどうしの関係の近さ，向社会的モチベーション，社会的影響力の知覚，組織支援の知覚，のすべてが高かった．そして，(2)職場のメンバーとの関係が近いほど，また自身の社会的影響力を強く感じるほど，援助行動の頻度も高かった．

　以上を踏まえて，「感謝行動が関係の近さ（または社会的影響力の知覚）に影響し，最終的に援助行動を促す」という媒介関係が統計的に成り立つかどうかをたしかめるために，間接効果の検定を行ったところ，間接効果はどれも統計的に有意だった（強度→関係の近さ→援助行動 =.05, $p<.05$, 強度→社会的影響力の知覚→援助行動 =.06, $p<.05$, 頻度→関係の近さ→援助行動 =.06, $p<.05$, 頻度→社会的影響力の知覚→援助行動 =.03, $p<.05$).

　以上のことから，感謝の表明について本章の仮説 1 〜 5 は支持されたが，仮説 6 は「関係の近さ」「社会的影響力の知覚」についてのみ支持された．

　次に「感謝を受ける」ことの効果に関する分析結果を表 6.4 と図 6.5 に示した．端的に結果をまとめると，「感謝を表す」ことに関する分析とほとんど同じ結果が得られた．(1)感謝を受ける「強度」と「頻度」はともにすべての要因を高める関係にあり，(2)職場のメンバーとの関係が近いほど，また自身の社会的影響力を強く感じるほど，援助行動の頻度も高かった．加えて，「感謝行動が関係の近さ（または社会的影響力の知覚）に影響し，援助行動を促す」という媒介関係も概ね成り立っていた（強度→関係の近さ→援助行動 =.06, $p<.05$, 強度→社会的影響力の知覚→援助行動 =.06, $p<.05$, 頻度→関係の近さ→援助行動 =.03, $p<.05$, 頻度→社会的影響力の知覚→援助行動 =.02, $p<.10$).

　以上のことから，感謝の受領については本章の仮説 1 〜 5 は支持されたが，仮説 6 は「関係の近さ」「社会的影響力の知覚」についてのみ支持された．

　なお，前述の媒介関係を考慮してもまだ，感謝を表す「頻度」と受ける「頻度」の効果は強く残っていた．したがって，感謝の頻度が高いほど援助行動も多いことの理由は，「関係の近さ」「社会的影響力の知覚」が増すことにもある

が，説明しきれていない「それ以外の何か」の理由もあると推測できる．

6.4　考察：職場で感謝行動はなぜ，何に有効か

感謝の「強度」と「頻度」はどちらも重要

　分析結果を踏まえて，本章の考察を端的に6.1節で触れた論点に沿って述べる．まず，感謝の「頻度」と「強度」の効果はほとんど変わらず，一方の効果を統計的に排除してももう一方の効果が残る，言い換えるならば「どちらも違う理由で重要だ」という関係にあった．そしてこれは感謝を自分が表すことについても，自分が受けることについても同様だった．このことから，感謝は「はっきりと表す・受ける」ことも，「交わす回数を増やす」ことも，どちらも異なる理由で，職場のメンバー間の信頼醸成や，他者のために行動する向社会的モチベーションの維持などに有用，と推測できる．

感謝行動は幅広い要因に対して影響が及びうる

　次に，感謝行動の影響の幅広さを研究することも本章の目的だった．本章では，(1)職場のメンバーに対する信頼，(2)メンバーどうしの関係の近さ，(3)向社会的モチベーション，(4)自身の社会的影響力の知覚，(5)自身が組織から得ている支援の知覚，そして(6)援助行動の六つの要因と，感謝を表す・受ける経験の頻度や強度との関係を分析したが，感謝行動の経験はこれら六つのすべての要因に正の効果を持っていた．

　ここで，日常生活を対象に行われた「感謝の研究」で明らかになっていた内容を振り返り，それに照らして前述の結果を解釈したい．第2章の議論の通り，感謝には主に次の三つの機能があると考えられていた．

　a　人が持つ「誰かのために行動したい」という向社会的モチベーションや　　向社会的行動を促進する（道徳感情理論など：McCullough *et al.*, 2008）．

　b　ものごとのポジティブな側面に注目を促したり，「感謝すべきできごと」　　などのポジティブなフレームでものごとを解釈，判断するようになること　　で，多様なウェルビーイングが向上する（拡張—形成理論など：Fredrickson,　2004; Locklear *et al.*, 2021）．

　　c　対人的な信頼を促したり，関係構築の意欲を高めたりすることで，対人
　　　関係を円滑にする（find, remind, and bind 理論：Algoe, 2012）．

　本章の調査・分析の結果は，これらと概ね整合的だった．a に分類されうる
内容として(3)(6)が，b に分類されうる内容として(5)が，c に分類されうる内
容として(1)(2)があると解釈できる．このように，日常生活を対象とする研究
で構築された「感謝の研究」の理論は，職場においても概ねあてはまるものと
考えられる．加えて言えば，感謝を交わす経験には，第 5 章で触れたような
「仕事のやりがいを促す」「助け合いを促す」だけでなく，職場の信頼関係を醸
成するなど，幅広い効果がありうるものと期待できる．このことは，職場生活
において感謝を交わすことが，単に「気分がよい」であるとか「マナーであ
る」といったことを超えて，職場運営上の重要な機能を果たす可能性を示唆し
ている．

　なお，前述の a 〜 c の理論では括りきれない結果も得られた．それが(4)の
社会的影響力の知覚を高める効果である．先行研究を踏まえると，特に感謝を
受けることで自分が他者や社会，組織に貢献できる存在だと再認識するために，
この効果が見られた（Grant & Gino, 2010）ものと考察できる．ただし，感謝を
「受ける」頻度や強度だけでなく，感謝を「表す」頻度や強度も社会的影響力
の知覚と関係しており，その原因は定かでない．単に，感謝を多く表す人は感
謝を多く受けており，したがって「受ける」ことの効果と「表す」ことの効果
が交絡しただけの可能性もあるが，感謝を交わすことは，先行研究では未だ明
らかになっていない多様な効果を持つ可能性も十分に考えられるため，今後と
も検討が必要と考えられる．

感謝は対人関係改善や自身の社会的影響力の理解を介して援助を促す

　最後に，本章では前述の(1)〜(6)の要因どうしの関係を考慮することで，ど
のように「感謝の効果」を整理，構造化できるかも検討した．本章で分析に使
用したデータは横断的な調査のため，あくまでも「様々に考えられる仮説の中
の一つ」にすぎないが，(1)〜(5)の要因の一部を介して，最終的に対人的な援
助行動を増やすことに帰結するという関係性が見られた．

　具体的には，感謝を交わす経験が職場の対人関係を親密・緊密にすることで

互いの助け合いが増す（前述の(2)を介した効果）とともに，感謝を交わす経験を通じて「自分は他者・社会に貢献することができる」という社会的影響力を感じやすくなり，積極的に他者を助けるようになる（前述の(4)を介した効果）という関係性も見られた．このことは，感謝の感情や行動が「助け合い」を促し〔Algoe, 2012; McCullough *et al.*, 2008），特に感謝を受けることで自身の貢献性を〔感〕する機会になる（Grant & Gino, 2010）という先行研究の指摘とも合致して〔いて〕理論的にも理解しやすい内容なのではないかと考えられる．

〔強〕度や頻度にはやはり「ズレ」が生じやすく，注意が必要

〔本〕章で多様な企業に勤める人を対象に調査を行った場合にも，第 5 章〔で回〕答者が「自分はまわりに多く感謝をしているが，それと比べると，〔まわりは〕感謝をしてくれていない」と考える傾向が見られた．前節で述〔べたよう〕に「感謝を他の人よりも積極的に表している」回答者が多かっ〔たが〕あるが，第 5 章でも同様の傾向が見られたため，人にはこう〔いうふうにも〕のごとを考える傾向があることも疑われる．

〔感謝〕は単なる礼儀を超えて職場を活性化，改善しうる

〔本章で得ら〕えた実践的示唆は，端的に言えば「感謝を交わす経験は〔職場を活性〕化，改善する可能性がある」ということだろう．

〔感謝すると〕嬉しい」という素朴な利点だけでなく，日常生活を対象〔として扱って〕きた心理学や関連領域の研究と同じく，(1)誰かのために行われ〔る援〕助行動やそのモチベーション，(2)ものごとのポジティブな側面への注目，(3)対人的な信頼関係や親密さなどの多様な要因，と感謝の関係が見出された．特に(3)の結果から，「はじめに」で言及した通り，本書の焦点の一つである，人と人の「関係性」を改善または維持する可能性が，職場でも示唆されたことは意義深いと考えている．感謝は単に「感謝すると前向きになれる」「感謝されると嬉しい」という効果を超えて，「人と人の信頼関係に影響する」と言ってもよいのではないだろうか．

　また，「感謝を交わすことがなぜ対人的な助け合いを促すのか」という問いに対する答えの例として，「感謝を交わすことが対人関係を緊密にし，つなが

りが強まるからこそ助け合いが生まれる」可能性と，「感謝を交わすことが
『自分は他の人に対して貢献できるのだ』という影響力の理解につながり，そ
れが次の援助行動の自信につながる」可能性の二つが定量的に見出された．本
章の調査は横断的なものであり，したがって厳密な因果関係までは特定できて
いないことが課題である．しかし，対象が日常生活であるという限界こそある
ものの，先行研究では因果関係が示されていることから，おそらく，職場にお
いても前述のような因果関係があるものと推測できる．

　ただし，こうした感謝の効果が統計的にも見出されたということは，裏を返
せば，「感謝を交わすことが少なく，（それゆえに）対人関係やモチベーション
も望ましくない状態にある」という回答者が一定数いたということになる．も
し，素朴に考えられるように感謝が「あたり前のコミュニケーション」であり，
全員の得点が高ければ，回答者間でほとんど得点の差がなくなるため，分析を
通じて相関関係も見られにくくなるはずだからである[11]．この点を踏まえると，
本章や第 5 章で得られた「感謝を交わすことは職場でも重要だ」という結論は，
あたり前のように見えて，実際はあたり前に実践することができていないこと
が多い内容なのではないかと筆者は考えている．第 5 章と前項でも触れた，感
謝をめぐる「ズレ」の問題なども目立つため，本章の結果が「果たして自分は
（または自分の職場は）適切に感謝を交わすことができているのか」を内省し，振
り返るための一助となれば幸甚である．

---

11)　相関関係があるということは，(1)独立変数（感謝の頻度・強度）と従属変数（援助行
　　動や対人関係の良好さなど）の両方の得点に，回答者間で一定のばらつきがあり，かつ，
　　(2)「独立変数の得点が高ければ従属変数の得点も高い」「独立変数の得点が低ければ従属
　　変数の得点も低い」という関係があることを意味している．そのため，仮に全回答者が頻
　　繁に感謝を受けており，感謝の得点が「5 点満点中 5 点」であったなら，ばらつきの前提
　　が満たされず，統計的に相関関係が検出できないか，検出が困難になる．しかし，本章の
　　結果では想定通りの相関関係が見られていたことから，本文のように結論づけることが可
　　能と考える．

第7章 ｜ 感謝を促す方法[1]

　ここまでは，職場で感謝を交わすことが，どのように職場の活性化や，そこで働く人々のポジティブな態度・行動，そして昨今の企業環境では希薄化しがちな人と人の「関係性」の維持・改善につながるかについて論じてきた．では仮に感謝にこうしたポジティブな効果があったとして，どのようにして組織で感謝を促すことができるのだろうか．その方法や手がかりがわからないことには，研究結果を実践に移すことは難しく，したがって本書の意義も大きく損なわれるだろう．

　もちろん，心理学における「感謝の研究」で頻出する介入手法を取り入れることも一案である．例えば，「1週間にあった感謝を感じたできごとを振り返る」という感謝日記と呼ばれる手法（Emmons & McCullough, 2003）や，それを感謝の対象に渡す感謝の手紙と呼ばれる手法などが挙げられる．この介入が有効なことは，少なくとも日常の友人関係や恋人・家族関係を対象にたびたび検証されている．しかし，この手の介入は日本企業ではあまりなじみがないため，仮に介入をしたとしても，それが組織に根づくかどうかはわからない．その点で言えば，すでに企業において（時に先進的な）人事制度として導入されている制度や，チームづくりの方法などの手段でも促すことができないか，といった可能性を検討するほうが現実的かもしれない．このことにより，「感謝のためだけの施策」ではなく，「組織改善のための施策」全般の中に感謝の習慣や文化の浸透を位置づけることができ，より実践につなげやすくなると筆者は考えている．

　そこで本章では，職場における感謝を扱った先行研究で有効だと理論的に考えられてきたいくつかの組織制度や職務特性（仕事の特徴）をテーマとして，ど

---

1)　本章の内容は JSPS 科研費 JP22K13800 の助成を受けて実施された調査に基づいており，日本社会心理学会第 64 回大会で行った発表（正木, 2023）を大幅に改訂したものである．

のような制度や職務特性がある組織では感謝が交わされやすいのかについて分析を行う．厳密に言えば，本章の内容は「介入を行って変化を分析する」類のものではないために，「ある制度や特徴が感謝を促す」という因果関係までは踏み込み難い．しかし，感謝が交わされやすい組織の特徴を知ることで，少なくとも介入方法の「あたり」をつけることはでき，正解に一歩近づくことができると考えている．

7.1　研究の背景

本章の目的を達成するために，先行研究の議論を参考にして，以下の三つの感謝行動と関係しうる制度や仕事の特徴をリストアップした．具体的な分析結果の紹介に入る前に，まずはどのような制度や仕事の特徴に注目したかを述べる．

「関わり合う仕事」の仕組みが必要なのではないか

第 4 章の全社規模のテレワーク導入を扱った研究では，コロナ禍に伴って全社でテレワークを導入した企業で，それと前後して感謝を交わす頻度も減少する傾向が見られた．この結果をもとに考えると，半ば自明のことかもしれないが，メンバーどうしで感謝をよく交わす職場では，そもそも感謝のきっかけとなるようなメンバーどうしの関わり合いや共助の機会が多いのではないかと予想できる．言い換えるなら，そもそもメンバーどうしが友好的に関わり合う機会が多ければ，あえて「感謝を増やそう」と誰かが号令をかけなくても自然に感謝が増えるのではないかと考えられる．

こうした関わり合う機会が職場で重要であることは，経営学の研究でもたびたび指摘される．例えば，鈴木（2013）はタマノイ酢株式会社の企業事例研究や関連する質問紙調査の統計分析を通じて，互いに気配りや連携をすることが求められる特徴を持つ仕事に従事するほど，助け合いや創意工夫が促されるのではないかと論じている．また，こうした関わり合いを要する仕事の特徴のことを，組織行動論や社会心理学の先行研究は「仕事の相互依存性（task interdependence）」と呼んで定義しており，仕事の特徴を分類する際の主要な論点の一

つと位置づけられて研究が進んでいる（Morgeson & Humphrey, 2006; Parker *et al.*, 2017）.

　仕事上でメンバーどうしが関わり合う機会を増やすことにはこのようなポジティブな効果の他に，ネガティブな効果もありうる（7.4 節を参照）が，少なくとも感謝を増やすという観点ではポジティブに働くのではないかと考える．こうした議論を踏まえて，筆者は次の仮説を立てる.

　　仮説 1：仕事の相互依存性が強い職場で働く人ほど，感謝行動の頻度や強
　　　　　度が高い.

「感謝を促す制度」は本当に有効なのか

　では，メンバーどうしの関わり合いを増やすこと以外に，職場で感謝を交わすことを誘発する仕組みや制度としてどのようなものが考えられるだろうか．ここからは職場の感謝を扱った先行研究をもとに，日本企業でもある程度実践が進んでいるものや，実践しやすいと思われるものを選択して仮説を立てたい.

　まず考えられるものが，直接的に感謝を促す制度である．職場における感謝の意義を理論的に論じた Fehr *et al.*（2017）は，職場で感謝を促す方法の一つとして「感謝を表現することを促すプログラム（appreciation program）」を挙げ，例えば従業員どうしが互いに対する感謝をウェブサイト上で投稿できるようにしたり，企業のトップマネジメントが一緒に働く人たちの貢献に対して感謝のメールを送る機会を作ったりするなどが例示されている．似たような取り組みを行っている企業は日本にも多いと考えられるが，ここではこうした感謝を促す制度をさらに二つに分けたい．なお，いくつか具体的な企業やサービスの例も併せて紹介するが，典型的な事例として紹介するという意図で記載しており，筆者が特段それらを推薦・推奨するものではない.

　一つめは，純粋に感謝を表すことを目的としており，明示的な報酬やポイントなどを伴わない制度である．例えば，副賞が特にない表彰制度の他，朝礼の場で従業員どうしが感謝を交わすことを習慣化する「感謝ミーティング」といった取り組み（池田, 2015, 2021）が例として挙げられる．この他にも，スターバックスコーヒージャパン株式会社で行われているような，感謝や称賛をカードを使って交わす・伝える取り組みも，こうした制度の一つに分類できるだろ

う[2]．また，近年はアプリケーションを利用する手段も展開されており，例えば BIPROGY 株式会社・株式会社博報堂・株式会社博報堂コンサルティングが提供する「PRAISE CARD」というサービスなどもある[3]．前述した Fehr *et al.* (2017) が想定する制度もこのような報酬を伴わないものであると考えられ，こうした感謝をわかりやすく表現する機会が多い職場で働くほど，感謝を交わす頻度も自然と増すと考えられる．

　二つめは，感謝を表すことに明示的な報酬やポイントが伴う制度である．例えば，表彰制度の中でも表彰対象者に何らかの副賞が与えられるようなものがすぐに思いあたる．この他にも，HR サービス事業者が提供するサービスの中には，「特別なボーナスを添えて感謝を伝える」というものも複数見られる．2023 年 11 月現在提供されているサービスの例として，Unipos 株式会社が運営する「Unipos」が挙げられる．これは従業員どうしが感謝や称賛を，少額のインセンティブ（ポイント）とともに送ることができるサービスであり[4]，類似のサービスは複数社によって提供されている．このようにインセンティブを伴う制度とすることには利点と欠点の両方があると筆者は考える．まず利点としては，従業員による活用を促しやすいことが挙げられる．インセンティブを渡すという利用目的が明確にあるために，何のための制度かが従業員に明確に伝わりやすく，したがって利用の促進も比較的容易になると考えられる．一方の欠点としては，インセンティブの存在が「外発的動機づけ」の一種となり，情緒的かつ内発的な報酬としての感謝の効果が低減してしまうのではないかという懸念がある．一般に人は報酬を与えられることによって，取り組み自体の「楽しさ」や「やりがい」を感じにくくなり，「報酬のため」に取り組むようになってしまいやすいことが知られている（Deci, 1971 など）．したがって，こうした動機づけ（モチベーション）研究の観点からは，報酬を設けるとしても，その設け方には十分に慎重になる必要があると言える．

　このように，理論的には利点と欠点のどちらも考えられるものの，各々の感

---

2)　株式会社オカムラによる以下のウェブページを参照した．https://workmill.jp/jp/webzine/20180710_starbucks1/
3)　第 IV 部では当該サービスで得られたデータをもとに分析と考察を行う．
4)　参考 URL は次の通り．https://unipos.me/ja/

謝を促す制度にどのような効果があるのかを推測するための明確な論拠やエビデンスは筆者の知る限りでは存在しないため，報酬がある場合もない場合も，ともに感謝行動が促されると推測する．

　　仮説 2：感謝を促す制度が導入されている職場で働く人ほど，感謝行動の頻度や強度が高い．

社会や上司との「接点」が有効なのではないか

　Fehr *et al.*（2017）は，他にも二つの機会が職場で感謝を促すために有効なのではないかと推測している．

　一つめが，自分が仕事を通じて貢献した顧客や社会などと直に接する機会である（contact with beneficiaries）．顧客や社会と直に接し，また理想的にはそこからポジティブなフィードバックを得ることで，自分が仕事を通じて他者・社会に貢献することができているという仕事の意義を実感することができる．こうした経験の中で，直接顧客などから感謝を受けることもあろうし，そうでなくとも「人助け」や「誰かの役に立つ」といったことをモチベーションとして行動を起こす機会が多くなる（Grant, 2008）．こうしたモチベーションの変化をきっかけとして，助け合いが増えて感謝も促される他，仕事に対して一層ポジティブに臨めるようになることで，感謝を伝え合う雰囲気も促されると予想されている（Fehr *et al.*, 2017）．

　二つめが，上司などから成長につながるフィードバックを受ける機会である（developmental feedback）．従業員が感謝を感じる「利益」は多岐にわたっており，こうした「上司が自分のことを考えてくれたこと」もそうした利益の一つになりうる．視点を変えると「成長の機会」もまた利益の一つになりうるため，そうした機会を提供してくれた上司に感謝を感じやすくなるとともに，「成長の機会」という観点から物事を前向きに捉えることができるようになるために，日々の業務の中のやり取り一つ一つで感謝の気持ちを抱きやすくなるものと考えられている（Fehr *et al.*, 2017）．

　以上の二つの機会もまた，感謝行動を促す効果があると予想する．

　　仮説 3：顧客や社会の反応を直接知る機会が多い職場で働く人ほど，感謝行動の頻度や強度が高い．

　仮説 4：成長につながるフィードバックを受ける習慣や制度がある職場で
働く人ほど，感謝行動の頻度や強度が高い．

7.2　研究の方法

　第 6 章で使用した，ウェブモニターを保有する企業を通じて様々な企業に勤める人を対象に実施した質問紙調査のデータを，引き続き分析に使用した．本章のテーマは，企業によって異なる「制度」や，朝礼やフィードバックなどの習慣と，感謝行動の関係を分析することにある．そのために多様な企業に勤める人を対象にしたデータを分析する必要があったことから，再度同じデータを対象に分析を行った．

　再掲となるが，調査は 2 回実施し，感謝を促すと予想される制度や習慣の有無を 1 回目の調査でたずねた．これと第 6 章で作成した感謝行動の「強度」と「頻度」の質問に対する回答を組み合わせることで，どのような制度・習慣がある職場では，感謝行動もまた盛んなのかを分析した．

調査対象
　第 6 章と同じデータを対象に分析を行った．日本の企業で働く人 1200 人（調査 1）と，500 人（調査 2）を対象としていた．

質問項目：仕事の相互依存性
　Morgeson & Humphrey（2006）の研究で作成された質問項目を，筆者が独自に翻訳し，日本語として違和感がない表現に修正して 6 項目でたずねた．具体的には，「他のメンバーが仕事を終えるために，まず自分が仕事を完了させる必要がある」などの 6 項目[5]に対して，「まったくそう思わない」から「とても

---

5)　他の 5 項目は次の通りだった．「他のメンバーの仕事の進捗は，自分の仕事の進捗度合いに依存している」「自分の仕事が終わらないと，他の人が仕事を終えることができない」「自分の仕事は，他のメンバーの仕事に大きく左右される」「自分が仕事を終えられるかは，他の多くの異なる人の働きに影響される」「他の人が仕事を進めない限り，自分の仕事を終えることができない」．

そう思う」までの 5 件法で回答を求めた．回答者ごとに 6 項目の平均値を計算し，仕事の相互依存性の得点として使用した（$\alpha = .89$）．

質問項目：感謝に関わる各種制度

回答者の所属する企業に次の六つの行事や制度・習慣，サービスやツールなどがあるかをたずねて，あてはまるものをすべて選択するように求めた．この際，特定の企業やサービスを評価する目的で行われた調査ではなかったため，企業名やサービス名は示さず，抽象的に特徴を表す表現にとどめた．あてはまるものがない場合は「あてはまるものはない」という七つめの選択肢を選ぶように求めた．

(1) 報酬やポイントにかかわりなく，感謝・称賛の気持ちを伝える習慣や制度（サンクスカード，イベントなど）

(2) 感謝・称賛とともに，少額の報酬やポイントを授受できる習慣や制度

(3) ミーティングで，上司やメンバーが感謝・称賛を伝える時間を設ける（朝礼や部署の会議など）

(4) 顧客など，サービスの提供相手の反応を直接見る機会

(5) 自分の能力や成長に関して，上司からフィードバックをもらう機会

(6) メンバーどうしが，互いの能力や成長に関して，フィードバックを伝え合う機会

7.3　研究の結果

分析には，多くの回答が得られた調査 1 のデータのみを使用した[6]．

まず，前述の六つの制度がある企業で働く人が全体の何割を占めるか，集計した（表 7.1）．調査 1 のデータのうち，他の質問に適切に回答していた人の回

---

[6] 例えば感謝行動の得点は調査 2 のものを使用するなど，データを組み合わせて分析を行うという手段も考えられた．しかし，後述の通り，各制度がある企業で働いていたのはおよそ全体の 10% 程度だったため，両方に適切に回答した対象者（500 人未満）のみを対象にすると，偏った回答者の傾向を反映してしまう可能性があった．そこで本文に記載の分析方法を用いた．

答を対象に集計を行った結果，どの制度も全体の 10% 以上の回答者が「ある」と回答していた．唯一，上司からフィードバックを得る機会があると回答した人は全体の 32.6% を占めており，多くの会社でこうした制度・習慣があるものと解釈できる．

　次に，感謝に関わる制度の有無や仕事の相互依存性と，感謝行動の強度・頻度の関係を分析する．分析にあたっては，(1)相関係数を算出した上で，よりわかりやすく結果を示すために，(2)制度の有無と感謝行動の平均値をまとめた棒グラフも作成した．その上でより詳細な分析をすべく，いくつかの異なる方法で探索的に(3)重回帰分析を行った．

　まず，相関係数の分析の結果をまとめる（表 7.2）．表のうち，太枠で囲った箇所が，感謝を表す・受ける強度および頻度と，各種制度の相関係数に該当する．総じて相関係数はあまり大きくはないが[7]，どの制度も概ね感謝行動の得点と正の相関関係にあった．ただし，仕事の相互依存性は感謝を表す・受ける「頻度」とのみ相関関係にあり，「強度」とは相関関係にはなかった．このことから，本章で注目した各種制度が導入されている職場ほど（仕事の相互依存性を除いて），感謝行動の頻度と強度が増す傾向にあったと言える．また，感謝を表す「頻度」と「強度」の違いに注目すると，多くの制度は「頻度」とのほうが，「強度」とよりも相関係数がやや大きかった．

　同様の分析を「平均値」の形で示した結果が，図 7.1 と図 7.2 である．まず

---

7)　相関係数の大きさを解釈する上では一般的に Cohen の基準が用いられることが多く，一例として，相関係数の絶対値が .10 の時に「弱い相関」，.30 の時に「中程度の相関」，.50 の時に「高い相関」があると判断される（Bosco *et al.*, 2015）．しかし，Bosco *et al.* (2015) は，人事・組織領域の心理学研究で著名な *Journal of Applied Psychology* と *Personnel Psychology* の二つの学術誌に掲載された相関係数を対象に分析を行ったところ，特に組織が対象となる応用研究では，概してそれほど強い相関関係は得られにくいとしている．さらに，どのような要因どうしの相関関係を分析するかによって，どの程度の大きさの相関係数が得られると期待すべきか異なるとしている．例えば，どうしても偶然や外的環境の影響を受けやすいような，従業員の何らかの行動を含む指標の場合は，$|r|=.10 \sim .25$ がおおまかに「中程度の相関」の基準になると提案している．これを踏まえると，筆者がここで扱った要因は「制度」という従業員本人に関わるものではない外部要因と，「行動」という本人由来の要因の相関関係を分析しているために，さほど大きな値はそもそも期待できず，.10 〜 .20 程度でも十分な相関と判断できる可能性も残る．

表 7.1　感謝に関わる制度の有無

	無し	有り	有りの割合
感謝制度（報酬なし）	881	140	13.7%
感謝制度（報酬あり）	907	114	11.2%
感謝を伝える時間	891	130	12.7%
顧客と接する機会	896	125	12.2%
上司からのフィードバック	688	333	32.6%
同僚からのフィードバック	919	102	10.0%

表 7.2　記述統計量と相関係数

	平均値	標準偏差	2	3	4	5	相関係数 6	7	8	9	10	11
1 感謝を表す強度	4.33	1.23	.62**	.70**	.49**	.04	.09**	.07*	.16**	.09**	.19**	.10**
2 感謝を表す頻度	2.67	0.94		.56**	.74**	.11**	.15**	.12**	.17**	.08*	.17**	.14**
3 感謝を受ける強度	3.86	1.27			.65**	.05	.08*	.08*	.16**	.09**	.18**	.12**
4 感謝を受ける頻度	2.41	0.92				.08*	.18**	.14**	.17**	.11**	.18**	.14**
5 仕事の相互依存性	2.62	0.84					.06†	.03	.05	.04	.03	.07*
6 感謝制度（報酬なし）	0.14	0.34						.19**	.23**	.17**	.17**	.23**
7 感謝制度（報酬あり）	0.11	0.32							.27**	.18**	.12**	.15**
8 感謝を伝える時間	0.13	0.33								.23**	.22**	.31**
9 顧客と接する機会	0.12	0.33									.27**	.25**
10 上司からのフィードバック	0.33	0.47										.24**
11 同僚からのフィードバック	0.10	0.30										

†$p<.10$, *$p<.05$, **$p<.01$. 6〜11番目の制度は「あり」場合に1,「ない」場合に0の値を取るように変換した。制度と感謝の相関を表す箇所を太枠で囲んだ。

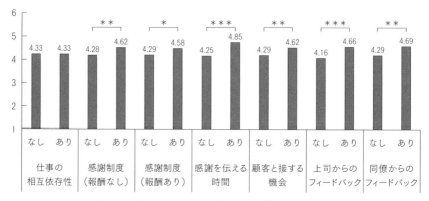

図 7.1　制度の有無ごとの感謝を表す「強度」の平均値

仕事の相互依存性は，中央値より大きい回答者を「あり」，中央値以下の回答者を「なし」と便宜上分類した（図 7.2 も同様）．

図 7.1 では感謝を表す「強度」の平均値を制度の有無ごとに計算し，続いて図 7.2 では感謝を表す「頻度」の平均値を計算した．表 7.2 で感謝を「表す」ことと制度の相関と，「受ける」ことと制度の相関にあまり違いが見られなかったことを踏まえて，簡略化のために，感謝を「表す」場合の結果だけを作成した．

　この分析でも，やや自明ではあるが，表 7.2 と似たような結果が得られた．仕事の相互依存性の高低によって感謝の強度・頻度にはともに平均値に大差は見られず，統計的に有意な平均値差も見られなかった．

　他の制度はいずれも，制度がある職場で働く人のほうがそうでない職場で働く人よりも，感謝を表す強度・頻度ともに高いと回答しており，平均値差はいずれも 5% 水準以上で統計的に有意だった．有無によって特に平均値の差が大きかった制度は，(1)感謝を伝える時間を設けること，(2)上司からのフィードバック，(3)同僚からのフィードバック，(4)報酬を伴わない感謝制度，だった．一方で，顧客と接する機会や，報酬を伴う感謝制度による平均値差は，統計的に有意なものの，相対的に見るとやや差が小さかった．

　最後に，以上の分析とはやや異なる観点から，複数の制度や仕事の特徴が感謝行動の強度と頻度に与える効果を分析すべく，重回帰分析も行った．二つの分析を行ったため，順に分析の意図と結果を述べる．

　一つめの分析は，前述のすべての制度と仕事の特徴を同時に使用する重回帰

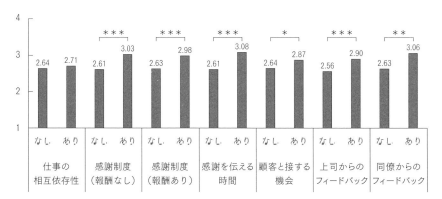

図 7.2　制度の有無ごとの感謝を表す「頻度」の平均値

分析である．先ほどは各種制度や仕事の特徴と感謝行動の関係を，一対一の総あたり式で分析を行った（相関係数，平均値差の比較）．しかし，例えば企業規模が大きいからこそ，感謝を促すような制度を容易に導入することができるために制度がある職場で働く人のほうが感謝を表しやすいという結果が得られたのであって，感謝を表す頻度・強度の高さの真の原因は「企業規模の大きさ」にあるといった別の解釈の可能性も残される．加えて，一対一の関係を総あたり式で分析したために，それぞれの制度の効果のうちどれが最も効果が強いのかを判断することも難しい．そこで，すべての制度と仕事の特徴，および企業規模などの統制変数を同時に使用して重回帰分析を行った．

　得られた結果をまとめたのが表 7.3 である．分析の結果は前述の相関係数や平均値差の分析と大きくは変わらなかったが，(1)感謝を伝える時間を設けていた企業で働く回答者ほど，また，(2)上司からのフィードバックを受ける制度がある企業で働く回答者ほど，感謝を表す・受ける強度や頻度が一貫して高かった．このことから，前述の(1)と(2)の制度は，感謝を交わす職場作りの上で最も有用になると考えられる．

　加えて，一部の組み合わせに限って効果が見られた制度もあった．まず，(3)報酬を伴わない感謝制度がある企業で働く回答者ほど，また，(4)仕事の相互依存性が高い企業で働く回答者ほど，感謝を表す・受ける頻度が高かった．加えて，(5)報酬を伴う感謝制度がある企業で働く回答者ほど，感謝を受ける頻度が高かった．これらの制度も(1)・(2)ほどではないものの，感謝の頻度を

表 7.3　制度と仕事の特徴の効果に関する重回帰分析

	感謝を表す		感謝を受ける	
	（強度）	（頻度）	（強度）	（頻度）
仕事の相互依存性	.05 †	.09 **	.05 †	.06 *
報酬なし感謝制度	.02	.08 *	.02	.11 **
報酬あり感謝制度	.02	.05	.03	.07 *
感謝を伝える時間	.10 **	.10 **	.09 *	.09 **
顧客と接する機会	.01	−.01	.01	.01
上司からのフィードバック	.15 ***	.12 ***	.14 ***	.11 **
同僚からのフィードバック	.02	.05	.05	.04
年齢	.14 **	−.06	.11 *	−.07
性別（男性＝1，女性＝0）	−.18 ***	−.07 †	−.10 **	−.05
勤続年数	−.04	−.02	−.03	.00
職位	.10 **	.10 **	.08 *	.05
企業規模	−.01	.05	.00	.06 *
職種：一般事務	−.07 †	−.03	−.09 *	−.06
職種：IT	−.05	−.03	−.04	−.02
職種：管理	−.04	.02	−.03	.01
職種：その他	−.02	−.02	−.03	−.01
業種：サービス	−.04	.04	−.03	.05
業種：IT	−.02	−.01	−.04	−.03
業種：その他	.00	.03	.00	.07 †
テレワーク頻度	.01	−.05	.00	−.01
R^2	.09 ***	.09 ***	.07 ***	.10 ***
調整済み R^2	.07	.08	.06	.08

†$p<.10$, *$p<.05$, **$p<.01$, ***$p<.001$. 数値は標準化偏回帰係数（β）. VIF はすべて 5 未満だった. 職種はベースカテゴリが営業職，業種はベースカテゴリが製造業だった.

増すという観点では有用だと考えられる.

　二つめの分析は，「回答者の所属企業には制度がいくつあるか」に注目して行った. 前述の制度や仕事の特徴の効果の分析では，各々の「有無」一つずつに注目していた. しかし，例えばそれらの制度や仕事の特徴は，単独で効果を発揮するのみならず，「複数あって数が多ければ多いほどよい」といった相乗効果を生む可能性もある. そこで，当初の仮説には含まれていなかったものの，こうした可能性を検討するために，(1)「自社にいくつの制度があるか」（制度数）を計算し，当該個数の制度がある企業に勤める回答者の感謝行動の平均値を算出した上で，(2)個々の制度の有無ではなく，合計した制度数の値を使用

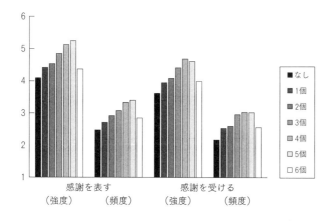

図 7.3　制度数ごとの感謝行動の平均値

制度数ごとの該当者数は，なし 508 人（49.8%），1 個 272 人（26.6%），2 個 129 人（12.6%），3 個 67 人（6.6%），4 個 21 人（2.1%），5 個 15 人（1.5%），6 個 9 人（0.9%）だった．

した重回帰分析を行った．

　まず，(1)の分析結果が図 7.3 である．この分析では「どの制度があるのか」を問わず，「多いほどよい」という傾向があるか分析することを目指したが，図 7.3 を見ると，制度数と感謝行動の強度・頻度は，概ね直線的な比例関係にあるように見える．「6 個」すべての制度があると回答した人の平均値のみ極端に低いが，該当者は 1021 人中 9 人（0.9%）しかいなかったことを踏まえると，極端な回答者が集まっていたか，あるいは何らかの外れ値の影響と推測できる．

　次に，以上の傾向を踏まえて重回帰分析を行った（表 7.4）．分析の結果は図 7.3 と変わらず，企業規模や業種などの企業の特徴の他，年齢などの個人の特徴の効果を除外しても，感謝に関わる制度数の正の効果が，すべての場合に統計的に有意だった（$\beta s > .20$, $ps < .001$）．したがって，本章で注目した 6 個の制度は複数あるほど，概ね感謝行動の強度・頻度が一貫して増す傾向にあったと言える[8]．

8)　なお，この他に「制度 A がある時に制度 B の効果が強まる」といった意味での相乗効果がある可能性も考えられる．そこで，六つの制度と仕事の相互依存性の間の組み合わせの

表 7.4　制度の「数」を使用した重回帰分析

	感謝を表す		感謝を受ける	
	（強度）	（頻度）	（強度）	（頻度）
制度数	.20***	.23***	.20***	.25***
仕事の相互依存性	.05	.09**	.05	.06*
年齢	.14**	−.06	.11*	−.07
性別（男性＝1，女性＝0）	−.18***	−.08*	−.10**	−.06
勤続年数	−.03	−.02	−.03	.00
職位	.09**	.10**	.08*	.05
企業規模	−.01	.05	.00	.07*
職種：一般事務	−.07†	−.03	−.08*	−.05
職種：IT	−.04	−.01	−.03	−.01
職種：管理	−.03	.03	−.02	.02
職種：その他	−.02	−.01	−.03	−.01
業種：サービス	−.04	.03	−.04	.04
業種：IT	−.03	−.02	−.04	−.03
業種：その他	.00	.02	.00	.07†
テレワーク頻度	.01	−.05	.00	−.01
R^2	.08***	.09***	.07***	.09***
調整済み R^2	.07	.07	.05	.08

†$p<.10$, *$p<.05$, **$p<.01$, ***$p<.001$. 数値は標準化偏回帰係数（β）. VIF はすべて 5 未満だった. 職種はベースカテゴリが営業職, 業種はベースカテゴリが製造業だった.

7.4　考察：感謝は前向きな関わり合いの中から生まれる

感謝につながりやすい制度とそうでないもの

本章では，「感謝が多い職場はどのような職場か」という点に注目し，仕事

効果の分析（交互作用項を含む重回帰分析）も行った. 分析に際しては，六つの制度と仕事の相互依存性の間で「二つ」の変数を使用する場合に考えられる 21 通りの組み合わせの交互作用項と，当該交互作用項に含まれる独立変数二つ，そして統制変数を使用して，21 回の重回帰分析を行った. 相関関係の分析で制度の効果が従属変数によって大きく違わなかったことから，「感謝を表す頻度」のみを従属変数として分析を行った結果，交互作用項の効果が統計的に有意になるものは見られなかった. したがって，単純な「2 要因の組み合わせ」による相乗効果があるとは言えなかった.

の特徴や様々な制度と感謝行動の強度・頻度の関係を分析した.

　まず,本章で注目した制度がある会社で働く人は,どの制度についても全体の 10% 強ほどで,唯一,上司からのフィードバックの制度や習慣がある会社で働く人は全体の約 33% を占めていた.2023 年 11 月現在,上司が積極的にフィードバックを行うことや,部下と業務内外の内容について一対一で面談を行う「1on1 ミーティング」の導入が民間企業で盛んになっていることもあり,違和感は少ない結果と思われる.直接的に感謝を促すことを目的とした制度やサービスを導入する企業で働く人も,それと比べると割合は小さいながら確実にいることが確認できたことも,発見の一つである.

　続いて,本章のテーマに対応するそれぞれの仮説が支持されたのかと,それに関する考察を述べる.

　まず,仕事が相互依存的で,業務上の理由で関わり合う機会が必然的に多いほど感謝行動の頻度や強度が高いと考えた仮説 1 は,一部のみ支持された.具体的には,感謝行動の「頻度」はやや高かったものの,「強度」とは関係が見られなかった.単純な結果であるように見えるが,このことは関わり合いにまつわる重要な特徴を示唆している.関わり合いに注目した先行研究では,「関わり合いが多いか否か」に注目し,関わり合いが多いほど,必然的に職場のメンバーどうしが助け合う頻度も増すと考えられている(例えば,鈴木, 2013).たしかに,そうした職場ほど感謝行動の「頻度」はやや高かったことから,これは一部的を射ていると考えられる.しかし,感謝行動の「強度」との相関は弱かったことから,単に関わり合いを増やすことの限界もうかがえる.つまり,仕事上の理由で関わり合う機会が多いだけでは,感謝のコミュニケーションの量こそ増えるものの,質はさほど向上せず,そこに限界があるのではないかと考えられる.そのため,むしろ後述するような,従業員どうしの「情緒的かつ前向きな関わり合い」を促す仕組みを注意深く設計することで,単なる業務上の関わり合いを越える幅広い効果が得られる可能性がある.

　次に,「直接感謝を促す制度」と感謝行動の相関関係について述べる.本章では「報酬を伴う制度」と「報酬を伴わない制度」,そして「ミーティングなどで感謝や称賛を伝え合う機会」の三つに分けて質問と分析を行ったが,これらの制度があるほど感謝行動の頻度・強度ともに強く,仮説 2 が支持された.

ただし，相対的に見ると，相関や効果の強さは制度・習慣の種類によって異なっていた．ミーティングなどで感謝や称賛を伝え合う習慣が最も相関が強かったのは，ある意味では自明のことと思われる．「伝え合う」習慣の有無と，「伝え合う」強度・頻度という関係の近いものの分析を行ったためである．しかし，それに加えて，重回帰分析を用いた表 7.3 の結果では，「報酬あり」の制度は「感謝を受ける頻度」のみに効果があったが，「報酬なし」の制度は「感謝を表す頻度」にも効果が見られた他，表 7.2 の相関係数も後者のほうがやや大きかった．わずかな違いであるために，「どちらの制度もある程度有用だ」と結論づけることが適切と考えられるものの，報酬を伴う感謝制度は純粋な感謝とは異なる意味合いで活用されうるために，相関関係がやや弱まるのかもしれない[9]．

　最後に，「顧客と接する機会」や「フィードバックを得る機会」と感謝行動の相関関係についてまとめる．相関関係の分析（表 7.2）ではどの制度も感謝行動の頻度・強度と正の相関関係にあった．このことから，総じて言えば，様々な相手と関わり，それを通じて仕事の意義や成長を実感することは，感謝行動を増すために有用と考えられる．ただし，表 7.3 の重回帰分析では「自分の能力や成長に関して，上司からフィードバックをもらう機会」の効果のみが統計的に有意で，他の制度の効果は見られなかった．この結果をもとに考えると，感謝のコミュニケーションを質・量ともに充実させるためには，上司の役割が特に重要と言えるかもしれない．結果に対する一つの解釈にとどまるが，通常は評価や指示を通じて「権力を握る側」である上司が，部下の成長を意識したフィードバックを行うようにするなど，権力格差（上下関係の強さ）を緩和するような制度が存在するほど，職場の対人関係が円滑になり，感謝のコミュニケーションも充実すると推測できる．別の形で言い換えるなら，上司がこうした成長を意識したフィードバックを「しない」職場では，コミュニケーションもギスギスしやすく，感謝に代表される前向きな関わり合いも行われにくいとも言える．上司は働く人にとって非常に大きな存在であるからこそ，その振る舞いが職場のポジティブさやコミュニケーションのあり方を象徴してしまうのか

9）　ただし，本章の調査では特定のサービスを想定することなく質問を作成したため，報酬を付与する量や方法，タイミングなどの細部の設計によって効果が異なる可能性は大いに考えられる．こうした細部を捨象した分析結果であることには注意が必要である．

もしれない.

実践的示唆：「前向きな関わり合い」の重要性

以上の結果から得られた実践的な示唆を一言で表すと,「前向きな関わり合い」を促すような制度設計が, 感謝を促す上では特に重要になるということだと考えられる.

前述の通り, 仕事の相互依存性や顧客と接する機会など, 比較的に中立的な関わり合いを促す制度や習慣は, 感謝行動を促すという観点では, やや関連性が弱かった. 一方で, 上司からの成長につながるフィードバックが行われていたり, 直接的に感謝を促したりするなどの制度がある職場で働く人は,「他者から感謝を受けている」だけでなく,「自分が感謝を表している」と感じる頻度と強度がともに高かった. この結果をもとに推測を重ねるならば, いかに前向きな雰囲気のもとで他者と関わり合うことを促すかが, 感謝が多く, コミュニケーションが円滑な組織を作る上で非常に重要だと考えられる.

このように書くと, 何か崇高な, 大それた制度を組織に設計, 導入しなければいけないようにも読めるかもしれない. しかし, 筆者は必ずしもそうではなく, むしろ, 一つ一つの制度の「見せ方」や「伝え方」が重要だということを意味しているように考えている.

こうした点に長けた企業事例として, 筆者が知るものを一つ紹介したい. インターネット広告を中心に事業展開する株式会社セプテーニ・ホールディングスの子会社である, 株式会社人的資産研究所が提供する,「360度マルチサーベイ」（ピアレビュー）の事例である[10]. セプテーニ・ホールディングスでは, 全社員が全社員に対してフィードバック（評価）を行うことができる仕組みを長年導入しており, そうした言わば「集合知」を活用することによって, 人材育成や評価の可視化, 改善につなげている. また, 単に「集合知」を活用して正確な評価を行うだけでなく, 従業員どうしが互いの成長や活躍に気を配り, 前向きなフィードバックを行う点で, 従業員どうしの「関係性」をポジティブ

---

10)　なお, 筆者は同社の研究アドバイザーを務めており, 潜在的な利益相反関係があることをここに開示する. その点を考慮した上で, 事例の適切さなどについては読者の方々に判断いただきたい.

に保つための工夫とも言えるかもしれない．これをもとに開発，社外提供されている制度が，人的資産研究所によるサービスやシステムである．「全社員が全社員に対してフィードバックができる」という仕組みは，使い方を誤れば「監視社会」と捉えられたり，日々の対人関係がかえってギスギスしてしまったりするリスクもある．しかし同社が提供するサービスでは，こうしたデメリットを抑制するために，次のような点で配慮がなされている．具体的には，(1)フィードバックの目的を従業員に明示し，かつ，(2)フィードバックを送る際に「あたたかく」「前向きになれる」見せ方をすることである．後者をより具体的に説明すると，同社が提供するピアレビューのサービスでは，誰かにフィードバックを行う際の自由記述欄の中で「『良かった点』や『今後の期待』を記入してください」という教示がなされている[11]．単なる字面上のこととも言えるが，ここで「改善点」や「評価」という言葉を使用しない点が，従業員どうしの「前向きな関わり合い」を促すための工夫の一つと言えるだろう．

　このように，関わり合いを「前向きなもの」にするための工夫は，一つ一つの制度の示し方や，細部の見せ方によっても変わる余地があると言える．逆に言えば，そうした細部の工夫なくして，単に業務上の理由だけの関わり合いやフィードバックの機会を増やすだけでは，関わり合いが持つ潜在的な力を最大限に発揮することは難しいということだろう．

関わり合う職務特性の正負の効果

　本章では感謝を交わす頻度を増すという観点で，「仕事（タスク）の相互依存性」，すなわちメンバーどうしが深く関わり合うことが必要になる職務特性が果たす役割を論じた．しかし，仕事の相互依存性にはこうしたポジティブな効果だけでなく，ネガティブな効果も指摘されており，単に「緊密な連携が求められる職場作りをしよう」というだけでは，かえってトラブルのもととなりかねない．本項ではそうした点について，いくつかの先行研究を例示しながら補足的に論じたい．

11）　株式会社人的資産研究所の代表である進藤様より，実際にピアレビューで使用されるサンプル画面を提示いただいて，設計意図も含めて確認を経た．この場を借りてご協力いただけたことに感謝を申し上げたい．

　そもそも仕事の相互依存性は，集団が「集団らしさ」を獲得する上で重要な特徴だと考えられている．Brown & Pehrson（2020）によれば，メンバーどうしが共通の目標を追求したり，互いに影響を与え合ったりするという意味での相互依存性が存在することで，集団のメンバー間に集団凝集性が生まれ，メンバーどうしの協力関係が強まり，集団らしさが生まれるとされる．

　こうした理論的視座のもとで，仕事の相互依存性が様々な要因に与える影響を取り上げる実証研究も多く行われている．例えば，鈴木（2013）の研究もその一つだと考えることができ，この研究では会社員を対象とした調査において仕事の相互依存性が集団凝集性に対してプラスの効果を持つことなどが見出された．また，池田・古川（2015）が会社員を対象に行った調査でも，仕事の相互依存性が高いほど，役割を全うする，同僚を援助するといった行動が取られやすい傾向が見られた．

　このように仕事の相互依存性のポジティブな効果を論じる研究もあるが，一方でネガティブな効果を論じた研究や，効果が見られなかったことを指摘した研究もある．例えば，Kiggundu（1983）がカナダで行った調査では，仕事の相互依存性は仕事に対する没頭度との間にマイナスの相関関係が見られることがあった．また，Morgeson & Humphrey（2006）が行った調査結果では，仕事の相互依存性と職務満足度などとの間にはプラスとマイナスどちらの相関関係も見られなかった．したがって，仕事の相互依存性が「集団を形成する上で重要だ」ということは言えたとしても，それがプラスに働くか，マイナスに働くかについては一貫した結論は出ていないものとも考えられる．

　さらに，近年は仕事の相互依存性の高さが直接何かに与える影響を研究するというよりも，「相互依存性が高い職場では〇〇が△△に与える影響が強まる」といった，いわゆる調整効果と呼ばれる影響の研究が多く行われている．こうした研究では，仕事の相互依存性それ自体に良し悪しを仮定するというよりは，仕事の相互依存性はある種の「職場の個性」であり，相互依存性が高い環境に向くマネジメントと，低い環境に向くマネジメントは異なるのではないかと仮定して研究が行われる．例えば，Gully *et al.*（2002）が行ったメタ分析では，仕事の相互依存性が高い環境において，特にチームの仕事に対する効力感とパフォーマンスの関係が強まるという結果が得られている．言い換えるなら，仕

事の相互依存性が高いチームでは，チームが一丸となって自信を持ちながら仕事に取り組めるかどうかが，パフォーマンスを大きく左右すると言える．また，正木（2019）の研究では，こうした職場で協力し合わなければいけない特徴が，一種の同調圧力（斉一性圧力）として働き，職場のダイバーシティがもたらす心理的影響を悪化させる可能性があることも示されている．ダイバーシティの影響を悪化させる効果が見られた研究（Joshi & Roh, 2009）の他に，影響を改善する効果が見られた研究（Guillaume *et al.*, 2012）もあるものの，少なくとも仕事の相互依存性を高め，緊密な連携を職場に求めることに「一概にポジティブな影響ばかりあるわけではない」ということはたしかである．

　以上の通り，仕事の相互依存性が高まることの様々な効果の中には良し悪しがあり，一概に「関わり合いをとにかく増やすべきだ」とは推奨しがたいと筆者は考えている．むしろ，本章で組織における各種制度と感謝の質・量の間に相関関係が見られたように，単なる関わり合いというよりは，前向き・ポジティブな雰囲気のもとで関わり合う，「前向きな関わり合い」を増やすことが適切と言える．

　第 III 部では，第 II 部に引き続き「感謝」のコミュニケーションに注目し，それがど
のような仕事に対する他の態度や行動と関係しており，またどのような制度や仕事の特
徴がある職場で頻度や強度が高くなるのかについて，分析を行った．

　まず第 5・6 章の結果より，感謝行動の頻度や強度には，職場における様々なポジテ
ィブな態度や行動，関係性との間に正の相関関係が見られた．関連が見られた要因は日
常生活の感謝を対象に構築された理論とも整合的で，(1)他者を助けることやそのため
のモチベーション，(2)ポジティブな姿勢やウェルビーイング（特にワークエンゲイジ
メント），(3)信頼を含む良好な対人関係，の三つと主に関係があった．本書の調査だけ
では因果関係を特定できないが，日常生活を対象とした研究には因果関係を特定できる
手法を使ったものも多いことから，（逆の因果関係が併存することは否定できないが）
「感謝がこれら三つを高める」という因果関係が存在することが推測できる．したがっ
て，感謝を交わすことは単に「嬉しい」「マナーだ」というだけではなく，働く姿勢や
行動，あるいは職場の良好な対人関係の維持・改善にまで幅広く影響する，重要な活動
だと考えられる．

　また，第 7 章では感謝を交わす頻度や強度は，単に職場での仕事上の関わり合いで
促されるだけでなく，上司が成長につながるフィードバックを行う習慣・制度や，感謝
を促す機会を設けるなど，「前向きな」関わり合いから促されることが示唆された．一
見すると，上司からの成長につながるフィードバックの制度は感謝に直結しないように
思われるが，部下が仕事を「成長の場」と捉えられるようになることや，上司と部下の
間の権力格差を縮めるなどにより，実は職場を前向きにするためには非常に重要な仕組
みであるのかもしれない．

　ただし，特に第 5 章では，感謝を交わす上での注意点も見られた．「私が感謝するほ
ど，周りは私に感謝をしてくれない」と人が感じる傾向と，それがワークエンゲイジメ
ントの低下につながるリスクである．「ありがとう」が日常的に交わされるコミュニケ
ーションであり，時に挨拶や社交辞令のようなものになりがちだからこそ，感謝を表す
側の真意が受け手に伝わらないことも多いものと思われる．感謝は気軽で実現のハード
ルが低いコミュニケーションだからこそ，何に対する感謝かを具体的に伝えるなど，誤
解を生じさせない工夫も必要と言えるだろう．

第 IV 部
実証研究：活動データを使用した称賛の研究

第8章 称賛の基本的機能の探究

　本書ではここまで，特に組織や職場における「感謝」に関する先行研究のレビューや，実証研究の結果の紹介を行ってきた．しかし，本書の目的を鑑みるとまだ不十分な点が少なくとも二つある．

　第一に，本書の重要な研究テーマには「感謝」とともに「称賛」を掲げていたが，第3〜7章ではそれを扱っていない．第2章で先行研究を踏まえて議論した通り，感謝と称賛は異なるコミュニケーション方法だと考えられるが，果たして「誰かをほめる」という称賛のコミュニケーションや，それが習慣化する言わば「称賛の文化」「ほめる文化」は，組織でも何らかの効果を持つのだろうか．また「称賛の効果」と「感謝の効果」は異なるのだろうか．こうした問いに答えるべく，称賛を扱う研究や，称賛と感謝を区別して行う研究が必要となる．

　第二の不十分な点が，（第4章を除いて）本書のこれまでの多くの分析では質問紙調査によって得られたデータを使用していたことである．質問紙調査には回答者が過去を回顧して生じる記憶違いや，「自分が社会的に見て望ましい人物である」と他者に見せようとするために偽りの回答をしてしまうなど，様々なバイアスの存在が危惧される．そのため，一般的に社会心理学の研究では，質問紙調査以外の研究手法も併用することで，研究結果の再現性や，実社会にどれほど一般化することができるかを調べることが重要となる．加えて企業人事の実務家を中心に近年流行が見られるピープルアナリティクスの領域では，人事データや様々な社内の活動データ，コミュニケーションデータなどを組み合わせて分析することも盛んになっている．こうした分析手法や使用データの多様さは，特に組織を対象とした社会心理学の研究にも十分応用できる可能性があり，むしろ研究の発展やさらなる知見の獲得のためには積極的に活かすことも必要なのではないかと筆者は考えている．

　こうした問題意識を踏まえて第IV部（第8・9章）では，複数企業が開発お

よびサービス提供をしている「社内やコミュニティ内で称賛を交わすことができるアプリケーション」の利用データを用いて，称賛の効果や，（同じアプリケーション内で交わされる）感謝と称賛の効果の違いについて実証研究を行う．

　詳細は 8.1 節で述べるが，筆者は企業組織を研究テーマとしており，様々なご縁で企業との共同研究や，研究・開発活動のアドバイザー業務にも複数従事している．本章で扱うデータも，数年にわたってアドバイザーとして協力をしていたある企業との活動から得られたものである．このアプリケーションでは，利用者は様々な種類の称賛や感謝の選択肢の中から，自分で適していると思ったものを適宜使い分けてコミュニケーションを取ることができる．こうした客観的な活動のデータと，別途行ったアンケート調査（8.4 節で後述）のデータを組み合わせることで，より頑健に称賛や感謝とポジティブな態度・行動の間の相関関係を検討することもできるようになると考えられる．

　以上のような利点を活かして本章では，第 7 章までに見られた「感謝の効果」が称賛のコミュニケーションにも見られるのか，また両者の効果は異なるのかといった点や，行動データの分析だからこそ得られる知見が何なのかなどについて，分析結果をもとに議論を深める．

8.1　研究に使用する事例・フィールドの紹介

　まず本章で分析対象とするサービスとデータがどのようなものなのかをできるだけ簡潔に示したい．これは後述の結果が，どのようにして，どのような企業で，いかなる場面設定のもとで得られたものなのかを正確に把握し，結果の含意と限界を理解する上で非常に重要なことと筆者は考えている．そのため，(1)サービス設計の意図や利用者の立場から見た特徴に加えて，(2)主に分析対象とした企業の特徴とデータ取得の時系列などについても本節で整理する．

「PRAISE CARD」の概要
　本章で研究に使用する対象は「PRAISE CARD」[1]と呼ばれるアプリケーシ

---

1)　株式会社博報堂と BIPROGY 株式会社によって商標登録されている．

ョンである．これは BIPROGY 株式会社と株式会社博報堂，株式会社博報堂コンサルティングが開発・共同運営しているもので，職場などの特定のコミュニティ内で，パソコンやスマートフォンを使用して電子的に称賛のカードを送り合うことができるサービスである．パソコン版は 2023 年 4 月から開始されるなど比較的新しく開発されたサービスで，筆者もこのサービスで得られたデータの分析や社会心理学の知見の提供などを通じてアドバイザーとして関与している[2]．本書ではサービス運営企業の許可を得て，サービスに関わる画像や詳細な情報について記述する他，学術的に「感謝と称賛の価値」を探究し，それに関して広く議論を促す目的でのデータ利用の許諾を得ている．

　このサービス上でユーザーが求められる行動は非常にシンプルで，(1)称賛を送りたい相手を予め登録されたユーザーリストから選び，(2)運営者によって設定された複数種類のカードの中から贈りたいカードを選び，(3)「1 行以内」の短いメッセージ入力欄に任意でメッセージを入力して送信する，というものである．図 8.1 はスマートフォンを利用する場合の画面の一例である．サービス運営企業によれば，(1)～(3)のように，機能をシンプルに「他者を称賛する」ことに特化させることで手軽に称賛を体験できるようにする工夫や，カードのデザインやユーザー・インターフェースの設計などを楽しく，使いたくなるようなものとする工夫を図ることで，年齢を問わず様々なユーザーが，ストレスなく称賛のコミュニケーションに参加することができるように演出されているという．以下では(1)と(2)についてサービスの性質を補足する．

　まず，(1)の称賛を送る対象者は，自身と同じコミュニティ内に所属している相手に限定されている．例えば，「X 社」で PRAISE CARD を導入した場合，ユーザーには「X 社」の参加者の一覧が提示され，その中から送信対象を選ぶことになる．同様に「Y 社の Z 部」という単位でのみ導入がされていた場合は，「Z 部」の参加者がカードを送ることができる対象となる．また，誰が誰に称賛を送ったのかについては他のメンバーに共有されない「クローズド型コミュ

---

2)　筆者は PRAISE CARD の運営企業の一つである BIPROGY 株式会社の研究アドバイザーを務めている．アドバイザーとしての業務は同社に対する技術指導・アドバイスであり，本書の執筆や研究発表は契約や業務の範囲外だが，一定の潜在的な利益相反関係が存在する旨をここに開示する．

①相手を選ぶ　　　　　　　②カードを選ぶ　　　　　　③称賛ボタンをタップ

図 8.1　PRAISE CARD の利用イメージ（提供：BIPROGY 株式会社，図 8.2，図 8.3 も同様）

ニケーション」となっている．自発的に開示しない限りは周囲の送受信枚数を知ることはできないため，周囲の利用状況から来る同調圧力を受けたり，周囲からの評価を気にしたりする機会を極力減らして，コミュニケーションを取ることができる設計となっている．誰が誰に対して称賛を送ったのかをサービス運営者は確認することができるが，データの開示対象は制限されている他，分析に利用する際にも目的に応じて慎重に匿名化が行われている．

　次に，(2)の称賛の種類について述べる．PRAISE CARD のサービスでは，利用者は予め設定された「複数のカード」の中から，自分が送りたいものを選ぶことができる．図 8.2 はこうした多様なカードのサンプルである．カードには企業横断的に使用できる汎用的なものもある他，導入されるコミュニティごとに独自に設計し，使用されるものもある．独自にカードを設計する場合には，企業理念やビジョンを端的に反映した名称のカードを作成することで，「何が組織において称賛に値する行動なのか」をわかりやすく示すような使い方もあるとされる．例えば「挑戦したこと」「助けてもらったこと」など，称賛したい内容ごとに異なるカードを事前に設けることができる．さらに，称賛以外に「感謝」を名称で明示したカードや，「MVP」（最も活躍したと自分が思う人物）を称賛するための特別なカードを設けるなど，柔軟な工夫が可能となっている．

　PRAISE CARD にはその他にも称賛を促すサービスとして特徴的な点がいくつかあるが，主要な 2 点に絞って述べる．一つめがインセンティブ機能を採用

図 8.2　PRAISE CARD のカードのサンプル

していないことである．企業内で称賛や感謝を交わすサービスの中には，メッセージとともにポイントを送り合う仕組みを設けるなど，利用者にとっての何らかのインセンティブを設定するものも多い．たしかに，ポイントというはっきりした動機があるほうが，称賛や感謝の文化を組織に根づかせる初期段階では「何のために称賛や感謝をするか」が明確な分，有効な可能性が高い．また，評価は上司が部下に行うだけのものではなく，従業員間で平等に実施するものでもあるという，権力関係がフラットな文化を作り出す目的でも有用と推測される．一方で，インセンティブを設けることで，純粋に称賛や感謝に意義を見出すのではなく，それに付随するポイントによってモチベーションを左右されるようになる，いわゆる外発的動機づけによるアンダーマイニング効果が生じてしまう可能性がある．社会心理学や関連する学問領域では，Deci（1971）の研究などがよく知られているが，この効果は，もともとは課題や活動そのものにやりがいやモチベーションを感じていたはずが（内発的動機づけ），外的報酬を与えられることによって報酬がモチベーションの源泉へと変化してしまい（外発的動機づけ），もともと持っていたはずの内発的動機づけが損なわれてしまう現象のことを指す．外的報酬の大きさや，課題・活動のどのような点（例えば，成果物なのかプロセスなのか）に対して与えられるものであるのかなど，イン

仲間と送り合ったカード属性を 7 個の強みと紐付けて上位を表示

図 8.3　自分の強みを表示する機能の一例

センティブの詳細によって影響の大きさは異なるものの，人のモチベーションの仕組みを考える上で，「外的報酬の是非」が重要かつ繊細な論点であることは間違いない．こうした議論を踏まえて，PRAISE CARD ではインセンティブを設けず，称賛に自発的に価値を見出した人が送受信するような仕組みとなっている．

　二つめの特徴が，サービス利用を通じて自己理解や，一緒に働く他者の理解が進みやすくなるような設計がなされていることである．送信可能なカードが複数種類あることによって，利用者は，「あの人のどのような点を称賛しようか」と，カードの使い分けや適切さを考える必要性が生じる．そのため，例えば相手のどのような点を称賛したいかを自分なりに分析することや，相手がどのような点を称賛されることを喜ぶかなどを熟考することが促されるために，他者理解が進みやすくなることを目指した設計がなされている．加えて，PRAISE CARD の付随的な機能として，過去に自分が受け取ったカードの履歴や，集計情報を閲覧することができる機能も備わっている（図 8.3）．後者については，予め作成された計算式に基づいて，周囲から評価される自分の「強み」を表示する機能もある．本章ではこの「強み」のデータは分析に使用せず，称賛の送受信自体に注目するが，このように自己理解を促す仕組みも備わっている点も特徴と言える．

倫理的配慮に対する考え方

　なお，組織における人に関するデータを取り扱う際には一般的に，組織やそこで働く人の機微に触れる内容も含まれうるために，きわめて慎重な倫理的配

慮が求められる．特に PRAISE CARD の利用履歴のようなデータには，組織における対人関係や，対人ネットワークになじめていない人物を特定・可視化してしまうことによって，職場の人間関係が悪化したり，疎外感が増したりするなどのリスクもある[3]．一方で，適切な範囲でデータを利活用することには，組織や人の営みを正しく理解し，よりよい組織を作るための非常に大きな可能性が秘められていることもまた事実である．そこで，例えば，人事データ分析に関する業界団体であるピープルアナリティクス & HR テクノロジー協会では，「人事データ利活用原則」と呼ばれる原則の作成を試みており，セキュリティや個人情報に対する配慮などの他に，従業員に対する効用を最大化すること，人工知能（AI）の利用にすべてを頼ることなく，判断や意思決定には人間が介在して説明責任を負うことなど，リスク低減と効用の最大化の両立に向けた模索を続けている．

　以上のような観点から，本章で研究に用いる PRAISE CARD において，倫理的配慮に関わる点についても詳述する．運営企業によってプライバシーポリシーの制定などの一般的な個人情報保護のルールは備えられている他，利用者にはユーザー登録時にデータの利用目的や利用範囲などを提示し，同意を取得している．同意には研究開発目的や，適切な秘密保持契約などを交わした第三者へのデータ開示も含まれており，匿名化を施した上での研究目的での利用には問題がない旨，運営企業に確認した上で利用した．また，筆者は分析用の匿名 ID に変換済みのデータを受領しており，個人の特定が物理的に不可能な状態で分析を行った．そして分析の内容も限定しており，いわゆる「個人のプロファイリング」の目的ではなく，あくまでも組織の全体傾向の分析（例えば，称賛や感謝を多く送る人ほど〇〇だという相関・因果関係の分析）にとどめた．

---

3)　関連する議論として，「ソシオメトリー（sociometry）」に関するものがある．特に学級などの集団内の対人関係を可視化するための手法であり，「選択」（例えば，一緒に話したい相手）と「排斥」（例えば，一緒に話したくない相手）を質問紙で記名させ，それを集計するような手法が多く用いられる（藤本, 2009）．しかし，この手法にはいくつかの問題があり，藤本（2009）によれば，例えば好き嫌いを意識させることで対人関係が悪化するリスクがある．PRAISE CARD が主に想定している利用者は成人であり，また企業組織という流動的な（辞めようと思えば辞められる）コミュニティであるために問題は生じにくいと思われるが，設計と運用の工夫や，分析上の注意が必要なことは言うまでもない．

　そして，分析結果は筆者の判断だけで一方的に成果として開示することはなく，企業の営業上の秘密に抵触しないことや，プライバシーの配慮がなされているということを確認した上で，結果を本書にまとめた[4]．

8.2　本章の構成

　本章は他の章とは異なり，一つのデータに対して，複数の「問い」をもとに多面的に分析を行うことで成り立っている．そこで本章では，これまでの章のような社会心理学などで一般的な論文の形式とは構成を変えて，節ごとに「問い」と「対応する分析結果」を示す方法で議論を進めたい．

　本章は PRAISE CARD のデータを用いた，称賛の効果に関する「基礎的分析」であり，第9章が「発展的分析」と筆者は位置づけている．

　8.3 節では，PRAISE CARD を導入した特徴が異なる2社において，PRAISE CARD の利用頻度や利用者数が時間とともにどのように変化したか，その経過を記述的に分析する．この分析の目的は，PRAISE CARD を称賛を促すための人工的な仕組みと捉えて，こうした仕組みがどのように組織に普及し，「称賛の文化」として組織に浸透していくのかについて知る手がかりを得ることにある．2社のうち一方は特別な利用促進策を取らずに自然に組織への浸透を図った事例で，もう一方は利用促進のために様々な工夫を行った事例である．こうした違いも考慮して考察を行うことで，あまり研究の前例がない称賛の介入（ないし文化）の浸透プロセスに関する示唆を得ることを目指す．

　次に 8.4 節では，前述の2社のうち1社を対象として，データの利用期間を限定し，さらに掘り下げた分析を行う．(1)称賛を積極的に行う人が組織内でどれくらいの割合いるか，(2)称賛の程度に組織内でどれくらいの偏りがあるか，(3)第5章で見られた「私は自分が感謝をするほど，周りから感謝されていない」と感じやすいというズレの傾向が再現されるか，などについて分析を行う．併せて，（社会）ネットワーク分析と呼ばれる分析方法と PRAISE CARD

---

4)　一般論として言えば，このように「研究から得られた結果の公開可否を当事者にたずねる」ことには，研究倫理上の懸念がまったくないとは言えない．この点を含む企業と研究者の距離感に関する議論や筆者の考えは「あとがき」に記載した．

の利用データの組み合わせによって，組織内の「ポジティブな対人的つながり」をどのように可視化できるかについても，分析結果とさらなる展望を述べたい．そして，以上の前提を踏まえた上で，カードの利用後に行ったアンケート調査のデータを組み合わせた分析を行う．具体的には，カードの利用状況から定量化された客観的な称賛の頻度と，アンケート調査で測定した組織愛着やワークエンゲイジメントなどの相関関係を分析し，「称賛する・されることの効果」について基本的な分析を行う．

　最後に 8.5 節では，以上の分析を「感謝」に関するカードと「称賛」に関するカードを区別して行い，本書の中心的な問いの一つである「感謝と称賛の効果の違い」の手がかりを得ることを試みた．

8.3　称賛を促す介入はどのように組織に普及するか

　本節では PRAISE CARD のデータを用いて，称賛の介入が組織にどのように普及するのかについて，実証的なアプローチを含む事例研究を行う．

　近年，企業においても感謝や称賛を促すためのサービスや制度，イベントなどの導入が進んでいる（池田, 2021 など）．同様の施策は理論的な観点からも期待を集めており，金銭的関係や契約関係が重視される「ドライな環境」とも言える企業において，あえて感謝の感情やコミュニケーションに満ちた組織を作るために，こうした施策を導入することが重要な手段になりうるのではないかと提案されている（Fehr *et al.,* 2017）．しかし，こうした感謝や称賛を促す施策に関するデータを直接分析した研究は限られており（例外として，池田, 2021 などがある），施策の普及過程や，普及させることで感謝や称賛をあたり前のように交わす組織文化または組織風土が醸成されやすくなるようにするにはどのような工夫が必要かといった点は，未だ明らかでないことが多い．

　そこで本節では，前述の通り，特別な介入をあまり行わずに PRAISE CARD そのものの価値の訴求を軸にサービス導入を図った企業（BIPROGY 株式会社[5]）と，様々な利用促進策を併せて実施しながら PRAISE CARD を導入した企業

---

5)　サービス開発企業でもあるが，自社内でのサービス利用も併せて行われていた．

（C社）の２社の事例を取り上げ，それぞれの企業における「称賛を促す施策」
としての PRAISE CARD の利用頻度の変化などを分析する．まず，企業ごとに
利用促進策の詳細などの特徴を概観した上で[6]，次の順で分析結果を紹介する．
これらの結果が２社の間でどのように異なっていたかをもとに，前述の目的に
沿った考察を進める．

(1) 導入後の一定期間に称賛カードの利用者数（ユーザー数）がどのように
　　変化したか
(2) 同じく，称賛カードの１人あたり利用枚数がどのように変化したか
(3) 同じく，称賛カードの総利用枚数がどのように変化したか

BIPROGY 株式会社の分析

　BIPROGY 株式会社は，従業員数が当時約 8000 人の情報通信業の大企業であ
る．この企業では，社内のエンゲージメント向上や組織力強化の目的で，2022
年 10 月頃から PRAISE CARD の導入が進められてきた．ただし，同社は PRAISE
CARD の導入を部署単位で順次進めており，全社規模で一斉に導入したもので
はなかった．そうした背景もあってか，後述の C 社のような明確な利用促進策
は行わず，純粋に PRAISE CARD というサービスや称賛のコミュニケーション
に価値を感じ，（少なくとも部署の意思決定者のレベルで）共感が得られた部署を
中心に導入が進められた．これを踏まえて，PRAISE CARD の利用を開始した
2022 年 10 月から 2023 年 6 月までの 9 カ月分のデータを対象に分析を行った．
　部署ごとに主に使用されていたカードは異なるが，同社では 2023 年 6 月時
点で合計 29 種類のカードが使用されていた．それらは主に三つのおおまかな
カテゴリに分類することができ，特定の要素を称賛するカード（例えば「Passion」
「リスペクト」）もあれば，感謝を表すカード（例えば「感謝」「助けてくれて感謝」）
の他，日々の挨拶を表すカード（例えば「飲みに行こう」）も含まれていた．称賛
を表すカードの種類が最も多く，感謝と挨拶に関するカードはそれぞれ数種類
程度だった．なお，本節では簡略化のために，すべてを「称賛のカード」とし
て扱い，分析を行った．これは PRAISE CARD がそもそも称賛のコミュニケー

---

6)　運営企業の担当者の確認も経て執筆された．

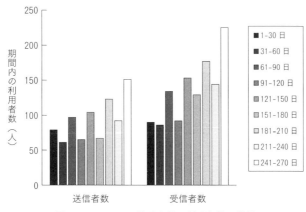

図 8.4　BIPROGY 株式会社の利用者数の推移

ションに関するサービスとして設計・利用されており，称賛・感謝・挨拶の三つのカテゴリの違いこそあるものの，いずれも称賛を主な目的として使用されていたものと解釈できたためである．ただし，カテゴリごとの効果の違いについても 8.5 節で詳述する．

　さて，まず PRAISE CARD の期間内の利用者数を 30 日ごとに集計した結果が図 8.4 である．この分析ではデータを 30 日ごとに区切り，当該期間内に一度でもカードを送受信した人を「利用者」と定義し，その数を集計した．この図に表れる通り，送信者数・受信者数ともに期間を通じて増加が見られており，利用者数の増加という観点では，特段の追加的な利用促進策を行わずとも，称賛のコミュニケーションが拡大する傾向が見られた．特に受信者数は，最終的に当初の 2 倍ほどに増加しており（1 〜 30 日目は 90 人，241 〜 270 日目は 225 人），「自分が誰かに称賛を送ってはいないが，誰かから受け取ったことはある」という利用者は広く見られたと考えられる．

　続いて，「1 人あたり平均利用枚数」の推移を集計した結果が図 8.5，期間内の「合計流通枚数」の推移を集計した結果が図 8.6 である．これらの図を見ると，同社では 1 人あたりの送信・受信枚数は横ばいか，やや減少している傾向にあった．ただし，利用者数が増加していることが理由で，合計流通枚数は経時的に増加していた．

　以上の内容を踏まえると，特段の追加的な利用促進策を行わずに PRAISE

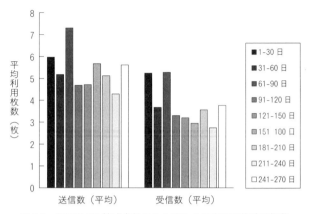

図 8.5　BIPROGY 株式会社の 1 人あたり平均利用枚数の推移

CARD の導入のみによって称賛文化の浸透を図ると，(1)利用者数が増えているという点で文化の「広まり」は見られるが，(2)利用頻度の増加という「深まり」まではなかなか至りにくかったものと考えられる．ただし，こうした称賛を交わす手段を導入しただけでも利用の「広まり」が見られた点には大きな意味があり，また興味深いと考えられる．すなわち，称賛を交わすことそれ自体に内発的なモチベーションとなる「楽しさ」や「快感」があり，それだけをもってしても，Fehr *et al.*（2017）が問題提起した通り，称賛文化を組織内に少しずつ広げるだけの魅力や影響力があると解釈することもできるだろう[7]．

C 社の分析

続いて，BIPROGY 株式会社とは特徴が異なる企業で PRAISE CARD が導入された際の，称賛文化の「浸透」のプロセスも紹介したい．C 社は小売業の企業で，従業員数は当時約 300 人の企業である．この企業では組織のパーパス（企業理念）とバリュー（理念を構成する重要な価値観）の明確化に伴って，心理的安全性の向上やパーパス，バリューの浸透を図る目的で PRAISE CARD の導入と活用を進めていた．この企業は BIPROGY 株式会社とは異なり，PRAISE

---

7)　学術的に言っても，称賛や感謝を含む他者称賛感情・行為は関与者にとっての心理的報酬として機能すると考えられるため，こうした感情や行為自体が何らかの価値やモチベーションにつながるとしても違和感はない（cf. Dasborough *et al.*, 2020）．

CARD を試験利用段階から全社規模で導入しており，徐々に利用の拡大や浸透を図っていた．それゆえに，どうすれば PRAISE CARD を活用でき，また称賛文化を浸透させる他，企業のパーパスやバリューの浸透といった前述の目的の達成につなげられるかといった点について，様々な追加的な施策を試行錯誤しながら利用を進めた経緯がある．

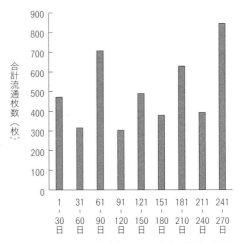

図 8.6　BIPROGY 株式会社の合計流通枚数の推移

そうして行われた取り組みの象徴的な例が，「アンバサダー」の仕組みである．この仕組みでは，運営事務局以外に社内の各部署から「アンバサダー」となる従業員が 6 人選定され，一定期間活動して任期を終えた後に，次のアンバサダーの従業員に世代交代をする．アンバサダーとなった従業員たちは，PRAISE CARD の利用促進策（例えば，新しい名称のカードの追加）を話し合い，率先してカードを送るなど，感謝・称賛の習慣について自分ごととして考え，また工夫することが役割となっていた．このように同社では，利用促進策とは言いつつも，運営事務局やマネジメント層が一方的に施策を打つのではなく，従業員を巻き込みながら，従業員たちが自律的に称賛文化の浸透に向けて挑戦できるしかけを作った．この活動の成果として同社では，例えば 1 週間に 1 枚しか使うことができない「今週の MVP」を称賛するカードの導入が行われるなど，次第に PRAISE CARD の利用を楽しむ声も増えてきたという．

では，このような従業員による自律的な利用促進が図られた企業では，PRAISE CARD に表れる感謝・称賛の文化はどのように浸透したのだろうか．同社が PRAISE CARD のトライアル利用を開始した 2022 年 3 月 1 日から，2022 年 8 月 7 日までの約 5 カ月分の利用データを対象に分析を行った．なお，同社で当時利用していたものは製品版とは異なる「トライアル版」と呼ばれるものだったが，サービスの基本的な仕組みはどちらも同じであり，称賛のカードを従業

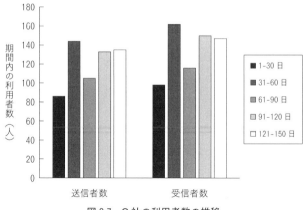

図 8.7　C 社の利用者数の推移

員どうしが特別なインセンティブを設けずに送り合う性質のものだった．この期間内に利用されていたカードは合計 15 種類であり，BIPROGY 株式会社の事例と同様に，「称賛」「感謝」「挨拶」に関するカードがそれぞれ含まれていた．ただしカードの大半は「称賛」に関するカードであり，利用者も PRAISE CARD を称賛を促すサービスであると理解して使用していたものと推測される．

　続いて分析結果の紹介に移るが，まず PRAISE CARD の期間内の利用者数を 30 日ごとに集計した結果が図 8.7 である．この図にある通り，送信者数・受信者数ともに 60 日目にかけて一度急増し，その後，一度低下が見られたが，再度増加するという傾向が見られた．利用者数が増加することは BIPROGY でも同様だったが，少なくともこの観点では称賛文化の「広がり」や，コミュニケーション範囲の拡大傾向が見られた．

　では，利用枚数にはどのような変化が表れていたのだろうか．BIPROGY 株式会社と同様に，「1 人あたり平均利用枚数」の推移を集計した結果が図 8.8，期間内の「合計流通枚数」の推移を集計した結果が図 8.9 である．この図を見ると，BIPROGY 株式会社とは異なり，どちらも概ね利用者数同様，60 日目にかけて一度急増し，その後，一度低下が見られたが，再度増加して，最終的には導入当初より利用が増える傾向が見られた．

　以上の内容を踏まえると，特段の追加的な利用促進策を行わなかった BIPROGY 株式会社と比べて，アンバサダー制度などの従業員による自律的な

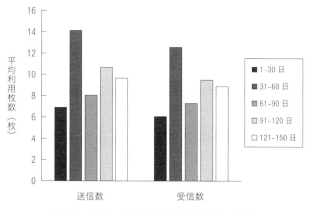

図 8.8　C 社の 1 人あたり平均利用枚数の推移

工夫の促進と組み合わせて PRAISE CARD を導入した C 社では，(1)利用者数
の増加という観点と，(2)利用枚数の増加の観点の両方から，称賛のコミュニ
ケーションが拡大する傾向が見られた．したがって，たしかに称賛そのものが
持つ内発的なモチベーションの機能によってもこうしたコミュニケーションや
文化の浸透を狙うことは一定程度は可能と思われるが，他の利用促進策を組み
合わせることによって，称賛の「広さ」だけでなく「深さ」も促すといったこ
とが可能になると考えられる．そしてそうした利用促進策の中でも，マネジメ
ント層が一方的に称賛の意義を訴えるだけでなく，C 社で行われていたような，
従業員たちが自ら感謝・称賛の意義を問い直し，自分たちにとって本当に有意
義なやり方を創造するなどの自律的な工夫が効果を発揮するのではないかと，
推測することができる[8]．

　こうした点は，Fehr *et al.* (2017) が「感謝を促す施策（appreciation program）」
が効果を発揮する上で重要と予想される要因として挙げた内容とも一部重なる．
Fehr *et al.* (2017) は，感謝を促す施策を導入することには一定のリスクもあり，
従業員にとって過剰な負担とならないことや，批判的に解釈されないようにす

---

8)　なお，同社は継続して製品版も導入しており，本書執筆時点でも PRAISE CARD によ
　　る感謝・称賛のコミュニケーションは依然として活発に行われていた．このことから，
　　PRAISE CARD を用いて感謝・称賛を交わす習慣は同社内に一定程度定着したものと推
　　測できる．

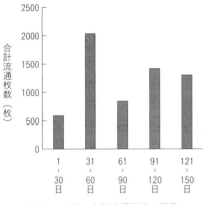

図 8.9　C 社の合計流通枚数の推移

ることなど，いくつか注意すべき点を越えた先で効果を一層発揮するのではないかと論じている．加えて，ある一つの施策を単体で導入するのではなく，複数の関連する施策を同時並行で実施することにより，従業員に対して施策の意図（言わば「なぜわれわれはこの施策に沿って感謝をしなければならないか」の理解）を明確に伝えることの重要さも指摘している．こうした指摘を踏まえると，C 社で実施されていた前述のような自律的な工夫を促すしかけは，PRAISE CARD の仕組みを「与えられるもの」ではなく「自分たちで活用するもの」と位置づけることに役立った可能性があると考えられる．また，パーパスとバリューの明確化と併せて PRAISE CARD の導入が図られたことも，なぜ PRAISE CARD が導入され，何のために称賛を広く行う必要があるのかといった目的を明確に従業員に伝えることにつながり，称賛文化の一層の浸透につながったのではないかと考察することもできるだろう．

　ただし，以上の比較と考察はあくまでも 2 社の事例という限られたデータから得られたものである．そのため，今後はさらに特徴が異なる企業を対象としたデータ分析を行うことや，「称賛文化の浸透度」を別の形で定量化し（例えば，質問紙調査や定型的な心理尺度の併用），それと各企業で実施された利用促進策の有無や種類の関係性を統計的に分析するなど，さらなる検証が必要なことは言うまでもないだろう．しかし，以上の限界を踏まえても，「称賛文化の浸透」に関して，実際のサービス導入や介入をもとにした活動データの分析を行った前例は少ないため，今後の研究に向けた重要な事例として価値があると筆者は考えている．

8.4　称賛にはどのような効果が見られるか

　前節では，PRAISE CARD を称賛を促す「介入」であると捉え，こうした介入が組織に定着するに至るまでの変化を，特徴的な 2 社の事例をもとに検討した．特に，PRAISE CARD という称賛を交わす手段を導入するだけで「称賛文化」の浸透がどこまで可能なのか，あるいはさらなる利用促進策を組み合わせることで利用や文化の浸透が一層加速するのかについて，示唆を得ることを目指した．

　それに加えて筆者は，PRAISE CARD やそこから得られたデータに対して異なる側面から迫ることで，一層有意義な分析ができるのではないかと考える．それは，PRAISE CARD を人工的な介入手段としてだけでなく，組織において日々交わされる称賛をログデータとして客観的に可視化・定量化する手段と捉えることである．たしかに，PRAISE CARD は組織内で自発的に生まれたものではなく，外的に用意された言わば人工的な「舞台」のようなものである．それゆえに，例えば PRAISE CARD を利用せずに行われる称賛は可視化の範囲外であるために，「PRAISE CARD を用いて，組織内で日々自発的に交わされるあらゆる称賛のコミュニケーションを可視化できる」とは言えない．しかし，そうした限界こそあるものの，利用の有無や頻度は利用者（各社の従業員）に委ねられており，任意のタイミングで送受信が可能である．このことから，PRAISE CARD の利用データは，日々組織内で交わされる自発的な称賛のコミュニケーションの，少なくとも一端は反映しているのではないかと考える．

　そこで，以上の論理で PRAISE CARD を「組織内の称賛を行動のログデータとして捉える手段」と位置づけて，第 7 章までで得られた「感謝」に関する考察をさらに深め，「称賛」に関する研究へと発展させるべく，さらなる分析を行いたい．

　まず本節では，特に第Ⅲ部で得られた「感謝の効果」に関する結果や知見をもとに，「称賛の効果」に注目して分析を行う．第 7 章まででは，感謝は特にワークエンゲイジメントや職場内の援助行動（文脈的パフォーマンス）と正の相関関係にあった．こうした結果や第 2 章で整理した先行研究を踏まえると，感

謝をする・される経験が，仕事のやりがいや職場内の助け合いを促す効果があるのではないかと推測される．しかし，第 7 章までの内容は，多くが質問紙調査という回答者の主観に依存する手法によって得られた結果である．そのため，極論を言えば「本人がそう言っている・感じているだけ」のことかもしれない．また，これらの効果は「感謝」だからこそ生じるもので，「称賛」にはあてはまらないかもしれない．そこで本節では，「感謝」との間に理論的または実証的な関係が見られたいくつかの要因と「称賛」の関係を，PRAISE CARD の利用データから分析する．

　本節の分析の独自性としては，(1)感謝ではなく称賛を扱う点と，(2)質問紙調査のような主観に強く依存する方法だけでなく，行動という客観的に把握可能な観点からも効果が再現可能かを検討する点，の二つが挙げられる．これらの分析を通じて，先行研究が限られる，職場における「称賛の効果」に関する知見を得ることを目指す．

研究の方法

　まず本節で分析に使用するデータの内容と構造を簡潔に述べる．本節で分析対象とする企業は，前節でも対象となった情報通信業の大企業の BIPROGY 株式会社である．同社において 2023 年 3 月から 6 月末にかけての 4 カ月間に使用された PRAISE CARD のデータを使用した．前述の通り，同社では当時 29 種類のカードが使用されており，その中には他者を称賛するカードの他に，他者に感謝を表すカード，そして日々の挨拶に関わるカードが含まれていた．そのため，カードの利用頻度が必ずしも「称賛の頻度」と等価とは言えない可能性も考えられたが，称賛に関わるカードが最も多く利用されていたこと，そして PRAISE CARD のコンセプトが称賛であることを理解した上で従業員は称賛行為としてカードの送受信を行っていたと推測できることから，カードの利用頻度を「称賛の頻度」と仮に見なし，分析を進めた．

　本節ではこれらの客観的な行動のログデータに加えて，ワークエンゲイジメントなどの主観的な職務に対する態度や行動を測定するため，2023 年 7 月に行われたアンケート調査[9]のデータも分析に併用した．アンケートは主に表 8.1 の内容をたずねる質問項目で構成されており，PRAISE CARD の導入が一定

表 8.1　アンケート調査の主な質問内容

測定内容	質問項目	選択肢
主体的行動	日々の業務をより良くするような提案を自分から行っている	a
援助行動	自分の役割や義務を超えて，職場の同僚のことを自分から助けている	a
越境行動	他部署や社外の人との交流を積極的に行い，知り合いを増やす	a
	業務改善に役立つ情報を得るために，他部署や社外に対して積極的に相談を持ち掛ける	a
視点取得	一緒に働くメンバーの立場や考えも意識しながら仕事をしている	a
自己理解	自分の長所・強みがなにか	b
他者理解	一緒に働くメンバーの長所・強みがなにか	b
利他的モチベーション	仕事を通じて他人のためになることをしたい	c
チームワーク	普段の業務で関わるメンバー同士は，互いを信頼しあっている	c
	一緒に業務を進めるメンバー間で，困ったことがあったら互いに助け合っている	c
理念浸透	自社の企業理念や行動規範，大事にしている価値観等をよく理解している	c
	自分の行動が，企業理念や行動規範，大事にしている価値観等に沿っているか，考えることがある	c
組織愛着	この会社のことが好きだ	d
	自分がこの会社の一員であることを意識することが多い	d
ワークエンゲイジメント	意欲的に仕事に取り組めている	d
	仕事に没頭できている	d

選択肢 a は「1. まったくない」〜「5. とてもよくある」，b は理解・把握することができているかをたずね，「1. できていない」〜「5. できている」，c は「1. あてはまらない」〜「5. あてはまる」，d は「1. まったくあてはまらない」〜「7. とてもあてはまる」，で回答.

　程度進んだ後に実施された．なお，7 月以降も PRAISE CARD の利用は継続的に行われていたために，利用「後」ではなく，あくまでも利用「中」のアンケート調査であった.

　また，質問項目は BIPROGY 株式会社と筆者が議論を行った上で，同社が独自に作成したものであり，先行研究で使用された心理尺度などとは異なる．したがって，それぞれの質問が測定しようとする概念を適切に理解し，端的に反

---

9)　実際には，PRAISE CARD の導入が本格化する前（2023 年 2 月）にも同様のアンケート調査が BIPROGY 株式会社内で実施されていた．ただし，7 月のアンケートと両方に回答した回答者は約 30 人と少なく，厳密な分析には適さないサンプルサイズだったために，本書の分析からは結果を割愛した.

映するようにできるだけ留意したが，測定の妥当性・信頼性が確認された心理尺度ではないために，測定精度には一定の限界が伴う[10]．

　次項以降の分析の流れは以下の通りである．まず，次項では前述の期間内に絞って，カード送受信の傾向の一層の可視化を目指す．具体的には，まず 1 人あたりのカード送信数・受信数の分布や，両者のズレ（送信数−受信数）を可視化することで（第 5 章の一部分析と同様），同一の企業内の個人間のばらつきを可視化する．続いて「（社会）ネットワーク分析」（以下，ネットワーク分析）と呼ばれる分析手法を用いて，称賛から成り立つ組織内のコミュニケーションの様相を可視化する[11]．ネットワーク分析とは，組織内の対人関係を「ノード」（点であり人）と「エッジ」（辺またはつながり）の二つで捉える分析で，ある集団や社会における対人関係を「つながり」を用いて可視化することができる（次項で詳述）．さらに，分析を深めることで「ある人物が対人ネットワークの中心にいるか」を数量的に表すこともできるため，感謝・称賛を介して組織内の対人関係の核となる人物の特徴を分析することもできる．

　続く次々項では，アンケート調査の回答結果をもとに作成した得点と，カード授受の傾向との相関関係の分析を行う．このことにより，積極的に感謝・称賛を行う人ほど，ワークエンゲイジメントが高いなど仕事に対してポジティブな態度を取っていたり，他者を支援する行動を積極的に取っていたりするなどの傾向が見られるかを分析する．ただし，本節で行う分析は相関関係の分析に

---

10)　多くの心理学の研究は様々な価値観や態度などの，言わば抽象概念を研究の対象としており，それらに対して統計分析を適用することで，目に見えない「心」の研究を行う．したがって，どのような手段でその抽象概念を数値化するかが重要な論点となる．特に質問紙調査では，こうした抽象概念を複数の具体的な質問項目（「心理尺度」）を使用して測定する．この際，心理尺度が研究に用いるに足る精度を持つかが非常に重視される．例えば，(1)複数の質問項目が同じ一つの抽象概念を反映しており，(2)何度測定しても結果が安定しており，(3)測定した特徴が設計者の「測りたいもの」を適切に反映していることなどを，他の心理尺度との相関関係を確認するなどの手法によって保証する必要がある．ここで用いた質問項目は，現場で働く人々の目から見て表現に違和感がないことは作成過程で確認済みだが，こうした手続きを経ておらず，測定に限界を伴うため，他章の質問紙調査とは区別する意味で，「アンケート調査」としている．

11)　分析には主に統計ソフト R の igraph パッケージを使用した．以下，ネットワーク分析を用いた箇所はすべて同様である．

とどまり，PRAISE CARD が原因となった「変化」ないし因果関係には厳密には踏み込めていない点には注意が必要である．

称賛を介した組織の様相の可視化

まず，当該期間内の称賛のカードの流通枚数の変化を図 8.10 左に表した．この図では，「開始後〇日」に送信されたカードの枚数（縦軸）を，経過日数（横軸）にしたがってグラフに示した．前節の BIPROGY 株式会社の利用状況に関する考察と同様だが，同社では特別な利用促進策を取らずに，PRAISE CARD による称賛の価値それ自体を訴え，自然に利用者や利用部署が社内で広がることを目指していた．そのために，時間とともに利用者数は増えたが，利用枚数は概ね横ばいか微増にとどまったものと考えられる．

続いて，視点を変えて「称賛のカードを何枚送った人が何人いたか」を，ヒストグラムを用いて可視化した（図 8.10 右）．この図は横軸が送信（または受信）枚数，縦軸が人数となっている．このグラフを見ると，カードの送信と受信はともに，偏りがとても大きい分布となっており，限られた参加者が多く送る・受け取る傾向があった．ただし，こうした偏りは「年収」などの社会・経済的かつ上限が定まっていない指標では容易に生じるものであり，さほど特異な現象ではないと考えられる．

なお，こうした偏りの傾向はカードの「送信」に特に顕著であり，「受信」ではやや緩和される傾向にあった[12]．ここからは得られた結果に基づく推測にとどまるが，カードの送信は本人のパーソナリティや価値観によって容易に増加しうる（例えば，感謝特性が強いと多様な相手に感謝を送りやすい）が，カードを多く受け取るためには多様な相手から，かつ多様な機会で称賛される必要があるために，意図的に「非常に多くの枚数をもらい続ける」ことは困難であり，したがって相対的に受信枚数の偏りが小さくなったのではないかと考えられる．さらに踏み込んだ考察をするならば，BIPROGY 株式会社での当該期間内の利用方法に限って言えば，PRAISE CARD は従業員が持つ様々な特徴を称賛する

---

12) 同様の傾向は，後掲の表 8.2 の標準偏差にも表れている．カードの送信枚数の標準偏差は受信枚数の標準偏差よりも大きく，ばらつきがより大きいことが数的な指標からもわかる．

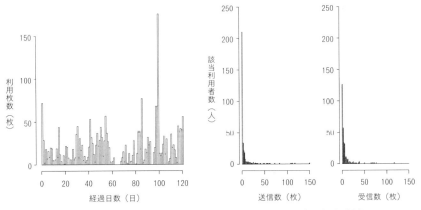

図 8.10　流通枚数の変化（左），送信・受信枚数ごとの該当者数（右）

ことができるために，特定の「特に優れた人物」に称賛が集中するのではなく，様々な異なる強みを持った人物に称賛が分散し，それゆえにこのような結果が得られた可能性もある．

　続いて，期間内の1人あたり送信枚数と受信枚数を使用して，「期間内の送受信枚数のギャップ」の得点を作成した（送信枚数から受信枚数を引いて得点化）．この指標を作成した背景には，第5章において，質問紙調査の回答者全体に「自分が感謝するほどには他者から感謝されていない」と感じる傾向が見られたことがある．このように，一般的に自分の他者に対する貢献を過大視したり，他者に対して自分が恩恵を与えるほどには周りから受けていないと感じやすかったりといった認知バイアスが存在する可能性も考えられる．しかし，これはあくまでも主観的な回答に基づく質問紙調査から得られた結果だったため，客観的な行動データでも結果が再現されるか検討する余地があった[13]．

---

13)　なお，BIPROGY 株式会社で使用していた PRAISE CARD の範囲は企業内で完結していたために，企業内の合計送信数と合計受信数は必ず一致する．すなわち，企業内で誰かが送信していれば，同じ企業内で誰かが必ず受信していることになる．しかし，人によって送信・受信枚数は異なるために，例えば10人で構成される架空の組織で「9人が送信1枚，受信0枚」かつ「1人が送信0枚，受信9枚」という状況を想定することができるように，「自分が誰かを称賛するほどには，他者から称賛されていない」という利用者が一定数見られる可能性も十分に考えられた．

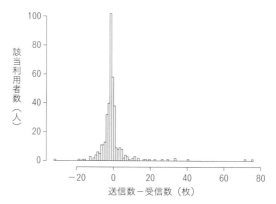

図 8.11　称賛カードの送受信の「ズレ」の度数分布

横軸が「ズレ」の大きさに対応しており，数値が正の値で大きくなるほど「送信」が超過していることを，数値が負の値で大きくなるほど「受信」が超過していることを表す．そして縦軸が該当する枚数「ズレ」があった人数に対応している．最も人数が多いのは 0 枚近辺であり，多くの利用者は「ズレ」なく使用していたと言える．

　さて，BIPROGY 株式会社における期間内の実際の利用傾向は図 8.11 の通りだった．ギャップの得点の平均値は 0，中央値は－1 となり，数量的にも視覚的にも多くの利用者が称賛の送受信の釣り合いが取れていた．中には送信枚数が受信枚数を上回る利用者も見られたが，そうした人の数は決して多くはなく，概ね正規分布に近い形状をしていた．このことから，第 5 章の質問紙調査において見られたような感謝をめぐるズレの問題は，称賛においては生じないか，PRAISE CARD のような客観的な行動では顕在化しづらかった．

　この点を踏まえると，第 5 章で見られたような「自分が感謝するほどには周りからは感謝されていない」と感じる傾向は，現実に「感謝の機会の多さ」が異なるのではなく，何らかの主観的な認知バイアスや，コミュニケーション・ロスによって生じている可能性が疑われる．つまり，同じように「ありがとう」と伝えた・伝えられたとしても（PRAISE CARD では「カードの枚数」として反映される），送り手がそれを感謝と捉える一方で，受け手は感謝と認識していないなど，客観的には同一の発言・カードであるはずのものに対して，主観的な認識の違いが生じやすいとも考えられる．

　なお，以上のように客観的には称賛の送信枚数と受信枚数に釣り合いが取れ

た利用者が多かったものの，それでも送信と受信の枚数が数枚から 20 枚程度
の範囲で異なっている利用者も一定数見られた．こうした利用者（つまり，称
賛する・される頻度が客観的にもズレている利用者）が対人関係に違和感を持った
り，仕事のやりがいを損なったりする可能性は残される[14]．

　次に，称賛の送受信を「点」と「線」で表したネットワーク図を描画した（図
8.12）．この図では分析対象の期間内に一度でも称賛の送受信に関わった利用者
を「点」で表し，一度でも称賛を交わした関係性を「線」で表している．この
図を見ると，およそ数人から 10 人程度の「まとまり」（クラスタと呼ぶ）がいく
つか見られるが，総じて言えば組織が分断されるようなことはなく，緩やかに
形成された一つのまとまりとして機能している様子が見て取れる．この背景に
は BIPROGY 株式会社の業務の特徴があると推察できる．同社では，多くの仕
事は「部署ごと」のような決められたコミュニティで閉じて行われるのではな
く，部署の境界を越えたプロジェクトベースで行われるという．そのため，例
えば部署ごとにつながりが分断されるのではなく，部署を越え，しかし緩やか
に組織全体がつながる構造を示したのではないかと考えられる．

　業務上のメールやビジネス用のチャットのやり取りなどとは異なり，ここで
は称賛（またはその背後にある助け合いや貢献）というポジティブな対人ネットワー
クを可視化したことが特徴と言え，前者のような業務上のやり取り以上に，
ある人物や部署が良好な対人関係を構築できているかを定量化・可視化できる
可能性がある．

　なお，営業上の秘密に関わりうるために詳細な考察は割愛するが，例えば，
(1)「部」「課」などの部署で「点」の色分けを行うことで，コミュニケーショ

---

14)　(1)称賛の送信枚数と受信枚数の間にズレが生じにくいことと，(2)ズレがあった時にワー
　　クエンゲイジメントの低下などのネガティブな帰結が生じることは，厳密には異なる問題
　　だと言える．そこで筆者は，第 5 章で行ったものと同じ応答曲面分析を PRAISE CARD の
　　使用データにもあてはめ，分析を試みた．しかし，そもそもの問題として，称賛のカード
　　の送信枚数と受信枚数の相関関係が非常に強く（$r = .88$），データの標準化などを行った
　　としても，多重共線性が生じて適切な推定を行うことができなかった．多重共線性の問題
　　を仮に棚上げして応答曲面分析を実施した際には，第 5 章に近い結果が得られる場合も
　　あったが，適切な推定結果ではない恐れが高かった．そのため，(2)の点については，厳
　　密には未検討のままの問いとして残されている．

ンが分断される傾向（いわゆる「サイロ化」
と呼ばれることもある縦割りの強さ）の強
弱を分析できる他，(2)「男性」「女性」
といった性別による分断や対人ネットワ
ークへの包摂に関する分析なども技術的
には可能である．こうした分析を行うこ
とで，「個人間の関係」に加えて「部署
間の関係」や「属性による対人コミュニ
ケーションの壁」などを知ることもでき
るかもしれない．ただし，こうした組織
の機微に関わるデータを扱う際には，質
問紙調査など以上に倫理的配慮が強く求
められる．そのため，筆者は個人情報を

図 8.12　PRAISE CARD の送受信データを
使用したネットワーク図
それぞれの点が利用者（従業員），線が PRAISE
CARD のやり取りによるつながりの存在に対応
している．

受領せずに「組織全体の状態」や「統計的傾向」を分析する目的にとどめてデー
タの利用を行っており，今後の研究や実践においても適切なデータ分析ポリ
シーの設定など，慎重な扱いが求められることは重ねて述べておきたい．

　この他にも，ネットワーク分析を PRAISE CARD の称賛のコミュニケーシ
ョンのデータにあてはめることの利点は複数考えられる．例えば，ネットワー
ク分析を使用することで，期間内のやり取りのうち「同じ相手どうしで交わさ
れたカード」の割合を計算することもできる．仮に従業員 A・B・C の三者が
いたとしよう．このとき，A 氏と B 氏が互いに 2 枚ずつを送信しているのか
（つまり同じ相手と交わしたカードが 100%），A 氏は B 氏に 2 枚送信したが，B 氏
は C 氏に 2 枚送信しただけだったのか（つまり同じ相手と交わしたカードは 0%），
といったコミュニケーションの様相を具体的に数値で把握することもできる．
この「同じ相手どうしで交わされたつながり」の割合を，ネットワーク分析で
は「相互性（reciprocity)」と呼ばれる指標で数量化できるが（鈴木, 2017），今回
分析に使用したデータでは相互性の値は .36, つまり，36% だった[15]．したが
って，PRAISE CARD を用いた称賛のコミュニケーションは，必ずしも二者間
で「往復」や「お返し」のように行われるのではなく，第三者を巻き込んで行
われる傾向が当時は強かったと言える．

　なお，当然ながら，中には限られた相手とだけつながる（つながりが一つしか
ない）人もいれば，対人ネットワークの中核にいる（図の中心に位置していて，
多くの人と感謝・称賛を交わしている）人もいる．ネットワーク分析では，それぞ
れの利用者がこうした対人ネットワークの中核にいる程度を，利用者ごとに
「中心性（centrality）」と呼ばれる指標で数量化することができる．この中心性
と呼ばれる指標には，定義方法が異なる複数の種類がある．例えば，(1)送
信・受信枚数の多さで定義する「次数中心性」の他，(2)その人物が多様な相
手やクラスタとやり取りをしている，いわばネットワークの「ハブ」となって
いる程度で定義する「媒介中心性」[16]などが，中心性の下位分類として挙げら
れる．

　そして，特に後者の媒介中心性と呼ばれる指標と，例えばアンケート調査で
測定したワークエンゲイジメントの相関関係を分析することで，単に「称賛を
多く送る，または受け取るほど」ワークエンゲイジメントが高いかに加えて，
「称賛を多様な相手と交わし，ネットワークの中核に位置するほど」その傾向
が見られるのかについても，併せて分析することができる．このように，称賛
のやり取りを単に枚数だけで捉えるのではなく，そこにネットワーク分析を適
用することで，コミュニケーション相手の幅広さなどを捉えることも可能にな
ることもまた，ネットワーク分析の利点と考えられる．

称賛と仕事のやりがいや援助行動の相関関係

　最後に，本節のテーマである「称賛の効果」につながる分析を行う．前項で
示したネットワーク分析の結果も踏まえつつ，「称賛のカードの送受信枚数」
と当該利用者のアンケート調査から得られた各種得点の相関関係を分析する．
なお，本項の分析は相関関係の分析であるために，厳密には因果関係を特定で

---

15)　統計ソフト R の igraph パッケージのうち，reciprocity() のプログラムを使用して計算し
　　　た．ただし，reciprocity() には 2 種類の相互性の計算方法があり，「相互につながりがな
　　　い点どうし」の関係を「相互性なし」または「相互性あり」と扱うオプションがあるが，
　　　ここではデータの性質に照らして前者の計算方法を採用した．

16)　本書はネットワーク分析を専門に扱うものでないため，詳細な定義は割愛した．媒介中
　　　心性の定義は鈴木（2017）や，R の igraph パッケージの betweenness() のヘルプなどを
　　　参照いただきたい．

きるものではない．そのため，称賛が様々な態度・行動を改善するのか，態度・行動が称賛につながるのかは特定できないことに留意しつつ，議論を進める．

　分析にあたっては，(1)期間内の PRAISE CARD の利用データ（送信枚数，受信枚数，媒介中心性，媒介中心性の対数[17]）と，(2)導入後に実施されたアンケートの回答結果の二つのデータを使用した．PRAISE CARD はそもそも一緒に働く相手と「称賛を送り合う」ことを目的として明示したサービスであるため，授受されたカードの種類は考慮せず，すべてを称賛のコミュニケーションとしてひとまとめにして，期間内の「送信枚数」と「受信枚数」を参加者ごとに計算した．なお，カテゴリを分けた場合の分析も行っており，詳細は次の 8.5 節で議論する．

　以上の設定のもと，(1)PRAISE CARD を利用しており，(2)アンケート調査にも回答した 163 人を対象として相関関係を分析した結果が表 8.2 である．表には分析に使用した変数の記述統計量（平均値と標準偏差）と，相関係数[18]を示した．なお，アンケート調査から得られた得点の全社平均は企業秘密にあたるために，すべての回答者の得点から全社平均点を引くことで中心化を施した（例えば，A 氏のワークエンゲイジメントの得点が 3 点，全社平均が 2 点の場合，A 氏の得点は 3−2＝1 点となる）ことにより，平均値が 0 に近い値となっている[19]．また，媒介中心性のみ，計算方法に由来して平均値と標準偏差がともに非常に大

---

17) 　PRAISE CARD の利用データを用いて媒介中心性を計算した結果，分布が大きく偏っていた．すなわち特定の人物がネットワークの「ハブ」になる傾向が強く，中核的な人物と，周辺的な人物に分かれやすいと言える．一般的に，このように正規分布を大きく逸脱する分布を示す指標を用いて相関係数を計算すると，適切な結果が得られないことが多い．そこで媒介中心性の対数を用いて分布を補正した得点も分析に使用した．

18) 　総じて相関係数の値が小さいが，PRAISE CARD の利用データという客観的得点（行動）と，アンケート調査という主観的得点（態度）の組み合わせで分析を行ったために，様々な外部要因の影響でもともと相関係数が小さくなりやすい特徴がある．そこで第 7 章と同様に Bosco *et al.*（2015）をもとに |*r*|＝.10 ～ .25 程度の場合に「中程度の相関がある」と判断した．

19) 　厳密にはアンケート調査だけに回答した人を含む総数 251 人の段階で中心化を行ったため，平均値が 0 ではない値を取っている．加えて，平均値が 0（つまり 251 人の平均値）を上回っていることから，期間内に PRAISE CARD を利用していた人のほうが，そうでない人よりもポジティブな態度や行動がやや強いことが示唆される．

表 8.2　称賛のカード送受信に関する平均値，標準偏差，相関係数

	記述統計量		相関係数			
	平均	標準偏差	送信枚数	受信枚数	媒介中心性	媒介中心性（対数）
送信枚数	9.90	22.69	1.00 ***	.89 ***	.89 ***	.57 ***
受信枚数	8.56	16.20	.89 ***	1.00 ***	.82 ***	.54 ***
媒介中心性	994.88	2700.29	.89 ***	.82 ***	1.00 ***	.57 ***
媒介中心性（対数）	2.27	4.08	.57 ***	.54 ***	.57 ***	1.00 ***
主体的行動	.13	.87	.15 †	.11	.08	.09
援助行動	.11	.83	.19 *	.13 †	.11	.12
越境行動（1問目）	.12	.98	.23 **	.26 ***	.17 *	.25 **
越境行動（2問目）	.10	.92	.06	.04	.01	.09
視点取得	.13	.62	.14 †	.09	.11	.15 †
自己理解	.07	.92	.13 †	.10	.11	.08
他者理解	.06	.71	.13	.12	.09	.14 †
利他的モチベーション	.04	.86	.13 †	.12	.12	.19 *
チームワーク（1問目）	.05	.74	.16 *	.19 *	.11	.03
チームワーク（2問目）	.09	.69	.23 **	.23 **	.16 *	.11
理念浸透（2問平均）	.04	.88	.03	.00	.01	.15 †
組織愛着（2問平均）	.05	1.16	.12	.10	.09	.19 *
ワークエンゲイジメント（2問平均）	.06	1.13	.13 †	.08	.09	.15 †

†p<.10, *p<.05, **p<.01, ***p<.001. 先行研究で使用される心理尺度とは異なることを踏まえ，結果をより詳細に検討する目的で，越境行動やチームワークに関する質問項目は合算せずに項目別に分析に用いた.

きな値を取っている.

　表 8.2 の右側の「相関係数」の列には，称賛のカード送受信に関する四つの指標（送信枚数以降，媒介中心性（対数）まで）と，交わる行の，指標どうし，およびアンケート調査から得られた仕事に対する態度・行動の得点（5 行目以降）との相関係数を示した．まず，称賛のカードの送信・受信枚数が多いほど，援助行動が多い（送信）か多い傾向があり（受信），越境行動（1 問目の積極的な交流）が多く，チームワークが良好だと回答していた．加えて，送信枚数が多いほど，主体的行動の頻度，視点取得（相手・他者の立場に立ってものごとを考えること），自己理解といった得点も高い傾向があり，利他的モチベーション，ワークエンゲイジメントの値も高くなる傾向が見られた．

　また，多様な相手と称賛を交わす頻度を表す媒介中心性の得点と，アンケート調査の指標にも相関関係が見られた．特に対数を取って相関関係の分析に適した値に変換した場合に，媒介中心性の得点が高いほど，越境行動（1 問目の

積極的な交流）が多く，利他的モチベーションが強く，組織愛着が強かった．そして他にも視点取得や他者理解，理念浸透，ワークエンゲイジメントの値が高くなる傾向が見られた．

このように，称賛のカードの送受信はいくつかのポジティブな仕事上の態度・行動の得点と正の相関関係にあった．一連の結果は第 6 章までの感謝をめぐる分析結果とも整合的である．特に第 5・6 章では，感謝は(1)他者を助けることやそのモチベーション，(2)仕事に対するポジティブな姿勢，(3)信頼を含む良好な対人関係といった特徴と関連していた．PRAISE CARD の利用データを用いた本節の分析でも，称賛のカードの送受信はそれらに対応したアンケート調査の得点と相関していた．(1)〜(3)の先行研究の整理に従って，表 8.2 で得られた結果をまとめると，以下のようになる．つまり，称賛のカードを多く，または多様な相手と送受信するほど，(1)援助行動の頻度や利他的モチベーションが高まり，(2)他者と積極的に交流を図る越境行動の頻度や組織愛着の程度が強まる他，(3)チームワークが良好であると認識されていた．したがって，因果関係までは明らかにできなかったものの，称賛には感謝と似たような効果が見られる他，それは客観的な行動のログデータを使用した場合にも見られる頑健なものだと推測できる．

なお，以上の考察に加えて，「送受信枚数以外に，媒介中心性の得点とアンケート調査の指標の間にも相関が見られた」ということもまた，注目に値する結果である．そもそも，多くの先行研究は感謝や称賛の「量」や「伝え方」に注目しており，媒介中心性に表されるような「多様な相手と感謝や称賛を交わすか」という観点はあまり注目されてこなかった．したがって，媒介中心性とアンケート調査の指標の間に相関関係が見られたこと，つまり多様な相手と称賛のコミュニケーションを交わすことが重要と示唆する結果が得られたことは，一見すると自明のようにも感じられるが，先行研究では議論が不十分だった称賛の機能を表す結果だと言えるのかもしれない．称賛のコミュニケーションには，第 2 章や第 3 〜 7 章までの実証研究で述べたような「量」「質」という論点に加えて，「誰と交わすか，より多くの人と交わすか」といった対人関係の多様性という論点も今後加えるべきとも考えられる．

8.5　感謝と称賛の効果はどのように違うか

研究の方法

　前節では PRAISE CARD のあらゆるカードのやり取りを「称賛」とひとまとめにして相関関係を分析した．しかし，厳密にはこのサービスには多様な種類のカードが存在しており，「感謝」に対応するカードもあれば，「称賛」に対応するカード，あるいは単なる日常の「挨拶」に対応するカードも含まれていた．どれも「称賛を交わす」という PRAISE CARD の枠組みの中で交わされたものであるため（つまり称賛以外の目的で送受信することは稀と考えられるため），前節のようにカテゴリを問わず称賛のコミュニケーションと捉えて分析をすることも妥当と考えている．しかし，本節ではあえてカテゴリの違いに注目し，「称賛を交わす」ための枠組みの中で，あえて「感謝」を選ぶか，それとも「称賛」を選ぶかによる効果（相関）の違いに焦点をあてて分析を行う．これは本書の目的が職場における「感謝」「称賛」の効果や，両者の違いを明らかにすることにある点を踏まえた分析である．特に，質問紙調査では聞き分けることが難しいとも思われる「感謝」「称賛」を，PRAISE CARD ではカードの違いとして容易に識別することができるため，本書の目的に沿ったデータであり，分析方法であると考える．

　さて，ここからは分析方法と結果の説明に移りたい．まず方法は前節と同様で，PRAISE CARD の利用データと，仕事に対する態度・行動についてたずねたアンケート調査の得点の相関係数の分析を用いた．したがって，感謝・称賛の送受信と各種態度・行動の間には時間的な前後関係こそあるものの，厳密に因果関係を検討することはできていない．その上で，前節の分析とは異なり，本節の分析では使用されたカードを三つのカテゴリに再分類し，期間内の送信・受信枚数を計算し直した．具体的には，「感謝」「○○に感謝」といった名称に感謝の言葉が明確に示されているカード 6 種類を「感謝カード」に分類し，「飲みに行こう」などの日常の挨拶に関わるカード 2 種類を「挨拶カード」に分類した．そして残る 21 種類のカードはどれも他者に対する一般的な称賛を表すものか（例えば「あなたの考え方が好き」），特定の特徴に対する称賛を表すも

のだったため（例えば「Passion」），「称賛カード」に分類して分析に用いた．

　このように，そもそも感謝・挨拶・称賛ごとにカードの種類数が異なるために，例えば「感謝のカードが称賛のカードよりも多い」といった，カテゴリ間の枚数の相対比較は検討できない．しかし「感謝のカードの送信数が他の利用者よりも多いほど〇〇だ」「挨拶のカードの送信数が他の利用者よりも多いことと，〇〇の間は相関関係が弱い」といったことの検討は可能である．そこで本節では称賛のカード，感謝のカード，挨拶のカードのそれぞれの送受信数がアンケート調査で得られた各種態度・行動の得点と相関するかを分析する．

分析結果

　相関係数を算出した結果が表 8.3 である．表 8.2 と同様に，統計的に有意であり，かつ数値が .10 以上の値を取る場合に，一定の正の相関関係が見られたと解釈した．

　まず 3 カテゴリのカードの「送信」についてだが，特に「称賛のカード」の送信枚数が様々な態度・行動と相関していた．BIPROGY 株式会社において利用されていた PRAISE CARD の種類の多くは称賛のカードだったためか，概ね前節の結果と同様だが，称賛する頻度が多いほど援助行動や越境行動（1 問目の積極的な交流）が多く，チームワークが良好だと感じやすかった（1・2 問目）．また，主体的行動の頻度，視点取得，他者理解，ワークエンゲイジメントの値も高くなる傾向が見られた．一方で「感謝のカード」の送信はアンケート調査との相関が弱く，送信枚数が多いほど自己理解が高いだけだった．以上の結果から，「自分が感謝・称賛することの効果」は，特に称賛に顕著に表れていたと言える．このことを踏まえた詳細な考察は，カードの「受信」に関する結果を整理した後にまとめて行う．

　なお，本書のテーマとは関わりが薄い「挨拶のカード」も，多く送る人ほど越境行動の頻度や利他的モチベーションの値が高く，またチームワークの値も高くなる傾向が見られた．原因は定かでないが，感謝・称賛に加えて単純な挨拶にも，感謝に関する心理学の理論で提唱されるような対人関係維持の機能があると言えるのかもしれない．ただし相関係数は「称賛のカード」と比べると小さく，あまり強い効果とは言えない可能性もある．

表 8.3　カードのカテゴリを区別した相関係数

	送信枚数			受信枚数		
	（称賛）	（感謝）	（挨拶）	（称賛）	（感謝）	（挨拶）
送信枚数（称賛）	1.00 ***	.13	.73 ***	.87 ***	.24 **	.62 ***
送信枚数（感謝）	.13	1.00 ***	.24 **	.25 **	.17 *	.24 **
送信枚数（挨拶）	.73 ***	.24 **	1.00 ***	.76 ***	.26 **	.71 ***
受信枚数（称賛）	.87 ***	.25 **	.76 ***	1.00 ***	.27 ***	.77 ***
受信枚数（感謝）	.24 **	.17 *	.26 **	.27 ***	1.00 ***	.32 ***
受信枚数（挨拶）	.62 ***	.24 **	.71 ***	.77 ***	.32 ***	1.00 ***
主体的行動	.15 †	.06	.07	.10	.25 **	.06
援助行動	.19 *	.02	.11	.13	.19 *	.05
越境行動（1 問目）	.23 **	.13	.18 *	.25 **	.27 **	.25 **
越境行動（2 問目）	.07	−.07	.01	.04	.12	.00
視点取得	.14 †	.10	.12	.08	.26 ***	.09
自己理解	.12	.19 *	.10	.10	.18 *	.04
他者理解	.13 †	.07	.02	.11	.24 **	.04
利他的モチベーション	.12	.11	.16 *	.12	.05	.11
チームワーク（1 問目）	.17 *	−.05	.03	.19 *	.12	.12
チームワーク（2 問目）	.24 **	.02	.13 †	.23 **	.13 †	.13
理念浸透（2 問平均）	.03	.07	.00	.01	.00	−.08
組織愛着（2 問平均）	.12	.12	.05	.10	.04	.07
ワークエンゲイジメント（2 問平均）	.14 †	−.05	.01	.08	.07	.01

†$p<.10$,　*$p<.05$,　**$p<.01$,　***$p<.001$.　平均値と標準偏差の情報は表 8.2 と重複するために割愛した.

　続いて 3 カテゴリのカードの「受信」に関する結果を整理する．こちらは様相が異なっており，「称賛のカード」の受信枚数の大小よりも「感謝のカード」の受信枚数の大小のほうが，多くの指標と正の相関関係にあった．具体的には，感謝される頻度が高いほど，主体的行動や援助行動，越境行動（1 問目の積極的な交流）の頻度が高かった．そして視点取得や自己理解，他者理解といった対人関係の質を表す得点も高かった．また，チームワーク（2 問目の助け合い）を良好だと認識する傾向が見られた．一方で，称賛される頻度が高いほど，越境行動（1 問目の積極的な交流）の頻度が高く，チームワーク（1・2 問目）が良好だと認識していた．特にチームワークの高さとは「感謝のカード」以上に強い相関関係が見られた．これらの結果についても，前述の結果と同様に，「感謝・称賛されて仕事に対する態度・行動が促された」という因果関係の他に，「仕事に対する態度・行動が日頃から積極的な人ほど，感謝・称賛をされやすい」

という因果関係も考えられるが，詳細な考察は次節で述べる．

8.6　称賛の意義と組織への普及のさせ方

　本章では PRAISE CARD という「称賛を交わす」ためのアプリケーションのデータをもとに，2 社の事例を用いて様々な観点から称賛について分析を行ってきた．また，うち 1 社のデータを掘り下げて分析し，称賛の効果や，感謝の効果との違いについても探索的に検討を行った．本章のまとめとして，組織における称賛のコミュニケーションには結局どのような意義があり，それを普及させるためには何が必要になると考えられるかについて，結果を整理した表も交えながら本章から得られた示唆や結論を述べたい．

称賛の意義 1：利他性・主体性・対人関係の改善

　まず考えられる称賛のコミュニケーションの意義は，利他性と主体性の促進のほか，対人関係の良好さにもつながる可能性がある点である．ここでは感謝の効果との違いを軸に，その意義に迫っていきたい．8.4・8.5 節から考えられる称賛と感謝それぞれの特徴は，表 8.4 の通りである．

　8.4 節のカードのカテゴリを問わない分析や，8.5 節の称賛・感謝・挨拶に分類した分析では，称賛の送受信には特に次の三つの要因との間に正の相関関係があった．

（1）【利他性に関する指標】援助行動（送信のみ，受信は有意傾向）

（2）【主体性に関する指標】越境行動（特に積極的な交流）

（3）【対人関係に関する指標】チームワークの良好さの認識

　ただし，これらの要因は称賛ではなく感謝によっても同様に促される可能性が先行研究ですでに指摘されていた（第 2 章）．感謝と称賛にはともに「他者称賛的」な特徴があり，相手のよいところに注目する点では非常によく似た感情や行動だと言える．こうした他者称賛的な特徴があるために，特に感謝は向社会性や主体性を促し，ものごとのポジティブな側面に注意を向け，人間関係を良好に維持，改善する機能があると考えられてきたが，本章の結果によれば，称賛にも似た機能があることが確認できたと言える．

表 8.4　PRAISE CARD の分析から推測される称賛と感謝の機能

「称賛」と「感謝」の主な共通点
・どちらも自分を志向せず，他者を志向し，かつポジティブな評価を伝えるものである．
・主に①利他性，②主体性，③対人関係の良好さ，の三つの特徴と正の相関関係がある．

「称賛」に特徴的な点
・「他者を称賛する」ことが，上記①〜③の要因と特に相関しており，称賛する側に特に有用か．
・感謝よりも強く，一貫してチームワークと相関していた．チームワーク改善に感謝よりも有用か．

「感謝」に特徴的な点
・「自分が感謝される」ことが，上記①・②の要因と特に相関しており，感謝される側に特に有用か．
・称賛と異なり，感謝されると「もっと“相手に”何かをしてあげよう」と感じやすい可能性がある．

　なお，この相関関係を解釈する上では，これまでにもたびたび触れた通り，二つの因果関係の向きが考えられる．「感謝（または称賛）をする・されることが，ポジティブな態度や行動につながる」という因果関係と，「日々ポジティブな態度・行動で仕事にのぞんでいるからこそ，感謝（または称賛）をする・されることが増える」という因果関係の二つである．本節の分析は因果関係を同定することができるものではないために，踏み込んだ議論は難しいが，第2章のように感謝や称賛が先行して生じる影響を検証した研究も多くあることから，現実的には双方向の因果関係があり，循環する構造にあるのではないかと筆者は推測している．つまり，感謝や称賛がポジティブな態度と行動を促すとともに，そうした態度や行動がさらなる感謝や称賛を喚起するといった関係があるのではないかと考えられる．

称賛の意義2：感謝以上に「称賛する」側によい影響が及びうる

　そして，PRAISE CARD 上で交わされたやり取りをあえて「称賛」「感謝」「挨拶」の三つに分けて行った分析では（8.5節），以上のような共通点以外にも，いくつかの相違点も見られた．最も大きな相違点は，称賛は「送ること」に，感謝は「受け取ること」に特徴的な相関関係が表れていたことである．前述の通り，感謝と称賛はどちらも似たような要因と相関関係にあったが，称賛は送信枚数と各種要因の得点が，感謝は受信枚数と各種要因の得点が，それぞれより強い相関関係を示した．このことについて順に考察を深めたい．

　まず称賛についてこのような結果が得られた背後には，少なくとも二つの理

由があると筆者は考えている．一つめが，感謝よりも称賛のほうが「他者称賛的」な特徴が強いことである．第 2 章でも述べたが，Algoe & Haidt（2009）などの先行研究では，感謝と称賛の感情をともに，他者の優れた行動に反応し，他者に視点を向けて感じる特徴を持つ「他者称賛感情」に分類している．しかし，こうした特徴は，感謝よりも称賛に対して一層顕著にあてはまるのではないだろうか．McCullough *et al.*（2008）に代表される（感謝の）道徳感情理論によれば，特に感謝は，他者の優れた行動に対する反応であるとともに，自分が受けた恩恵，つまり自分本位の（あるいは自他の関係性の上で成り立つ）感情としての特徴も併せ持っている．これに対して，称賛は必ずしも自分が直接利益を受けなくても生じるため（例えば，優れた業績を上げた同僚を称賛する），感謝以上に純粋な「他者称賛感情」ないし行動なのではないかと考えられる．そして，こうした特徴ゆえに，特に感情を表す側にとっては，自分本位と他者の視点，あるいは自他の関係性などの多様な動機が混在する「感謝」よりも，純粋に他者の視点に立つことができる「称賛」のほうが表 8.4 のような効果を発揮するのかもしれない．

　考えられる二つめの理由は，控えめなコミュニケーションが好まれる日本社会において，あえて称賛という規範を逸脱した行為を取ることに強い効果があると考えるものである．これまでの議論の通り，感謝と称賛はともに他者のよいところに注目して行われる他者称賛的なコミュニケーションだが，「ありがとうございます」と感謝を伝えることが日本社会ではきわめて一般的であるのに対して，称賛，つまり誰かをほめることは相対的に少ないものと思われる．これは職場というビジネスの場面でも同様で，特に面と向かって相手をほめることは決して多くないだろうし，ほめる側とほめられる側の双方が恥ずかしさを感じることも多いかもしれない．このような感情表現をめぐる暗黙の規範が存在し，称賛が「難しい行動」だからこそ，（PRAISE CARD 上で「感謝」という選択肢を使わずに）あえて称賛を表明するためには，当人に特に主体性や他者指向的な考え方が求められると考えられる（アンケート調査の指標が先行要因となる解釈）．またそれとは逆の因果関係として，そうした高いハードルの中でもあえて称賛を表明して他者のよいところに注目することは，称賛を表した人自身にとって重みがあり，また記憶にも残る行動であるがゆえに，「自分も頑張らな

いといけない，見習いたい」と感じるなど，自分の次の行動の励みになったりするといった効果（称賛が先行要因）も強いのではないかと考えられる．

さらに，チームワークの指標に注目すると，チームワークは感謝や挨拶よりも称賛のカードの送受信との間に，相対的に強い相関関係が見られた．これについても前段落と同様の解釈が可能であり，まずチームワークがよいからこそ控えめなコミュニケーションを好む日本社会でも遠慮なく称賛し合えるという解釈が考えられる．加えて，称賛という強く・明確なコミュニケーションを交わすことで職場のメンバーどうしが互いに敬意を払っていることが（社交辞令ではなく）はっきりと伝わるようになるために，チームワークが次第に改善したという解釈も考えられる．

最後に，本書において称賛と対となるコミュニケーションである感謝に注目し，なぜ感謝は「すること」よりも「されること」に特徴が表れたのかについて考察する．まず，最も自然な解釈として，そもそも本節の結果が感謝の効果を表しているのではなく，「感謝されやすい人物の特徴」を表していた可能性がある．つまり，主体的に行動し，他者の目線で考えることができる人物であるほど，そうした行動や考えが理由で他者から感謝を受けやすかったと考えることができる．

しかし，逆の因果関係，つまり感謝されることでこうした行動や考え方が強まる可能性もある．第2章の感謝に関する先行研究の議論にもあった通り，人は他者に感謝を表したり，他者から感謝を受けたりすることで，相手の立場に立ってものごとを考えることや「もっと相手のために何かをしたい」という思考が促される．特に組織のような，ギブアンドテイクの関係が強調される場面では，誰かから感謝されることが心理的な報酬として機能し，それに応えるために次の主体的な行動や，他者の立場を慮る態度が促されるのかもしれない．また，視点を変えて，なぜこうした効果が称賛ではなく「感謝される」場合に特に見られたのかについても考察する．筆者はその理由の一端として，称賛は称賛された「自分」の長所や現状への満足に目が向きやすいのに対して，感謝は相手との関係性ありきで行われるものであるために，自分に感謝を表した相手の立場に立って考えることや，その関係性のもとで相手をさらに助けようというモチベーションが喚起されやすいのかもしれない，と考える．

どうすれば職場の「称賛文化」を作ることができるか

　では，以上のような意義が称賛のコミュニケーションにあったとして，どうすればそうしたコミュニケーションの習慣を職場や組織に根づかせることができるのだろうか．特に 8.3 節の分析から，筆者は従業員自らによる工夫や試行錯誤の余地や自由度のようなものを残すこと，そして従業員に「なぜ称賛が必要か」をわかりやすく伝えるための諸人事施策間の一貫性が，特に称賛のコミュニケーションの普及には欠かせないのではないかと考えている．

　第 7 章では同様の意図で「感謝を促す方法」として，職場内のポジティブな関わり合いを促す仕組み（例えばフィードバックの仕組み）作りが有効なのではないかと調査結果をもとに議論した．それに加えて，特徴が異なる 2 社における PRAISE CARD の浸透プロセスを分析した結果（8.3 節），「従業員が自律的に参加できる仕組み」もまた重要なのではないかという示唆が得られた．C 社の事例において紹介した，従業員たち自らが使いやすいものとするために試行錯誤する「アンバサダー」の取り組みなど，単に称賛のツールを「与えられたもの」「課せられたもの」と考えるのではなく，従業員たちが設計段階から主体的に参加できる取り組みとすることで，取り組みを自分ごととして捉える心理的オーナーシップ[20]の一定の定着を促すことができたのではないかと考察できる．この結論は職場の「ほめる文化」「称賛文化」を作るためのものに限ったことではないようにも思われるが，職場や組織に変化を求める際には外部からただ押しつけるだけではなく，しっかりとその変化の意義や必要性を従業員に理解・浸透させた後，ある程度は従業員たち自らが工夫できるような余白を残すこともまた重要なのではないかと考えられる．

　あるいは別の視点で，Fehr *et al.*（2017）が言及した諸人事施策の間の一貫

---

20)　組織の研究における「心理的オーナーシップ（psychological ownership）」とは，ある対象物があたかも「自分のもの（mine）」であるかのように感じる状態のことを指す（Pierce *et al.*, 2001; Pierce & Brown, 2020）．例えば，所属組織や勤務するオフィス環境に対して感じるオーナーシップの研究が行われている．Pierce & Brown（2020）が行った先行研究のレビューによれば，人は自分が愛着を感じる対象を守ろうとするなどの理由により，オーナーシップが強いほど仕事に対する責任感や仕事・組織に対する満足感が高まると考えられている一方で，対象物に固執したり，外部から課された変化に対して抵抗を示したりする行動にもつながるという正負両方の影響が生じるとされている．

性という観点からも，前述の結果について考察が可能と思われる．すなわち，特に C 社ではパーパスやバリューなどのいわゆる経営埋念の策定や，前述のような自律的な参加を促す施策と組み合わせて PRAISE CARD が導入されていた．このように PRAISE CARD の導入意図を従業員が「理念について自分たちで考えるため」または「理念に沿った行動を称賛するため」と解釈しやすい制度的背景があったために，従業員間で邪推や誤解が生じにくく，結果的に称賛の仕組みが浸透しやすかったのかもしれない．Fehr *et al.*（2017）は具体的にどのような施策間でこうした一貫性の効果が働くのかについてまでは言及していないため，以上はあくまでも理論的な解釈や推測にとどまるが，今後さらに検討の余地がある考察だと考えている．

第 9 章 | 称賛がチームワークと新人の適応に与える効果

第 8 章では PRAISE CARD という称賛を交わすことができるアプリケーションの利用データを用いて，職場で感謝や称賛を交わすことの効果について分析を行ってきた．分析の結果，第 7 章までに質問紙調査を主に使用して「感謝」に関して得られた結果と整合的な結果が，「称賛」に関しても，また客観的な活動データを用いても概ね得られた．そのため感謝や称賛には，職場におけるメンバー間の関係性を改善し，またはつなぎ直し，利他的なモチベーションや主体的な行動を喚起する，重要な役割があると考えられる．

しかし，称賛に備わる機能は果たしてこれだけなのだろうか．例えば第 3 章では感謝の「集合レベルの効果」，つまり職場内でメンバーどうしが感謝を介して強く結びつくことが，集団の一体感やインクルージョンの実現に役立つ可能性が見られた．これは，果たして PRAISE CARD のような客観的な活動データを用いて，また称賛のコミュニケーションにおいても再現されるのだろうか．もし結果が一定程度再現されたとすれば，感謝と同様に称賛にもまた，「（称賛した・された）自分のためになる」ことに加えて，「（称賛を交わし合った）職場のためになる」側面があると期待できるだろう．

この他にも第 4 章では，テレワークの積極的導入によって新入社員が幅広い相手と感謝を交わす機会が損なわれたという結果が得られ，実証研究にこそ至らなかったものの，それがテレワーク下のモチベーションを損ない，企業内での孤立につながることも懸念された．では，テレワークが積極的に導入される企業で PRAISE CARD を新入社員を対象に展開すれば，新入社員の対人関係形成が促されたり，何らかの新たな課題を可視化できたりするのだろうか．

本書では PRAISE CARD という客観的な称賛のやり取りを表す希少なデータを実証研究に使用することができたため，以上のような称賛にまつわる発展的な機能に関する探索的な分析と考察も試みる．まず 9.1 節では，第 3 章で扱ったような感謝の「集団レベルの効果」について，PRAISE CARD による称賛

のコミュニケーションを対象として分析を行う．PRAISE CARD を使用して頻繁に称賛を交わし，部署を単位として密につながることが，果たしてチームワークのよさなどと関連するのかを分析する．

　続く 9.2 節では視点を変えて，「新入社員の組織適応」をテーマに PRAISE CARD を用いた分析を行う．BIPROGY 株式会社では PRAISE CARD による称賛のやり取りが新入社員の組織適応を促す可能性を検討するために，同社の 2023 年度の新入社員を対象として研修期間中に PRAISE CARD が試験導入されていた．この PRAISE CARD のやり取りが新入社員どうしの対人関係構築に役立ち，適応を促す可能性があるのかについて探索的に分析を行う．ただし，PRAISE CARD 自体が新たな取り組みであるために，介入と分析の対象となった期間は新入社員研修を行った「入社後数カ月」というきわめて初期の期間に限られ，数年後の離職動向との関係などの長期にわたる観察はできていない．こうした限界はあるものの，称賛という概念と新人の組織適応というテーマを関連づけて行われた研究自体が珍しく，それゆえに萌芽的な研究として今後の展望を拓く重要な意味があると筆者は考えている．

9.1　称賛はチームワークのよさと関係するか

研究の方法

　第 3 章では質問紙調査を用いて「感謝される経験が多い人」が集まる職場ほど情緒的コミットメント（組織愛着）が高いこと，そしてその効果は性別ダイバーシティが高く多様な人が共に働く職場ほど顕著であることが分析結果から示された．この結果は感謝の研究で理論的に指摘される「集団のメンバーどうしが感謝を介して強く結びつくことの効果（感謝の集合レベルの効果）」の存在を示唆するものだった．

　では，こうした結果は客観的な行動データを用いても同じように見られるのだろうか．また，互いを強く結びつけるポジティブなコミュニケーションとは感謝でなければいけないのだろうか．本節では PRAISE CARD によって得られたデータを用いて以上の問いに答えるべく，参加した職場単位で「称賛を介して強く結びつく程度」ないし「称賛が多い職場」を定量的に定義し，アンケー

ト調査で得られた質問の回答結果との相関関係を分析する.

　まず，本節の分析にあたっては，データを集計するための「職場」の単位を定める必要がある.「はじめに」で述べた通り，本書では一貫して「責任・目標・方針を共有し，仕事を達成する中で実質的な相互作用を行っている課・部・支店」（中原, 2010, p. 10）を職場の定義として用いているが，これが本節で分析対象とする BIPROGY 株式会社において具体的にどのような単位（何という名称の組織のレベル）に相当するか，予め決めなければならない. そこで，前述の定義も念頭に置きつつ，対象企業の方々とも相談の上，日常的にコミュニケーションを取りながら働き，組織文化・風土などもある程度似通う単位として，仮に同社における「数名から十数名程度」から成る組織単位[1]を「職場」として定義する. 以降の分析ではこの「職場」の単位で称賛の送受信やアンケート調査に対する回答を集計し，分析を進めた.

　以上の「職場」の定義のもと，(1)PRAISE CARD の 2023 年 4 月と 5 月の 2 カ月分の送受信データ[2]と，(2)第 8 章でも用いたアンケート調査のデータをもとに，職場ごとに様々な得点を作成した. まず(1)と(2)のデータを統合した後，少なくとも一つの職場あたり複数人からデータが得られていないと「場」とは呼べないと考え，一つの職場あたり「1 人」のデータしか得られなかった職場は分析対象から除外した. その結果，データがどちらも揃い，条件を満たしたのは 63 人，19 個の職場から得られたデータだった. サンプルサイズが小さいため統計的に有意ないし安定した結果は得難いという点には留意しつつ，以降の分析を進めた.

　続いて，前述の(1)と(2)の順に作成した得点について述べる. まず，職場ごとの「称賛の多さ」を三つの方法で得点化した. 一つめが「同じ職場に所属するメンバーのカード送信（受信）枚数の職場平均値」である. これは「称賛が

---

1) 詳細は企業秘密に該当するリスクがあるため明示しないが，同社内で定義された特定の名称（一般的な例に照らせば「部」や「課」のような区分）を採用しており，それに沿って分析を進めた.
2) 年度替わりなどのタイミングをまたぐと，人事異動や組織改編の影響によるノイズが加わってしまう. そこで対象企業と相談の上，そうした影響が少ない 4・5 月のデータだけを分析に使用した.

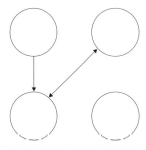

図 9.1　密度の計算に使用した架空の職場の例

丸がメンバー，矢印が称賛の授受を表しており，合計 3 件が送られていることを表す.

多い職場」の特徴を表す最もシンプルな得点であり，「称賛を多く送った人」や「称賛を多く受け取った人」が多くいる職場ほど，「称賛が多い職場」だと定義することができる[3]. しかし，この方法では称賛を送った相手の違いは考慮できないことが欠点である. 例えば 4 人のメンバーがいる職場があったとして，4 人どうしでは 1 件も称賛を交わしていないが，4 人がそれぞれに他の職場と称賛を多数送り合っていれば，その職場は「称賛が多い職場」だと言えてしまう. したがって，この方法だけで「称賛が多い職場」の特徴を表すには限界があると考えたため，次の二つめと三つめの得点も併用した.

　二つめの得点は，ネットワーク分析で使用される「密度（density）」と呼ばれる指標である. これは「メンバー間で潜在的に存在しうるつながりのうち，実際には何本が埋まっているか」をもとに計算される指標で，例えば図 9.1 の場合，4 人のメンバーで交わしうる潜在的なつながりは 3×2＝6 本に対して，実際に埋まっているつながりは 2 本だけである. それに加えて PRAISE CARD には指向性があり，「送る人」と「受け取る人」がいるため，つながりの向きも考慮する必要がある. この場合，潜在的には 6 本×2 方向＝12 本に対して，1 本×1 方向＋1 本×2 方向＝3 本が実際に埋まっているため，密度の値は 3÷12＝0.25 となる. このような計算方法ゆえに，最小値が 0（つながりがまったくない），最大値が 1（全員が互いにつながっている）を取る得点となる.

　そして三つめの得点が，二つめの密度の計算に「交わされた称賛の件数」を反映した得点である. 先ほどの計算方法ではあくまでもつながりの「有無」が論点になるために，例えば「A さんと B さんの間で 6 往復のやり取りがあっ

---

3)　職場を単位とした級内相関係数を算出したところ，合計送信枚数（ICC(1)＝.14, ICC(2)＝.34），合計受信枚数（ICC(1)＝.21, ICC(2)＝.46）ともに ICC(1) は基準を満たしていた. ICC(2) の値が基準を大きく下回っているが，これは職場一つあたりの人数が少ないことによる影響と考えられたため，ICC(1) の基準のみを参照し，合計送信枚数と合計受信枚数を職場ごとに平均することはある程度妥当だと解釈した.

た」場合と、「A さんと B さんの間で 1 往復のやり取りがあった」場合は、ど
ちらも同じ「1 往復」として扱われる。「称賛が多い職場」をつながりの「あり，
なし」で定義するならばこの計算方法にも妥当性があるが，文字通りつながり
が「多い」または「強い」ことを反映できない点が課題となる。そこで筆者は
三つめの得点として，交わされたカードの件数も併用して計算した密度の得点
も使用した。例えば，前段落の 4 人のメンバーの例で言えば，もし合計 6 件の
称賛が送られたならば，$6 \div 12 = 0.5$ を密度の値として採用した。ただし，分
子の値（職場内の合計送信数）が分母の値（メンバーどうしの潜在的なつながりの数）
を容易に上回るため，人数に比して非常に多くのやり取りを行った場合には値
が 1 を上回ることがある点に注意が必要となる[4]。

　以上の「称賛が多い職場」かどうかの得点との相関関係を分析する目的で，
第 8 章と同じく，2023 年 7 月に実施されたアンケート調査の質問項目から作
成された得点も用いた。ただし本節の分析は「職場の特徴どうしの相関関係」
の分析となるため，アンケートの質問項目の中でも，級内相関係数[5]の基準を
ある程度満たしたもののみを使用した。具体的には，(1)越境行動（1 問目：ICC
(1) = .14，ICC(2) = .34），(2)越境行動（2 問目：ICC(1) = .19，ICC(2) = .43），(3)チー
ムワーク（2 問目：ICC(1) = .07，ICC(2) = .19），(4)ワークエンゲイジメント
(ICC(1) = .24，ICC(2) = .50) の四つの得点ごとに職場単位で平均値を作成し，分
析に使用した。この際，第 8 章と同様にすべての質問項目はアンケート調査の
全回答者の平均値で中心化して分析に使用した。

分析結果

　分析対象とすることができたサンプルサイズ（63 人，19 個の職場）の小ささを
考慮して，PRAISE CARD の送受信データから計算された「称賛が多い職場」

---

4)　それゆえに本来は社会ネットワーク分析ではあまり推奨されない計算方法だと筆者は理解
　　している。例えば igraph パッケージに含まれる密度計算用の edge_density() 関数のヘル
　　プでは，人（ノード）間に複数のやり取りが考えられる条件（多重グラフ（multigraph））
　　の下での密度の概念は十分な定義がない（ill-defined）と警告されている。そのため本節
　　の分析はあくまでも探索的なものであることを付記する。
5)　詳細な説明は第 3 章注 7 および 3.3 節を参照。

を表す三つの得点と，アンケート調査から作成された四つの得点の相関分析のみを行った．これは小さいサンプルサイズでは重回帰分析など，比較的に高度な統計分析を適切に実施することが困難なためである[6]．

　PRAISE CARD の送受信データと，事後アンケート調査から得られた得点の相関係数を計算した結果が表 9.1 である．この分析は「職場」を単位に行ったものであるため，19 個の職場という限られた数に見られる相関関係である．そのため，相関係数が統計的に有意であることと，サンプルサイズが非常に小さいことから第 8 章までよりも厳しい基準を設け，相関係数が 0.4 程度である場合に「中程度の相関関係がある」と見なして，解釈を行った．

　まず，周辺的な結果から述べたい．職場ごとに送信枚数を平均した値，および受信枚数を平均した値は，それぞれ称賛の「密度（枚数考慮なし）」の得点とはあまり強い相関関係にはなかった．これは，BIPROGY 株式会社では部署を横断するプロジェクト型の業務も多く，したがって当時，PRAISE CARD が職場を超えたやり取りにも多く使用されていたことに由来すると考えられる．ただし，平均送信枚数と平均受信枚数，二つの密度の得点どうし，それぞれの相関係数は .80 前後と非常に大きかった．

　加えて，アンケート調査から得られた得点どうしの相関にも言及しておきたい．職場単位で平均したチームワーク（2 問目，以下同様）の得点は，同じく平均したワークエンゲイジメントとは相関係数が .43 と中程度の正の相関関係にあった．これはチームワークが良好だと回答する人が多い職場ほど，仕事に強くやりがいを感じている人も多いことを表している．一般にワークエンゲイジメントは対人関係の良好さに左右されるため（Bakker *et al.,* 2014; 向江, 2018），それと一貫した結果であることから，職場のチームワークの程度やワークエンゲイジメントをある程度適切に測定できていたと推測することができるだろう．

---

6)　ただし，こうした限界を踏まえつつも，(1)職場ごとのメンバー数の効果を統制した重回帰分析や，(2)第 3 章で用いたものと同様の HLM（階層線形モデリング）を使用したマルチレベル分析も補足分析として行った．その場合にも，平均送信枚数が多いほど（(1)より），また称賛の密度の得点（枚数考慮なし）が高いほど（(2)より），チームワークの得点が統計的に有意に高かった．サンプルサイズが小さいという限界はあるものの，本文の結果や考察はある程度頑健であり，分析手法に依存しにくいものと考えられる．

表 9.1　職場間の得点どうしの相関係数

	2	3	4	5	6	7	8
1　平均送信枚数	.82 ***	.13	.36	.26	.04	.34 †	− .01
2　平均受信枚数		.23	.54 *	.23	− .03	.17	− .08
3　密度（枚数考慮なし）			.83 ***	.05	− .26	.62 **	.06
4　密度（枚数考慮あり）				.14	− .11	.44 †	− .02
5　越境行動（1 問目）					.64 ***	.01	.23
6　越境行動（2 問目）						.04	.34
7　チームワーク（2 問目）							.43 *
8　ワークエンゲイジメント							

†$p<.10$, *$p<.05$, **$p<.01$, ***$p<.001$

　そして，本節の主目的である PRAISE CARD の送受信データとアンケート調査の得点の相関関係の解釈に進みたい．分析の結果，(1)平均送信枚数が多いほどチームワークの得点が高い傾向が見られた（$r=.34$, $p<.10$）．また，(2)密度が高いほどチームワークの得点も高い傾向が見られた（枚数を考慮しないと $r=.62$（$p<.01$），枚数を考慮すると $r=.44$（$p<.10$））．ここで使用したチームワーク（2問目）の得点は，「一緒に業務を進めるメンバー間で，困ったことがあったら互いに助け合っている」にあてはまる程度をたずね，それを職場単位で平均したものだった．したがって，職場内で称賛を多く交わしている（密度が高いことに対応），または称賛を多くするメンバーが集まっている職場ほど（送信枚数平均が多いことに対応），メンバーどうしの助け合いも円滑に行われている傾向があると言える．このことから，本節で検討を目指した「称賛の集団レベルの効果」は，特にチームワークとの関係に表れていたと言える．

　一方で，平均受信枚数はチームワークの得点と相関関係が見られなかった他，送受信ともに平均枚数と越境行動やワークエンゲイジメントの得点とは相関関係が見られなかった．このことから，「称賛の集団レベルの効果」はどのような要因に対しても影響が生じるものではなく，影響が生じやすい・生じにくい要因があると推測できる．

　なお，本節の分析で使用できたサンプルサイズは職場 19 個にとどまり，外れ値などの影響を受けて偏った相関係数が計算される可能性もある．そこで主な組み合わせに絞って，結果の散布図も作成した（図 9.2）．左が平均送信枚数とチームワーク，右が密度（枚数考慮なし）とチームワークの関係を示した散布

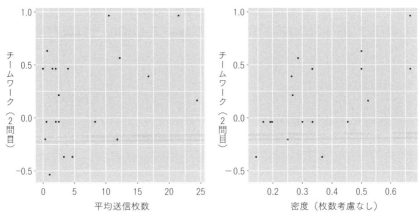

図 9.2　平均送信枚数，密度，チームワークの間の散布図

図である．図の一つ一つの点が，個々の職場に対応している．この図にも表れる通り，部署の密度とチームワークのほうが直線的な比例関係が強く，事実，表 9.1 の結果でも相関係数が相対的に大きかった（$r=.62$, $p<.01$）．ただし，それでもどちらも完全な直線的関係にはなく，密度が低くてもチームワークの得点が高い職場もあれば，逆の職場もあるという，緩やかな関係にとどまった．チームワークのよさは称賛の密度だけによって左右されるものではないために自明ではあるが，「称賛の効果」が無限ではないことを示唆しているとも言える．

考察：称賛は個人を超えて「集団」にも好影響を与えるか

　本節では「称賛の集団レベルの効果」，つまり「私が称賛を多くする・される」だけでなく，「称賛が多い職場」を作ることの意義を検討すべく，PRAISE CARD の送受信データを利用して分析を行った．第 2 章では，称賛と対になる「感謝」には対人的な絆を強める機能があり，したがって集団を強く結びつける「集団レベルの効果」が見られることが理論的に示唆されていた．また，第 3 章ではある企業における質問紙調査の結果から，やはり感謝にはこうした集団レベルの効果が見られた．本節ではこうした結果が「称賛」を用いて，かつ客観的な行動のログデータを使用しても得られるか検討することを目指した．

　2 カ月間という限られた期間の，また 19 個の職場という限られた職場間の傾向にとどまるが，「称賛が多い職場」を作ることの意義が垣間見える結果が得られた．具体的には，称賛を多く交わし合う職場ほど，チームワークの得点（職場内での助け合いの程度として測定）も高かった．この結果はあくまでも相関関係を示しているために，チームワークがよいことが原因となって「称賛が多い職場」ができ上がった可能性も，その逆の可能性も考えられる．ただし，筆者はこれに関して，双方向的な因果関係が背後にあると考えている．たしかにチームワークがよいほど，称賛などの業務上必ずしも必要ではないコミュニケーションも多く交わし，それゆえに職場内の称賛の密度得点などが向上することはありうる．しかし，それに加えて，前述の通り，称賛と対になり，多くの共通点を有する「感謝」に対人的な絆を強める機能があるとされることから，「称賛」にも類似の機能があり，したがって称賛がチームワークを向上させるという因果関係も十分に考えられると推測している．具体的な例を挙げると，仕事に一緒に取り組む上で，同じ職場に属する他のメンバーの貢献や優秀さを目にしたとする．こうした場合に，それを率直に称賛し合うことで，メンバーどうしが互いに対する敬意や配慮を示し，相互の信頼や絆を強め，対人関係を良好にすることができる．こうして互いに敬意や配慮を持ちながら働くことができる職場だからこそ，困った時に互いに助け合うことが容易になることを，前述の相関関係が一部表しているのかもしれない．

　そして，異なる観点からの考察として，「称賛が多い職場」を異なる三つの指標で表した際に，相関関係の結果がやや異なっていたことにも触れたい．本節の分析では，客観的な行動のログデータを用いるという特徴を活かして，(1)（相手を問わず）称賛を多く送受信する人がいること，(2)職場内で称賛によって結びついていること（密度），(3)密度に交わし合う称賛の件数（＝つながりの強さ）も反映したもの（枚数を考慮した密度），の三つの得点を計算し，それぞれとチームワークなどの得点の相関関係を分析した．その結果，チームワークの得点は(2)と強い正の相関関係が見られた．また，(1)と(3)も一定の正の相関関係が見られる傾向にあった．その理由を考える上で，改めて Fehr *et al.* (2017) による感謝の集団レベルの効果に関する議論に立ち返りたい．この研究では(1)〜(3)のような分類は明確に言及こそされていないものの[7]，感謝は

「対人的な絆を強める」ことが理由となって集団レベルの効果を発揮する，つまり「感謝が多い職場」で何らかのポジティブな成果が得られやすくなる可能性が論じられていた．感謝を扱うか称賛を扱うかという違いはあるものの，集団レベルの効果を発揮する前提が「職場内の対人的な絆」を強めることであるなら，職場外とのつながりの多さも反映されてしまう(1)の指標ではなく，職場内に対象者が限定される(2)の指標のほうが，チームワークのよさと相関していても不思議ではない．また，特定のメンバー間のやり取りの多さも反映しかねない(3)の指標よりも，多様なメンバーの間のつながりの有無に対応する(2)の指標のほうがチームワークのよさと相関していたことも，前述の理由で考察可能と思われる．

　したがって，本節の分析結果から言うならば，少なくとも「良質なチームワークを実現する」上では，「職場外」よりも「職場内」で，かつ同じ相手と何度も称賛を交わすよりは多くの相手とつながりを増やすことが，効果的なのではないかと考えられる．ただし，チームワークではなく他のチームの特徴（例えばパフォーマンス）とは，「称賛の多い職場」のまた別の特徴が強い相関関係を持つ可能性も残される．

9.2　称賛は新人の定着に役立つか

研究の目的

　本節では第 4 章の結果を受けて，「新入社員の定着」（オンボーディング[8]）というテーマで称賛のコミュニケーションの意義について分析を行う．コロナ禍における急激なテレワークの導入拡大を経て，2023 年時点でも，企業によってはテレワークが未だ積極的に活用されている．しかしテレワークの利用拡大は

---

7)　Fehr *et al.*（2017）は「企業」のような大きな単位の組織を想定して議論を行っており，加えて言えば感謝の行動よりも感情を優先的に想定していたように読み取れる．それゆえに本章で議論したような，感謝や称賛を交わす相手の違いや，それによって生まれるつながり方の違いは議論の俎上に載っていなかったのではないかと考えられる．

8)　新入社員の定着や組織適応をめぐるプロセスや施策のことを，幅広く「オンボーディング」と人事実務上呼ぶことがある（尾形, 2022）．学術研究の中では「組織適応」や「定着」などの名称が使われることが多い．

ワークライフバランスの向上などの利点がある一方で，特に新入社員の対人関係の範囲が狭まりがちになる他，新生活にうまく適応できないケースが増えるという問題も起きていると耳にすることがある．この問題に関連して，第 4 章では感謝のコミュニケーションのデータを用いて，全社規模のテレワーク導入によって，実際に対人関係が狭まった事実を示す結果が得られた．

　第 4 章ではこうした「問題を可視化する手段」として感謝のコミュニケーションから得られたデータを活用したが，感謝にはそれに加えて，人の主体性や利他性を引き出したり，対人関係を改善したりする，言わば「改善の手段」としての効果もあると考えられている．そして称賛も感謝と多くの点で類似する行為であるため（第 2・8 章を参照），同じような効果が得られる可能性は十分に考えられる．そのように仮定するならば，対人関係の範囲が狭まりがちなテレワーク下の新入社員に対して，PRAISE CARD を介した称賛のコミュニケーションを促すことで，第 4 章のように，(1)対人関係の広がり方（または狭まり方）を可視化できるとともに，「改善の手段」としての称賛の力を活かして，(2)対人関係の広がりやそれを通じた組織適応を促進することも期待できる，と予想する．

　このようなアイデアを踏まえて，2023 年時点でもテレワークが積極的に導入されていた BIPROGY 株式会社では，2023 年度に新入社員を対象に PRAISE CARD が試験導入された．こうした新入社員を中心とした運用のデータを分析することで，前述の(1)(2)の研究課題に対してどのような示唆が得られるか分析を行い，称賛という行為が，新入社員の定着において果たしうる役割について明らかにしたい．

研究の方法

　本節では，2023 年 4 月入社の BIPROGY 株式会社の新入社員を対象とした PRAISE CARD の利用データを分析に用いた．同社の新入社員は，2023 年当時は概ね「技術系」と「営業系」の二つの職種区分に大別されており（後者の中には「企画系」も含まれる），新入社員研修は職種をまたいだ集合研修と，職種内の研修（例えばプログラミング学習）などを組み合わせて行われていた．

　本節で分析に使用したデータには，新入社員と，新人研修や PRAISE CARD

の運営スタッフの一部から得られた，合計 148 人分，2067 件のやり取りのデータが含まれていた．カードは合計 30 種類あり，最も送受信が少なかったカードでも 19 回利用されていた．カードの内容は第 8 章の全社員を対象としたものとほぼ同様で，1 種類だけが新たに追加されていたが，いずれも相手の特定の特徴を称賛するか，感謝を表すか，挨拶を表すものだった．分析対象とした利用期間は 2023 年 5 月 1 日から 6 月 30 日までのおよそ 2 カ月間だった．新人社員はこの期間に新入社員研修を受講しており，まだ職場に正式には配属されていない期間だった．概して，若手社員の定着や組織適応に関する研究では「入社後数年」ほどの期間を対象に分析が行われることが多いため（尾形, 2020），本節の分析対象はこうした新人の定着をめぐるプロセスの中でもごく初期の段階であることに注意が必要である．

　加えて，第 8 章の分析と同様に，BIPROGY 株式会社内の PRAISE CARD 運営チームによって新入社員を対象に実施されたアンケート調査の結果の一部も分析に使用した（回答数 46 件，回収率約 31%）．このアンケート調査は 2023 年 6 月末から 7 月上旬にかけて実施され，研修中のコミュニケーションや PRAISE CARD の利用の所感をたずねるものだった．筆者は PRAISE CARD の運営チームから許諾を得て，個人情報を除外したデータを受領し，PRAISE CARD の送受信データと組み合わせて分析に用いた．アンケート調査には，(1)第 8 章で言及した質問項目を一部新入社員用に変更したものの他，(2)PRAISE CARD の利用前と利用後で感じた主観的な変化（例えば「同期とのつながりが広がった」）に関する質問も含まれていた．ここではすべての質問・選択肢を網羅的に紹介することはせず，以降の分析結果の紹介の中で，順次必要なものについて詳細を述べる．

　最後に，本節の分析の流れを述べる．本節の目的は，新入社員の組織適応の様子を可視化すること，ならびに称賛を促す仕組みによって新入社員の組織適応を促す可能性を定量的に検討することにある．そこで本節では次の三つの分析を行った．

　第一に，時間とともに称賛の頻度や対人関係が変化する様子を可視化するために，データ取得開始から 15 日ごとにデータを分割し，期間を経るにつれて称賛の頻度が変化したか，そして称賛から成る対人関係がどのように変化した

かを分析する．この際，第 8 章で使用したような対人ネットワークの変化の可視化も試みる．

　第二に，描画した対人ネットワークの図に「新入社員の職種」の情報を追加し，職種内のコミュニケーションの変化や，職種をまたいだつながりの有無と変化を可視化する．このことでネットワークが充実していく様子や実態をより明確につかむとともに，称賛というコミュニケーションがどのように広がるか，あるいは広がりにくいかといったことを一層深く理解することを目指す．

　第三に，実施されたアンケート調査の記述統計量や，PRAISE CARD の利用データとの相関関係を分析する．この分析を通じて，意識的に称賛を交わすことを促す仕組みを，新入社員を対象に導入することが，組織適応，特に新たな・幅の広い対人関係の形成に対してどのような影響を与えうるのかについて示唆を得ることを目指す．

分析結果 1：カード送受信の様子の可視化

　まず，期間内に送信されたカードの枚数を導入開始からの経過日数ごとに集計した結果が図 9.3 である．この図に表れるように，導入当初（5 月初旬）は利用が低調だったものの，導入開始後 40 日頃（6 月中旬）に利用が急増し，それ以降は安定して利用が続けられていた．なお，営業系職種の新入社員と技術系職種の新入社員で分割して同様のグラフも作成したが，傾向は概ね似通っていたために，グラフの掲載は割愛した．

　続いて，(1)導入開始から 15 日目まで，(2)16 日目から 30 日目まで，(3)31 日目から 45 日目まで，(4)46 日目から 60 日目まで，の 15 日ごとにカード授受のデータを分割し，期間ごとに対人ネットワークを描画した（図 9.4）．この図を定性的に考察すると，以下のようなことが言える．

　まず，(1)と(2)の導入開始後 30 日目までは，比較的「疎」なネットワークの構造となっている．つながりの本数も視認しやすく，また新入社員が特定のクラスタを形成する傾向もあまり見られなかった．言い換えるならば，特定のコミュニティが形成されてその中で「グループ」としてコミュニケーションが取られるというよりは，「友人どうし」のような個人対個人のやり取りの中で多くのコミュニケーションが取られていたと考えられる．

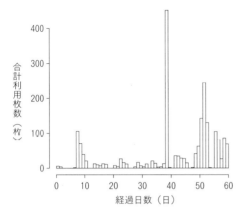

図 9.3　新入社員を対象とした利用枚数の推移
横軸はデータ開始日（5 月 1 日）からの経過日数，縦軸は
当該日にやり取りされたカードの合計枚数を指している．

対して(3)と(4)の PRAISE CARD の利用時期の後半には，特定のクラスタが形成される傾向が見られ始めた．その理由の一端は，自然に増加したものというよりは，PRAISE CARD の運営チームがスケジューラを使用して毎日 17:00 にリマインドを行うようになったことも影響したと思われる．ただし，そのリマインドはあくまでも表層的な介入にとどめられており，誰に送るか，何枚送るかといったことまで指定はしていない他，自動通知を使用したものだったため，さほど強い影響はなかったかもしれない．

なお，特に(4)の 46 〜 60 日目までの利用データでは，図の上段のクラスタと，下段のクラスタに利用者が分断されている．しかし両者が完全に分断されることはなく，両者を仲介する数人〜 10 人程度を軸に，緩やかにクラスタどうしがつながっている傾向が見られた．したがって，新入社員研修が進むにつれて，当初は希薄だった新入社員どうしの対人関係が次第に密になり，新入社員どうしのコミュニティが作られ，最終的には「二つのコミュニティ」が形成されていく様子が可視化されたと言える．

ただし，この結果はあくまでも PRAISE CARD という一つのツールを使用して得られたものであるため，実際の対人関係を完全に可視化できているとは限らない．したがって，例えば図の(1)(2)で新入社員どうしのつながりが希薄だったことは，本当に対人関係が希薄だったことを表している可能性もあるが，単に PRAISE CARD の利用に慣れておらず，それゆえに対人関係の実態をうまく反映できていなかっただけの可能性もある．特定の手段に依拠して可視化を行う以上は避けられない問題ではあるが，こうした点にも留意して慎重に解釈を行う必要がある[9]．

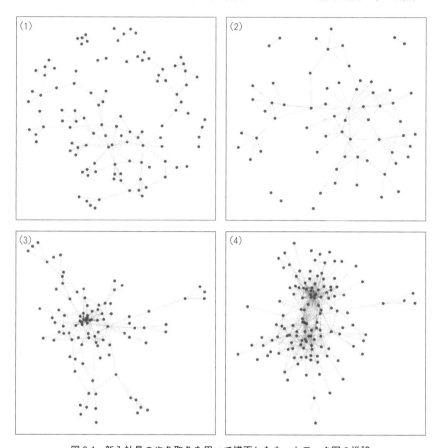

図 9.4　新入社員のやり取りを用いて描画したネットワーク図の推移

(1)導入開始から 15 日目まで，(2)16 日目から 30 日目まで，(3)31 日目から 45 日目まで，(4)46 日目から 60 日目までのやり取りに対応（図 9.5 も同様）．

---

9)　PRAISE CARD を使用する以外にも，例えば業務上のメールやチャットのやり取りを使用して対人ネットワークを可視化する方法なども考えられる．しかしそれでも本文と同様の問題は生じてしまい，対人ネットワークすべてを表すのではなく，あくまでも「メールやチャットをやり取りする間柄」しか可視化できないことには変わりはない（業務上のチャットのやり取りをしない，例えば対面で励まし合うような対人関係は反映されない）．客観的な行動履歴のデータを用いて研究を行う場合は，こうした限界にも留意する必要があると考えられる．

分析結果 2：職種による区分を追加した可視化

続いて，前項の対人ネットワークを表す図 9.4 に「職種の違い」の要素を導入して可視化した結果が，図 9.5 である[10]．この図では，新入社員を「四角」で，その他の社員を「丸」で表した他，それぞれに色をつけて職種を区別した．この図を見ると，BIPROGY 株式会社の新入社員のコミュニティがどのように次第に形成されていったかが，前項よりも具体的に可視化されている．

まず上段の(1)導入開始後 15 日目までと，(2)16 日目から 30 日目までのネットワーク図を見ると，ここでは職種による違いはさほど見られず，あくまでも個々人を中心として「疎」なネットワークが形成されていることがわかる．したがって，4 月の新人研修開始から概ね 2 カ月後（5 月の導入開始から 1 カ月間）には，新入社員の間には明確なコミュニティがなく，たまたま研修で一緒になった相手や，個人的に仲がよい相手との間につながりを持つ程度の緩やかな対人関係が築かれていたと考えられる．そして，この時には職種によるクラスタはせいぜい数人単位のもので，違う職種の相手との称賛のコミュニケーションも散発的ながら行われていた．

一方で，導入開始から 31 日以降を表す下段では様相が異なっている．(3)31 日目から 45 日目までの様子を表す図では，営業系・企画系の新入社員の利用は停滞していたものの，技術系の新入社員が中核でクラスタを形成する様子が垣間見える．この傾向は(4)46 日目から 60 日目までの様子を表す図で一層顕著になり，営業系・企画系の新入社員によるクラスタと，技術系の新入社員によるクラスタに明確に二分されている．ただし，あくまでも各クラスタ内でのコミュニケーションが主だというだけで，二つのクラスタが完全に分断されていることはなかった．両者の間に位置し，双方と称賛のコミュニケーションを交わす人も複数見られた．また，素朴に考えると，そうした仲介役を果たすのは研修スタッフのように思われるが，研修スタッフ（図中の灰色の丸）だけが必ずしも二つのクラスタをつないでいるとは限らず，新入社員（図中の四角）の中でも両クラスタの橋渡しをする位置にいる社員も見られた．

---

10)　R の igraph パッケージの plot.igraph() 関数を使用して機械的に人（ノード）の配置を行ったため，元データは同じものだが，前掲の図 9.4 とレイアウトのみが変わっている．

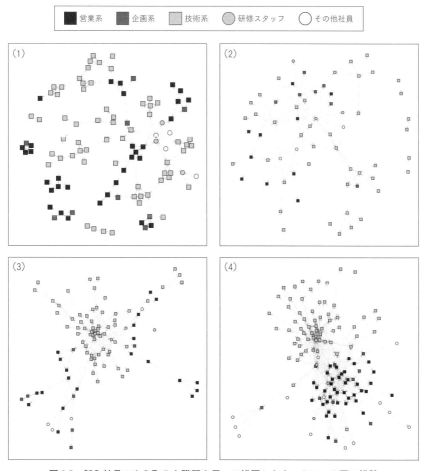

図 9.5　新入社員のやり取りと職種を用いて描画したネットワーク図の推移

　以上のことから，BIPROGY 株式会社における 2023 年度の新入社員が，研修を経て，次第に同じ職種内で密にコミュニケーションを取る対人関係が形成されていくように変化する様子を可視化できた．ただし，それぞれの職種は完全に分断されることはなく，入社してから 3 カ月と間もない段階でも，職種横断的なコミュニケーションを取って橋渡し役となる新入社員もいくらか見られた．このような，職種によるまとまりと，両者の緩やかなつながりの形成が同

社の当時の様子だったと言える[11].

　これらの結果には，新入社員の組織適応の様子を視覚的に把握できる利点以外に，実践的にも学術的にも，それぞれいくつかの意義があると考えている.

　まず実践的な意義としては，対人関係ないしコミュニティが形成されていく様子を深く理解し，またそれに対して影響を与えたと考えられる要因の推測を重ねることで，新入社員の定着を促す施策の改善につなげることができるだろう. 例えば，前述の結果をもとに「緩やかなつながりはあるとは言え，職種ごとにクラスタが分断されることが課題だ」と捉えるなら，職種を超えるようなコミュニケーションや協働の機会を一層早期から導入することも重要になるだろう. あるいは，別の例として，PRAISE CARD の導入開始後 45 日頃，つまり 6 月までコミュニティ形成が行われにくい，または称賛の文化が根づきにくいことを課題と捉えるなら，より早い段階で同期間のつながりを強めるようなイベントや介入，「称賛する」ことに対する心理的な抵抗感を減らすような取り組みを行うことなどが有用かもしれない. これらはいずれも例にとどまる他，「課題」として挙げた点は，企業によっては本質的な課題とはならない可能性もある（例えば，職種ごとにクラスタ化することは，専門意識の強まりという点では望ましい現象だと言えるかもしれない）. しかし，「ほめ合える関係性」そのものは，いざという時の助け合いを促すなどの重要な可能性を秘めていると考えられることから（第 2・8 章参照），こうした関係性を可視化することで，新入社員の適応に役立つ対人関係の要所を捉えることに役立つと筆者は考えている.

　次に学術的な意義としては，新入社員の定着や組織適応を動的なプロセスと捉え，その変化を子細に分析できるようになることが挙げられる. 新入社員の定着や組織適応を扱う研究に限らず，組織を対象として社会心理学的な観点から行われる研究の多くは，質問紙調査を使用した横断的な（1 回の調査だけでデータを取得しきる）研究である. こうした横断的な研究は，本節で行ったような

---

11)　ただし，前項で述べたように「PRAISE CARD による称賛の文化の浸透過程」を指しているという解釈も可能と考えられる. すなわち，こうした職種によるまとまりと緩やかな職種間のつながりは，例えば 4 月当初から存在していたが，そうした既存のコミュニティを適切に反映できるほど積極的に称賛が行われる（または PRAISE CARD というサービスが利用される）ようになるまでに 1 カ月強の時間を要したという解釈もできる.

対人関係が時間とともにどのように変化するかといった動的なプロセスを扱うことにはあまり長けていない．これに対して図9.5のような分析では，コミュニティが次第に形成され，まとまりを持つようになっていく過程を追うことができ，またそれを視覚的に示すことができる点が大きな意義ないし利点であると筆者は考えている．この先にありうる研究や分析として，例えばどのような個人特性や行動習慣（例えば，外向的な性格かどうか，主体的に学習を行うことができるかなど）を持つ人が，他者に積極的に称賛を送り，その結果として次第にコミュニティの中核を担うようになり，最終的に組織に適応し活躍するようになるといった，時系列を考慮した定着や適応の分析も可能かもしれない．必ずしも「称賛の研究ならでは」の示唆ではないが，称賛というポジティブな対人関係構築だからこそ，意義あるつながりを抽出しやすいものと推測される．

　以上の実践的・学術的示唆はいずれも組織や職場の全体傾向に関する分析であり，いわば「個人の診断」ではなく，「組織の診断」として成り立っているため，利用者個々人にとってのリスクは相対的に小さいものと思われる．しかしその場合にも，研究者にとってはすでに各章で述べたようなプライバシーなどに対する配慮が求められる．また，分析結果を利用する企業にとっても，従業員を特定するなどのリスクを与える目的ではなく，個人の尊重と活躍の促進や，全員にとってよりよい組織づくりを目指すためのポジティブな目的で利用することが求められる他，そうした意図が適切に従業員に伝わるように十分なコミュニケーションを取ることが欠かせないだろう．

分析結果3：アンケート調査とカード送受信の関係

　最後に，カード送受信のデータと新入社員対象のアンケート調査のデータを併用して，称賛を交わすことが新入社員の定着や組織適応に果たす意義・役割を検討する．

　まず，最も単純な分析として，新入社員自身がPRAISE CARDを通じて称賛を交わす経験から何を得たと感じたのかについて，回答結果を集計した（表9.2）．この表のもととなった質問は，参加者に対して，利用開始前と開始後の自分自身にあてはまると思う変化をいくつでも選んでもらうものだった（この他に「変化はなかった」「その他」の選択肢があった）．この際，「同期との関係につ

表 9.2　アンケート調査において見られた回答者の変化

選択割合	選択肢
65%	「感謝や称賛を伝えるようになった」
59%	「同期とのコミュニケーションが活発化した」
39%	「感謝や称賛を伝え合うようになった」
35%	「同期との繋がりが広がった」
28%	「周囲の人のいい所に目が行くようになった」
15%	「自分の行動に自信が持てるようになった」
9%	「自分の強みに気づけた」

いて」または「自身の考え方や行動について」たずねる独立した二つの設問に分かれていたが，簡略化のために一つの表にまとめ，回答者 46 人の中で，当該選択肢を選んだ人の割合を示した．

　上位に挙がった選択肢のうち「感謝や称賛を伝えるようになった」「感謝や称賛を伝え合うようになった」[12)] は，PRAISE CARD が称賛を促す介入である以上やや自明な結果だが，介入が適切に機能していたことを示唆するとも言える．それに加えて，回答者の 59% は「同期とのコミュニケーションが活発化した」，35% は「同期との繋がりが広がった」と回答しており，PRAISE CARD ないし称賛を促す介入は新入社員に対して，特に対人関係の構築や改善の効果をもたらしやすかったものと考えられる．

　第 8 章や 9.1 節の分析でも，称賛は対人関係に関する要因と正の相関関係が見られており（第 8 章および 9.1 節ではチームワークと相関），この点は整合的といえる．しかし第 8 章では称賛の程度は，援助行動（利他性）や越境行動（主体性）といった行動の特徴や，称賛の得点化の方法によっては組織愛着との間にも正の相関関係が見られた．さらには「称賛」だけでなく「感謝」にまで広げると，第 6 章では自身の社会的影響力の知覚など，一層幅広い要因との間に正の相関関係が見られた．これらと比べると，本節に見られた「称賛の効果」は限定的だと言える．

　こうした違いが見られた主な理由は，本節が研修期間中の新入社員を分析対

---

12)　前者は「自身の考え方や行動について」，後者は「同期との関係について」たずねる設問に含まれる選択肢だった．両者の回答を統合して示したため，似た選択肢が複数存在したかのようになっている．

表 9.3　合計送受信枚数とアンケート調査の回答の相関係数

	合計送信枚数	合計受信枚数
同僚や講師との交流を積極的に行い，知り合いを増やす	.38 **	.40 **
業務（研修）をよりよくするために，同僚や講師に対して積極的に相談を持ちかける	.30 *	.28 †
業務（研修）の役に立つ情報を得るために，同僚や講師との接点を増やす	.30 *	.23
意欲的に仕事（研修）に取り組んでいる	−.27 †	−.37 *
自分の行動が，企業理念や行動規範，大事にしている価値観等に沿っているか，考えることがある	−.28 †	−.15

†*p*<.10，**p*<.05，***p*<.01．1 ～ 3 項目めは「まったくない」から「とてもよくある」までの 5 件法，4 項目めは「まったくあてはまらない」から「とてもあてはまる」までの 7 件法，5 項目めは「あてはまらない」から「あてはまる」までの 5 件法で回答を求めた．

象としたことにあると考えられる．まだ現場で実務に取り組んでいない点で，新入社員には仕事について内省を深め，自信につなげるような原体験や成功体験が不足している．そのため，誰かを称賛する，あるいは誰かから称賛されたとしても，それらは往々にして表層的なものになりやすく，したがって広範な効果までは発揮しづらかったのではないかと考えられる．しかし，逆に言えば，そうした限界があるにもかかわらず対人関係の広がりやコミュニケーションの活性化には有用だったと感じる回答者が多かったことから，称賛（またはそれを促すツール）の対人関係構築の機能がとても強いことを示唆する結果でもあるのかもしれない．

　では，新入社員間の相対比較ではどのような傾向が見られるだろうか．つまり，PRAISE CARD を積極的に利用していた人ほど，何らかの質問にポジティブに回答しやすいといった相関関係は見られたのだろうか．アンケート調査の中には，主体的行動の頻度や，チームワーク，ワークエンゲイジメントなどに関する幅広いオリジナルの質問も含まれていたが，表 9.3 にカード送受信との相関係数が統計的に有意または有意傾向だった質問項目の一部を抜粋した[13]．

　この表を概観すると，PRAISE CARD を介して称賛を多く送受信していた人ほど[14]，同僚や講師と積極的に交流し，知り合いを増やしていた他，称賛を多く送信していた人ほど同僚や講師に積極的に相談を持ちかけ，また接点を

13)　この他にも，組織愛着に関する質問項目とも負の相関関係が見られた．その理由については，ワークエンゲイジメントに関する質問項目と負の相関関係が見られたことに対する後述の考察と同じなのではないかと考えられる．

増やしており，対人関係の構築に積極的な傾向が見られた．以上のことから，対人関係に積極的な新入社員が称賛にも多く関わる，または称賛を多く交わす新入社員ほど対人関係にも積極的になるといった，いずれかの因果関係があるものと推測できる．こうして対人関係の構築や積極性を促し，「いざという時に助け合える対人関係の土台を作る」ことができるならば，称賛のコミュニケーションを促す取り組みは新入社員の組織適応上も有用と考えられる．

　一方で，称賛を多く受信していることと，「意欲的に仕事（研修）に取り組んでいる」といったワークエンゲイジメントに関する質問項目との間には負の相関が見られた．このことは第 8 章までの分析結果や，感謝と称賛に関する理論的示唆とも矛盾する結果のようにも思われる．しかしこの結果を解釈するにあたっては，回答者が入社 3 カ月以内の新入社員であったことに留意する必要があると筆者は考えている．ワークエンゲイジメントはたしかに働く人にとって重要だが，しかし，長い組織生活を通じて様々な体験をし，それをもとに自身の職業人生や会社との関係について内省を繰り返す中で少しずつ培われるものでもある．一方で，この調査の回答者は入社から間もなく，しかも研修期間中の新入社員であるために，そうした職業生活に関する体験や内省の機会も材料も十分でない．そのように考えると，経験が不足している新入社員に対して称賛「だけ」を促すという手法に限界があったと解釈することもできる．

　以上のように考えるならば，新入社員に対する称賛を使用した介入は，介入とともに，何らかの業務に関する成功体験や内省と組み合わせることにより，一層の効果を発揮しうるのかもしれない．事実，多様な年代の働く人を対象とした質問紙調査の分析（第 5 章）では，称賛を交わす経験はワークエンゲイジメントなどと統計的に有意な正の相関関係にあった．このことから，後者（一般社会人）にあって前者（新入社員）にはない特徴としての経験や内省を補うことで，称賛を用いた介入の効果が高められる可能性がある．

　ただし，以上の議論とは別に，そもそも入社後数カ月の新入社員にとって

---

14)　第 8 章で使用した「媒介中心性」「媒介中心性の対数」の二つの得点を用いた相関係数の分析も行ったが，結果の大勢は変わらなかった．新入社員のコミュニティは構成メンバーが限られており，「多様な相手と称賛を交わす」という媒介中心性の含意が適切に数値化されにくかったものと考えられる．

「仕事」という言葉が何を意味していたのか，そしてその解釈は妥当だったのか，ということにも留意すべきと筆者は考えている．本来「仕事」とはタスク遂行に集中することだけでなく，インフォーマルなコミュニケーション（例えば，懇親会での会話や，日々の何気ない会話）などの言わば「余白」も含まれてもおかしくない．さらに言えば，そうした「職場の何気ない会話」や「職場の対人関係を維持するちょっとした工夫」もまた，職務のパフォーマンス維持には欠かせないだろう．事実，ワークエンゲイジメントはそうした日々の対人関係の良好さや仕事の自律性などと相関することも知られている（例えば，Bakker *et al.*, 2014）他，リーダーシップの研究ではリーダーに求められる行動的特徴として，(1)効率的な職務遂行を支える「構造作り」と同時に，(2)人間関係の維持に関する「配慮」も含まれる（例えば，服部, 2020）など，「余白」の作り方や過ごし方を重視する知見は多い．しかし，研修期間中の新入社員にはまだそうした考え方がなく，「意欲的に仕事に取り組めているか」という質問が「与えられたタスクの遂行『だけ』に真剣に取り組めているか」という文意だと解釈された可能性もあると考えている．もしそうであれば，仕事中に「余白」のコミュニケーションに取り組んでいる人は「意欲的」ではないだろうし，前述の相関関係にも納得が行く．仮にこの解釈が妥当なら，質問項目のほうに改善の余地があり，第8章までの結果も踏まえると「称賛を受けるとワークエンゲイジメントが下がってしまう」と断じることはかえって危険だと筆者は考えている．

考察：称賛は新人の定着にどう役立ち，どこに限界があるか

　最後に，本節で得られた結果を端的にまとめ，本節のタイトルである「称賛は新人の定着に役立つか」という問いに対する筆者なりの結論を述べたい．

　結論から言えば，称賛のコミュニケーションを促すような介入は，対人関係構築やコミュニティの形成には役立ちうると考察する．この考察のもととなる結果には，まず前述の分析結果3で対人関係構築に関する設問と称賛頻度の間に正の相関が見られたことがある．加えて，分析結果1・2では職種によるクラスタが次第に形成されていく過程を可視化することができた．あくまでも単一企業の事例から得られた結果にすぎないという限界はあるが，分析結果3のような対人関係構築の影響が，ネットワーク図にも表れた可能性もあると考え

ている．さらに言えば，プライバシーに留意するなど，データ利用上の各種懸念を克服する必要こそあるものの，ネットワーク図に表れる対人関係を通じて現状の対人関係の限界を把握し，それを克服するための施策改善を図ることができるという実践的な利点もあると考えている．

　ただし，新入社員を対象とした称賛の介入にはいくつかの限界があることも事実である．まず，分析結果2で職種によってクラスタが明確に形成されていたように，称賛だけでは職種を越えるような越境的な相互作用を促すことは困難だと考えられる．他者の優秀さを目にする，または他者から助けられるなどのきっかけとなる経験があってこそ，初めて称賛は生じうるため，称賛だけによって日常のコミュニケーション範囲を越えたコミュニティ形成を促すことは困難なのではないかと考察できる．加えて言えば，分析結果3に表れていたように，十分な経験や内省の機会がない中で称賛「だけ」を受けることは，場合によってワークエンゲイジメントなどの仕事のやりがいの向上とは負の相関が見られることすらあった．そもそも入社後3カ月ほどの新入社員にこうした特徴を求めるかという議論はあって然るべきで，例えば新入社員の組織適応を扱った先行研究のいくつかは，入社後数年を経た若手社員を対象に研究を行っている（尾形, 2020）．特に同期間の充実した対人関係がその後の職業人生の中で，困った時に助け合う，情報を融通し合う，精神的な支えとなるなどの可能性は先行研究でも指摘されていることから（例えば，中原, 2014），称賛のコミュニケーションの頻度が何らかの理由で短期的にワークエンゲイジメントと負の相関関係を持っていたとしても，1年から数年後に同様の相関が見られるとは言えず，また第8章までの結果からもそれは考え難い．ただし，称賛「だけ」で新入社員のあらゆる組織適応を促すことはできず，称賛はあくまでも，そのもととなるような充実した経験や学びの機会，内省などの効果を強める機能が本質であることには注意が必要と考えられる．

9.3　称賛のさらなる活用の可能性

　本書では PRAISE CARD を用いた称賛のコミュニケーションのデータをもとにして，称賛の効果について多面的に分析を進めた．第8章では称賛の基

本的な効果に注目して，称賛のやり取りが主体性・利他性・対人関係の改善につながることを示唆する結果について議論した他，PRAISE CARD の浸透のプロセスを分析することで，どうすれば称賛の文化を組織に根づかせることができるのかについても手がかりを得た．

　こうした結果を踏まえて本章では，第3・4章で見られた「感謝」の応用的な意義も踏まえつつ，「称賛」についても同様の応用的な意義の有無を検討した．本節では，得られた結果をまとめつつ，一連の分析を通じた考察と結論を述べる．それらを通じて，称賛のコミュニケーションがチームワーク作りや新入社員の定着といった，応用的な問題にも活きる可能性を論じたい．

感謝と同様に「称賛を多く交わす職場」を作ることに意義がある

　第2章の文献レビューや第3章の調査結果では，感謝には「私が感謝する・される」ことが当事者にとってポジティブな効果を持つだけでなく，「感謝を多く交わす職場」を作ることが職場全体にとってポジティブな効果を持つ可能性についても論じてきた．本書では前者を感謝の「個人レベルの効果」，後者を感謝の「集団レベルの効果」と区別して，両方のレベルの効果について議論を進めてきた．個人レベルの効果だけでは，極端に言えば「感謝されると嬉しい」という自明なことを複雑に論じているだけとも捉えられかねない．一方で，もし感謝に集団レベルの効果もあるならば，そうした自明な結論を超えた，職場における感謝の新たな意義を示すことにもつながると筆者は考えた．

　では，こうした効果は「感謝」だけでなく，感謝と多くの共通点を持つ「称賛」にも見られるのだろうか．先行研究からはこの問いに対する答えが得られなかったため，本章で独自に PRAISE CARD の利用データを用いて検討を行った．具体的には，(1)称賛を多く送る・受ける人が集まる職場であること，(2)職場内で互いに多くの称賛を交わす職場であること，の二つの特徴によって「称賛が多い職場」を定義し，単に「私が多く称賛する・される」ことを超えた，職場全体に対する効果の分析を行った．

　分析の結果，分析対象の職場の数が少ないことや，因果関係を特定できない分析枠組みだったという限界こそあるものの，(1)(2)のような「称賛が多い職場」ほど，職場内の助け合いの多さとして定義したチームワークの得点（職場

平均値，以下同様）が高い傾向が見られた．厳密に言えば，（2）の特徴のうち特に同じ組み合わせのメンバーどうしでのやり取りの件数（つながりの多さや強さ）を考慮しない場合にチームワークの得点との相関関係が強かった．このことから，単に称賛を多く経験するメンバーが集まるだけでなく，称賛を介して「職場のメンバーどうし」が，特定の相手とつながりを強めるというよりはより多くのメンバーとつながる形でポジティブなコミュニケーションを交わすことが，円滑に助け合える職場作りにより有効なものと考えられる．

　では，なぜ称賛をメンバーどうしで交わすことが，職場内の助け合いを促しうるのだろうか．その理由については，第 2 章でも言及した Fehr *et al.*（2017）の議論が参考になる．「感謝」が集団レベルの効果を持つ可能性を論じた Fehr *et al.*（2017）は，感謝には対人的な絆を強め，また利他的モチベーションを促す機能があることに注目し，それらが集団内の円滑な協力関係や信頼関係を促す基盤，いわゆる「（社会）関係資本[15]」として機能するのではないかとしている．そしてこうした（高頻度の感謝などに根ざした）強い信頼関係がある職場ほど，逆境に対して柔軟に立ち向かう「レジリエンス」が高まり，いわゆる組織力も向上するのではないかと理論的に推測している．筆者はこれと同様のメカニズムが「称賛」のコミュニケーションにもあてはまるものと考えている．すなわち，職場のメンバーどうしが互いに称賛を交わし，敬意を払えている状態になることが強い信頼関係を生み，それが助け合いや支え合いにつながるのではないか．逆に言えば，互いのことを称賛していない，あるいは称賛を表すことができていない職場では，自分が誰かを助けたとしてもそれを他のメンバーから評価・承認してもらえるかが定かでないために，あえて主体的な援助や行動は起こしにくくなるのではないかと考えられる．

---

15)　「（社会）関係資本」は対人関係の中にある「資本」と定義されるが，先行研究では様々な定義がなされており（Adler & Kwon, 2002; 服部他, 2022），明確な単一の定義がない概念でもある．例えば，服部他（2022）によれば，集団内の信頼や互恵的な関係，つながりの量・質などの広範な内容が含まれるとされる．Fehr *et al.*（2017）はおそらく類似の概念を指して「関係資本（relational capital）」という名称で議論に組み込んでおり，感謝を多く交わす間柄が集団内にでき上がることが，その後の集団内の円滑な協力の基盤となる可能性を論じている．

称賛は新入社員の対人関係作りや定着にも役立つ可能性がある

本章のもう一つの目的は，称賛が新入社員の定着・組織適応にも役立つかどうかを検討することだった．第 4 章では「感謝」のコミュニケーションに関するデータを用いて全社規模のテレワーク導入後の組織に起きた変化を可視化することを試みたが，本章では対象を新入社員に限定し，可視化に加えて，新入社員の定着を促す介入策としての効果も見据えて，分析を行った．

BIPROGY 株式会社の新入社員の入社 1 カ月後から約 2 カ月間を対象とした分析の結果，(1)新入社員たちが研修の進捗とともに次第に「職種」という分類でコミュニティを形成していく様子を可視化することができた他，(2)PRAISE CARD を通じた称賛のコミュニケーションの経験が特に対人関係の広がりや円滑さに寄与することを示唆する結果が得られた．(2)は具体的には，アンケート調査の回答者に主観的に「対人関係が広がった」と感じた（回答した）人が多かったことに加えて，PRAISE CARD を介して称賛を送受信（特に送信）する頻度が高い人ほど，対人関係において積極的な行動を取りやすかった．

まず(1)の可視化の分析結果については，第 4 章と同様に，感謝や称賛といったポジティブなコミュニケーションのデータから対人関係を可視化することそのものの意義を示す結果だったと考えている．心理学の観点から若手社員の定着や組織適応を扱う研究には，アンケート調査などを使用して，ある一時点での定着や適応の状態をたずねるものも多い．アンケート調査は容易に実施しやすいという大きなメリットがある一方で，定着がどのようなプロセスで進むか，そのプロセスにどのような要因が影響するかといった，ダイナミックな変化を追うことが難しいというデメリットがある．これに対して，本章で使用したような客観的な行動のログデータを分析に使用すると，プロセスを描き出すことが容易である点は大きな利点と考えられる．称賛のコミュニケーションはメールやチャットのやり取りと比べると異色なコミュニケーションデータではあるが，新入社員どうしのポジティブかつインフォーマルな関係性を可視化できる点は，むしろ長所であるとも言える．さらに言えば，BIPROGY 株式会社における新人研修のプロセスと概ね一貫した対人ネットワークの変化を描き出すことができたことから，対人関係の実態に即した内容を可視化できたものとも推測できる．実践的には，こうして対人関係のあり方を適切に把握すること

で施策の改善を図ることができるようになる点が意義であると考えられる．また学術的に言えば，こうして把握した対人関係の変化が何によって規定されるか，あるいは対人関係の変化が長期的な離職などとどのように関係するかといったことを分析することにより，新入社員の定着・組織適応のメカニズムを一層はっきりと理解することができるようになることが期待される．

　次に(2)の称賛ないし PRAISE CARD の効果の分析結果から得られた考察について述べる．本章では第 4 章でも用いた「可視化」のアプローチを超えて，称賛を促すアプリケーションを使用することが，新入社員の定着・組織適応に何らかの形で役立つ可能性はないかを検討した．アンケート調査の結果，PRAISE CARD を介した称賛のコミュニケーションは，少なくとも利用者の主観的には対人関係の広がりに影響していた他，多く称賛を交わしていた人ほど介入後の対人関係の積極性が高かった．この結果は「感謝」に関して先行研究で指摘されていた内容とも非常によく似ている．第 2 章で述べた通り，感謝をする・されることは，既知の対人関係における関係満足度を高める（Algoe *et al.*, 2013）他に，初対面の相手とさらに深い関係を築く意欲も高めるとされてきた（Williams & Bartlett, 2014）．後者を具体的に表すと，初対面の相手に何かをしてあげた時，相手がそうした恩義に対して感謝を表せる人物だと知ることが，当該人物がよい取引相手になりうるという理解につながるため，関係構築の意欲を促すと考えられている．おそらく，感謝との共通点が多い称賛にも，こうしたコミュニケーション促進の機能があるのではないだろうか．すなわち，称賛という，ややハードルは高いがポジティブなコミュニケーションを交わすことで，二者間に心理的に安全な関係が構築され（ていると少なくとも主観的に感じ），さらなる関係構築に意欲的になるのではないかと考えられる．

　本章では入社から間もないごく初期の新人の定着過程を研究対象としたため，対人関係構築以上の効果は見られなかったが，対人関係が若手社員の定着や組織適応に影響を与えているという知見（例えば，中原, 2014; 尾形, 2020, 2022）を踏まえると，称賛を介して築かれた対人関係が基盤となることで，長期的な定着や組織適応の促進にもつながると推測できる．したがって，あくまでも結果をもとにした推測にとどまる点も多いが，積極的に称賛を交わすことは，新入社員の定着や組織適応を促す上である程度有用ではないかと考えられる．

　第 IV 部では「称賛」に焦点をあて，アプリケーション上で交わされた称賛行動のやり取りのログデータを用いて，第 III 部までとは異なる方法で実証研究を行った．特定のサービスから得られたデータに限られ，かつ分析対象の企業も限られるという限界はあるが，次の示唆が得られた．

　まず，ログデータを使用した分析の利点として「可視化」と「効果」の二つの観点が挙げられる．「可視化」については，第 8 章で触れた対人ネットワーク図のような手法で組織内の「ポジティブな対人関係」の様相を可視化できる他，第 9 章で新入社員を対象に分析を行ったように，時間とともに生じるダイナミックな変化を捉えることができることも，利点と考えられる．

　続いて「効果」という観点についてだが，第 III 部までで扱った「感謝」と同様に，称賛のコミュニケーションも主体性や利他性，チームワークの良好さとの間に正の相関関係が見られた（第 8 章）．加えて「私が称賛する・される」だけでなく，「職場内で称賛を多く交わす」ことが職場のチームワークを改善する可能性の他，新入社員の対人関係構築に役立つ可能性も示唆され（第 9 章），第 3・4 章の結果を発展的に理解することができたと考えている．こうした内容を回答者の主観に依存しがちな質問紙調査ではない方法でも明らかにできた点でも，第 IV 部の研究は価値が大きいと考えている．厳密には第 IV 部も因果関係を特定できる設計や分析ではないが，第 I 部で触れた先行研究の理論を踏まえると，称賛のコミュニケーションを促すことは「個人」「職場」の双方によい影響を与えうるのではないかと推測できる．

　称賛の促し方についても，ログデータの分析や複数社の比較からいくつかの示唆が得られた．そもそも，「アプリケーション」「システム」という形での称賛のコミュニケーションの促進はある程度適切に機能していた（第 8・9 章でポジティブな態度・行動などと相関しており，利用も徐々に拡大した）．こうした称賛の習慣は，称賛それ自体が持つ内発的な動機づけによっても職場に浸透しうるが，従業員が自発的に工夫・改善する余地を設けることや，組織理念の再検討などの他の施策との一貫性や組み合わせにより，一層浸透しやすくなると言えるだろう．前述のような称賛（またはそれを促すアプリケーション）の効果は，位置づけ方などによって一層効果を増す可能性があると考えられる．

第 V 部

感謝・称賛の効果と組織マネジメントへの含意

第 10 章 | よりよい組織作りのために感謝と称賛でできること

10.1 本書の問いの振り返り

　本書では多様な先行研究やデータ分析の結果を踏まえて，職場における「感謝と称賛の効果」について，様々な異なる観点から研究を行ってきた．本章では一連の結果から得られた考察をまとめ，最終的にどのような結論を導くことができるのかについて，筆者の考えを述べたい．

　考察に入る前に，そもそもの本書の問い・研究課題や，それに対するアプローチ方法がどのようなものだったのかを振り返りたい．まず本書の問い・研究課題は第 2 章の末尾で述べた次の三つだった．

　一つめが，職場における感謝と称賛の効果がどのようなものか，また両者に何らかの違いが見られるのか，というものである．つまり「感謝は単なる礼儀やマナーを超えて，仕事でも大事だと言えるのか」は未だ研究途上にある．さらに言えば，筆者が本書で注目した「称賛」に関しては体系的な研究がなく，したがって「ありがとう」と感謝を伝えることと，「ほめる」という称賛を伝えることに何か効果の違いがあるのかはわかっていない．

　二つめの問いが，感謝と称賛は当事者個人に対してだけでなく，「職場」という集団全体に対してもよい効果を及ぼすのかというものである．一般に様々な集団で感情が「伝染」を起こすことは広く知られており，感謝にも「伝染」が生じうる他，それによって独自の効果を発揮する集合レベルの効果があるのではないかと予想されてきた．しかし本当にそうした集合レベルの効果が存在するのかについては，データを用いた検討はほとんど行われてこなかった．さらに，これも「称賛」についても効果が発揮されるのかはわかっていない．

　三つめの問いは，（特に職場を対象とした）感謝に関する先行研究は，多くが回答者の認知バイアスが不可避な質問紙調査や，人工的な介入によって（多く

の場合は学生を対象とする）仮想的な場面で行われることの多い心理学実験を用いて行われてきたが，それ以外の方法でも効果を検山できるのか，というものである．

　以上の三つの問い・研究課題を踏まえて，本書では次の三つの点を重視して議論を行ってきた．具体的には，(1)先行研究の理論と筆者が行った職場を対象とする実証研究のデータ分析の両面から感謝と称賛の効果を研究するとともに，(2)感謝と称賛が個人だけでなく職場レベルでもたらす効果にも注目しつつ，(3)質問紙調査以外にいくつかの感謝・称賛行動のログデータも使用して多面的に研究を行った．特に感謝・称賛行動のログデータはいずれも企業との連携研究を通じて得られたものであり，第4章で扱った「感謝のコミュニケーション」に関するログデータの分析の他に，第8・9章では PRAISE CARD という職場の「称賛のコミュニケーション」のやり取りを蓄積したログデータも対象として分析を行い，異なる観点から様々な研究課題に挑んだ．

10.2　本書で見出された「感謝と称賛の効果」とは何か

感謝と称賛の「三つの効果」

　では，本書を通じてわかった「感謝と称賛の効果」とは何だったのだろうか．まず第9章までで得られた結果の概略をまとめた後に，学術的な貢献や示唆について触れ，次節（10.3 節）では実践的な示唆をまとめたい．

　図 10.1 は，第2章（図 2.3），第6章（図 6.1）と更新を重ねた概念間の関係を表す図をもとに，本書の研究で得られた一連の結果から特徴的な内容を抜粋し，まとめたものである．

　まず図 10.1 の全容を見ると，構造は日常の感謝・称賛の先行研究から得られた図 2.3（第2章）と大きくは変わっていない．つまり，感謝や称賛は，(1)誰かのため・何かのために起こす行動（向社会的行動）や自ら積極的に起こす行動（主体的行動）（道徳感情理論），(2)職場内の信頼関係やチームワークのよさ，親密さなど（find, remind, and bind 理論），そして，(3)職場における多様なウェルビーイングやポジティブな考え方，職場に対する前向きな態度（拡張─形成理論），と関係していた．これは感謝に関しても（第3・5・6章），称賛に関しても

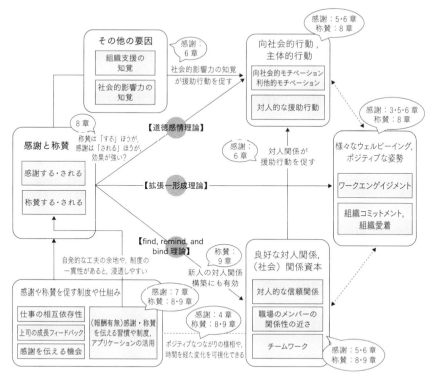

図 10.1　本書を通じて得られた結果を抜粋した概念図

（第 8・9 章），概ね同様だった．これらの(1)～(3)のカテゴリの具体的にどの要素に対する効果を確認できたかなど，細部の違いはあるが，感謝と称賛の効果は類似している他，「日常生活の対人関係における感謝」を対象として明らかになってきた内容は，大枠は職場に対してもあてはまると考えられる．

　また，それ以外にも，(4)組織が（自分を含む）従業員に気を配っているという知覚（組織支援の知覚）や，自分が誰か・何かに貢献できるという社会的影響力の知覚も促す傾向が見られた（第 6 章）．ただしこの点も間接的には，日常生活を対象とした研究（例えば，Grant & Gino, 2010）で指摘されてきたこととそう大きくは変わらなかった．このことからも，感謝と称賛の効果は，現在のところは以上の(1)～(3)の「三つの効果」，または付随的な(4)の第四の効果のいずれかが主なものだと解釈できる．

　さらに言うと，以上の効果はそれぞれが完全に並列の関係にあるわけではなく，構造化を図ることも可能だった．特に第 6 章で検討した内容だが，感謝を交わすことは，特に(2)の対人関係構築と，(4)のうち特に社会的影響力の知覚を通じて，(1)の職場における対人的な援助行動を促す，という構造が見出された．もちろんこれは単一の調査に基づく考察であり，かつ「感謝を交わすことが援助行動につながるメカニズム」という観点で考察した結論にとどまる．したがって，例えば「組織におけるエンゲージメントを高めるには」などの別の観点で新たに調査や分析を行った場合には，異なる構造が見出される可能性も十分に考えられる．しかし，複雑な要因間の関係を少しでもわかりやすく理解するための手段の一つとして，「助け合い」を促すという切り口で整理し，こうした結果が得られたことには一定の意義があると考えている．

感謝と称賛は誰にとって有用か──する・される個人と集団への効果

　感謝と称賛には，以上のように「個人にとって」よい影響だけでなく，「集団（職場）にとって」もよい影響が及ぶ可能性を示唆する結果も本書では得られた．このように，前項の「何に有用か」という議論に加えて，「誰にとって有用か」という観点から結果を捉え直した考察の概略が図 10.2 である．

　図 10.2 の通り，感謝と称賛はどちらも，①する側と②される側の双方で仕事に対するポジティブな態度や行動，ポジティブな対人関係と相関関係が見られた（丸つき数字は図 10.2 に対応，以下同様）．本書だけでは因果関係を示すことまでは難しいが，先行研究の理論や実験の蓄積を踏まえると，感謝や称賛は「されると嬉しい」だけでなく，「する側にとってもよい影響がある」と見込まれるのではないかと考えている．また，第 5 章で感謝の「落とし穴」と表現した分析結果の通り，④感謝は，自分がするのと同じくらい周りからされていると感じる時に，最もポジティブな効果を発揮しやすいことを示唆する結果も得られた．

　さらに，第 3 章と第 9 章では，こうした感謝と称賛に関わる「個人」だけでなく，③感謝と称賛の習慣がある「集団」（職場）にもポジティブな効果が見られた．具体的には，第 3 章では（個人に対する効果に加えて）そうした職場に所属する人の組織愛着が高いこと，第 9 章では称賛を通じたつながりが密な職場

ではチームワークもよかったことが関連する結果として挙げられる．感謝が対人関係を円滑にするという先行研究の知見（例えば，Algoe, 2012）を踏まえると，感謝や称賛が習慣化しており，職場内で多く交わすことによって信頼関係や互酬性の規範[1]を強め，メンバーどうしの助け合いにつながり，これらのポジティブな効果が見られたのではないかと考えられる．

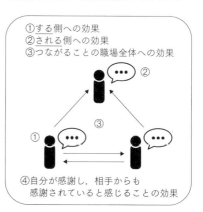

①する側への効果
②される側への効果
③つながることの職場全体への効果

④自分が感謝し，相手からも感謝されていると感じることの効果

図 10.2　影響が及ぶ対象者という観点からの結果の整理

ただし，「誰にとって有用か」という観点から考察を行うと，本書の研究だけでは明らかにできなかったことも多い．その一部を図 10.3 に示した．

第一に，「職場をまたいで行われる感謝や称賛」にどのような効果があるのか，そしてそれは職場内で交わされるものの効果と異なるのかまでは，深い研究が及んでいない．第 8・9 章で行った PRAISE CARD の分析のように，客観的なログデータとして感謝や称賛を把握すると，感謝や称賛を交わした相手が同じ職場の相手かそうでないかを容易に識別することができる[2]．第 9 章の称賛の「集団レベルの効果」に関する分析ではそれを踏まえて，(1)同じ職場内で交わされた称賛の密度と，(2)相手を問わず多くの称賛がやり取りされた職場かを異なる指標で表し，それぞれとチームワークの得点との相関関係を分析したところ，特に前者がチームワークの良さと相関していた．ただし，これはあくまでも「チームワーク」という特徴を扱ったから得られた結果であって，こうした職場の境界を越える称賛や感謝は，何か別の特徴に対してポジティブ

---

1)　先行研究では（社会）関係資本という名称の他，共同的規範（共同規範）という名称で議論されることも多いが，総じてこうした「円滑で助け合える人間関係や，それを支える心理・社会的なつながり」のことを指すものと筆者は考えている．
2)　厳密には第 5・6 章のように質問項目として聞き分けることもできるが，回答者が自覚的に「同じ職場からどれくらい，違う職場からどれくらい」と正しく回顧することは困難であり，したがって適切に測定できない可能性があるのではないかと懸念される．

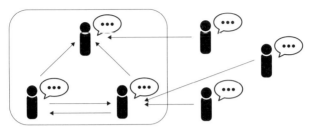

課題1：「違う職場と交わす感謝・称賛」は，個人・職場によい影響を持つか
課題2：感謝・称賛によるつながりは，増えれば増えるだけよい影響があるのか

図 10.3　本書を通じて見出された未知の研究課題

な効果を持つ可能性も残る．

　第二に，感謝や称賛のコミュニケーションの量やそれを介した対人的なつながりは「多ければ多いほどよい」のかもわかっていない．一般的に言って，対人的なつながりは，いざという時の援助や情報を得られる点で人にとってメリットが多いが，一方でつながりを維持することにもコストがかかるとされる．感謝や称賛の文脈に置き換えれば，「自分が感謝しなければいけない相手」が増えすぎると，それがしがらみのようになることでコミュニケーションのコストが増し，かえって対人的なストレスを抱える結果になる可能性もあると推測できる．さらに「組織全体」として見ても，こうした「つながりすぎること」のデメリットがありうると考えている．感謝や称賛が対人関係を強固に，また密にするものであると考えると，そうしてでき上がった対人的なつながりは，組織全体の一体感や凝集性を次第に増すように作用するものと推測できる．これはある一定の段階までは組織愛着やチームワークの向上としてポジティブに作用しうるだろう．しかし，社会心理学の「集団」という概念に関する研究では，行き過ぎた凝集性の副作用として，組織内の同調圧力が増す（Brewer, 1999; Festinger, 1950），意思決定が極端なものになり失敗しやすくなる（Janis, 1982 細江訳 2022），といったことが挙げられている．このような先行研究を踏まえると，「（青天井に）感謝や称賛，それによる対人的なつながりは多いほどよい」とは言えない可能性もある．特に大企業のような人数規模が大きい組織では，現実的にそうした行き過ぎた凝集性に至ることは難しいようにも思われるが，一定の注意を要するだろう．

感謝と称賛の効果の違い

　では，感謝と称賛の効果の違いについてはどのようなことが本書からわかったと言えるのだろうか．結論から言えば，本書で分析できた限りでは，両者の機能の土台は同じであり，細部のみが異なるのではないかと筆者は考えている．

　第 2 章などで述べた通り，感謝と称賛はどちらも「他者称賛感情」（やそれに基づく行為）であり，ポジティブかつ他者志向的な点も共通している．こうした理論的な共通性を反映してか，第 8 章で PRAISE CARD を使用して行った称賛の効果の分析では，称賛の頻度も第 6 章までの感謝行動の頻度や強度に見られたものと似た要因と相関関係にあった．また，前述のように「集団（職場）」全体に有用な点も共通していた．以上の理論と実証の両面の結果から，少なくとも職場においては，感謝と称賛はいわば「きょうだい」のような関係性にある，互いに似た効果を生むコミュニケーションなのではないかと述べた．

　ただし，両者の効果はまったく同じとは言えなかった．第 8 章で PRAISE CARD という「称賛のコミュニケーション」という設定上で交わされた内容の中で「感謝」「称賛」を区別した場合には，感謝は特に「受ける」場合に，称賛は特に「送る」場合に，前述のような関係性が強く見られた．厳密な理由ないし心理的メカニズムまでは明らかにできなかったが，第 8 章でも述べたように少なくとも三つの理由が考えられる．

　一つめの理由が日本社会における「称賛」という行為のハードルの高さである．それをあえて行うためには送る側に相応のモチベーションが求められる他，送ったことの心理的なインパクトは自身にも及びやすいと考えられる．

　二つめの理由として，感謝と称賛がどちらも「他者称賛」的な特徴を持つとは言え，その強弱が異なることが考えられる．感謝は「自分が恩恵を受けたこと」に伴って生じるために，時に「自分が助かった」ことに焦点をあてる自分本位なコミュニケーションにもなりうる（Algoe *et al.*, 2016）．しかし，称賛は「相手の優秀さや卓越性」に対して生じるために，相手の目線に立ってものごとを考える必要がある．したがって，感謝よりも称賛のほうが，そうした相手本位な思考に伴うポジティブな効果を得やすいのかもしれない．

　そして三つめの理由として，二つめとも関連するが，感謝のほうが称賛よりも対人関係をベースとして行われることが多いことが挙げられる．称賛される

ことは自信や自己効力感にはつながりやすいが，必ずしも「だから相手にもっと何かをしてあげよう」とはならない．一方で感謝は(1)自分が相手に利益を与えて，(2)相手がそのことに気づいて，(3)自分にその旨を感謝として伝えた，という「自分と相手の関係性」に強く根差したコミュニケーションであるために，「だから相手に『また』何かをしてあげよう」というモチベーションにつながりやすいのではないだろうか．

　以上の理由はいずれも仮説にとどまり，明確な結論をデータを用いて導くことはできなかったが，感謝と称賛は「きょうだい」のような関係にありつつも，細部が異なるコミュニケーションであることはたしかだと考えられる．ただし，この他にも第2章で言及したような「称賛された行動」を直接促すといった効果（Dasborough *et al.*, 2020）まで検討することはできておらず，今後も研究を重ねる必要はあるだろう．

感謝と称賛の注意点──意図を正確に伝えることが必要

　このように職場において有用なコミュニケーションである感謝と称賛だが，実際に職場で交わす上で注意すべき点も本書の研究で見出された．その主なものが感謝や称賛をめぐる「ズレ」の問題である．

　第5・6章で，質問紙調査で感謝行動の強度や頻度をたずねると，往々にして「私は周りに感謝しているが，周りは自分にそれほど感謝してくれていない」と感じる傾向が見られた．さらに第5章ではこうした「ズレ」が大きくなることがワークエンゲイジメントの低下につながる可能性も示唆された．

　ただし，第8章でPRAISE CARDという客観的に把握できる形で称賛の送受信件数の違いを数えると，大半の参加者には大きな「ズレ」は見られなかった．感謝か称賛かというコミュニケーション内容の違いもあるが，一つの解釈として，前述の「ズレ」は主観的な認知バイアスのようなものであって，本当に感謝をめぐるアンバランスさが生じているわけではないとも考えられる．

　この問題について，ここでは「多元的無知（pluralistic ignorance）」と呼ばれる社会心理学的な現象をもとに考えてみたい．多元的無知とは，集団における人の心理と行動に関する概念で，「集団の多くの成員が，自らは集団規範を受け入れていないにもかかわらず，他の成員のほとんどがその規範を受け入れてい

ると信じている状況」を指す（Allport, 1924; 岩谷他, 2023; 神, 2009）．この概念を理解するための例として，童話の『はだかの王様』がよく挙げられる．この童話の中で王様は，「愚か者の目には見えない」と称される，実際には存在しない「透明な」衣装を着てパレードを行う．その際，王様も観衆もみな「そんな衣装は存在せず，王様は裸で歩いている」と内心ではわかっているのだが，「周りには見えているのだろう」と考えた結果，愚か者だと周囲に思われたくないがために誰もが事実を言い出せず，結果として裸の王様がパレードを進むという奇異な状況が維持される．多元的無知はこうした現象を言い表す概念で，社会における様々な規範や秩序が，時に「本心」の集合ではなく，「勘違い」の集合として，誰もが望まない形で維持されてしまうことを指摘している．また，こうした「勘違い」の集合は時に集団における居心地の悪さや対人関係の悪化（対人葛藤）につながるリスクも指摘されており，人や集団が陥りがちな，しかし望ましくない帰結だとされる（例えば，岩谷他, 2023）．

　さて，ここで感謝をめぐる「ズレ」の問題に戻ると，この問題もまた多元的無知と似た構図にあることが指摘できる．つまり，組織では皆，本心では他のメンバーに対して感謝を感じ，それを表現しているつもりが，それが適切に伝わっていないために，「私は感謝されていない」「感謝が希薄な組織だ」と感じてしまっている，という様相が見て取れる．仮に組織や職場全体としてこのような状況に陥ると，多元的無知研究の示唆と同様に，誰もが望まない不幸な状況が維持される（裸の王様のパレードが成立してしまう）可能性がある．

　特に感謝は，日常においてあたり前のように，時に気軽に交わされるコミュニケーションだからこそ，本心を伝えるものとは理解されにくいのかもしれない．もしそうであるならば，感謝を単に「ありがとう」と一言で伝えるのみならず，適切な伝え方を工夫するといった意味での「スキル」の獲得や，組織としての習慣作りがマネジメント上重要と言えるだろう．

感謝と称賛をどのように促すことができるか

　では，感謝や称賛の「効果」ではなく，「促し方」に注目すると，どのような結論を導くことができるだろうか．この点については図 10.1 の左下に注目していただきたい．

　まず第 7 章では，感謝を直接ミーティングなどで伝える習慣の他に，報酬の有無にかかわらず感謝を伝える習慣や制度，そして仕事の相互依存性というメンバーどうしの関わり合いの他，特に上司のフィードバックとの関連も見られた．第 7 章の結果を概観すると，感謝の文化を組織や職場に浸透させるには，こうした従業員どうしのポジティブな関わり合いを促すことが特に重要と推測できる．逆に言えば，日本国内の多様な組織の中には，(1)上司からフィードバックを得たり対話をする機会が少なかったりするケースや，(2)フィードバックがあっても部下の成長に焦点をあてていないケース，(3)感謝を伝える習慣がないケースなども一定数あり，それが感謝のコミュニケーションを困難にしているということも意味しており，注意が必要と言える．制度の存在と感謝行動の強度・頻度の間に相関が見られたということは，こうした制度やそれに象徴される従業員どうしのポジティブな関わり合いが存在しないと感謝もまた浸透しづらいことを意味しており，単に「感謝だけを増やそう」としても奏功しない可能性が高い．

　加えて第 8・9 章では，PRAISE CARD というアプリケーションのログデータをもとに，「称賛の文化」の浸透について議論した．「アプリケーションを使う」ということに特化した示唆は次項で詳しく述べるが，複数の企業における PRAISE CARD の利用状況の変化を分析すると，(1)参加者による自発的な工夫の余地があったり，(2)他の人事・組織制度との一貫性があったりする場合に，特に称賛の文化が浸透しやすいと考えられる．(2)について言えば，第 7 章でも，単体の制度の有無だけでなく「制度が複数あること」が感謝行動の強度・頻度を高めていたことから，「一貫した制度」ないし「強い組織文化」の存在が，感謝や称賛を促す上で特に重要なのではないかと考えられる．

「称賛を促すアプリケーション」の活用を通じて見えたもの

　最後に，第 4 章の分析や，第 8・9 章の称賛のコミュニケーションのログデータ分析の結果と考察をもとに，昨今日本でも利用が拡大しつつある「感謝や称賛をアプリケーションで促す[3]」ことの意味についても，本書なりの考察を行いたい．数ある手段の中でこうしたアプリケーションを活用して感謝や称賛を促すことについて，本書を通じて言えることは，主に「可視化」「効果」の

二つの論点に集約されると筆者は考えている.

　まず「可視化」についてだが, 第 8 章で参加者全体の, 第 9 章で新入社員の対人的なつながりの可視化を試みた通り, アプリケーションとそこから得られるログデータの活用によって, 単なる業務上のやり取りだけでは把握が難しい「ポジティブなつながり」から成る対人関係を可視化することが可能になる. これは質問紙調査などの従来から多用される手法だけでは実現が難しいことであり, アプリケーションとログデータを活用することならではの意義と考えられる. ただし, たびたび述べた通り, このように対人関係を可視化することは組織の課題を把握する上で非常に有意義な一方で (例えば第 4 章ではテレワークの悪影響を可視化することができた), 個人のプライバシーに関するリスクなど, 多様な潜在的リスクを抱えることも事実である. 2023 年 11 月の本書執筆時点では, こうしたリスクへの対処方法の「絶対の正解」は学術的にも実践的にも見出されていないのが実態と思われるが, 活用方法には十分な注意が必要なことは付記しておきたい.

　二つめの「効果」という論点だが, 第 8 章ではアプリケーション上で称賛を多く交わす人ほど, 様々な仕事上のポジティブな態度や行動の他, 良好な対人関係を持つ傾向にあった. そして第 9 章で見た通り, 入社後数カ月の新入社員という極端な対象者に限っても, 称賛は対人関係構築に有用だったと推測される結果が得られた. この一連の結果を踏まえると, 「アプリケーション上で称賛を交わす」ことは決して無駄ではなく, 適切に活用を図れば一定のポジティブな効果を生むことが期待できるのではないかと考えられる.

　ただし, 本書では PRAISE CARD という単一のアプリケーションを 2 社で使用したデータと, 第 4 章の特殊な感謝のコミュニケーションデータのみを分析の対象とした. そのためイベントやアプリケーションの細かな条件設定によって, 異なる結果が得られるかもしれない. また, さらにフィールドとなる企業が異なれば, 結果も異なるかもしれない. こうした研究結果の一般化可能性についての限界が大いにあることには注意が必要である.

---

3)　厳密には第 4 章で使用したデータは「アプリケーションの利用データ」ではないが, 日常の業務とは別に導入された社内イベントで電子的にコミュニケーションを交わすものだったことを踏まえて, 区別せずに議論する.

10.3　組織マネジメントへの実践的示唆──感謝と称賛で作る組織の未来

　ここからは，特に組織や職場のマネジメント，ないしは人材育成に関する実践的示唆として筆者が考えていることをまとめる．結局のところ，感謝と称賛は組織における実践において，何の役に立つのだろうか．

個人・関係性・組織を改善するマネジメントスキルや施策としての意義

　結論を端的に述べると，感謝と称賛は，単なる「道徳」「マナー」や日常のコミュニケーションを超える意義を持つ，組織や職場を改善するための「マネジメントスキル」と捉え，ダイバーシティ推進やテレワークなど，コミュニケーションに課題を抱える組織の再活性化のための「第一歩」として活用できると筆者は考えている．そしてその応用範囲はコミュニケーションの改善を超えて，その先にある組織に対するエンゲージメントやチームワークの向上にまで及びうるのではないかとも考えている．

　前節まででまとめた通り，感謝・称賛には組織内の助け合いを含む様々な面で，(1)感謝・称賛をする側，(2)される側，(3)交わした職場や集団全体，という多様な対象にとってのポジティブな効果が見込めると推測するに足る結果が得られた．本書だけでは厳密に因果関係を特定するまでには至らなかったが，少なくともポジティブな要因との相関関係は見られており，「うまくいっているチームやメンバーは感謝や称賛をよく交わしている」ことまではたしかだろう．その意味では，感謝と称賛は「する側」が少しでも前向きに仕事に取り組むためにも，「される側」のモチベーションを高めるためにも重要であるし，さらには「組織や職場」の活性化にも有効なのではないかと思われる．

　また，感謝や称賛のコミュニケーションの特徴として，実現のコストとリスクが非常に小さいことが挙げられる．第8・9章で扱ったようなアプリケーションの導入まではややハードルが高いかもしれないが，単に「積極的かつ具体的に『ありがとう』と伝える」「相手のよいと思ったところを素直にほめる」だけなら，本書を読み終えた後にすぐにでも行動に移すことができるだろう．その意味で感謝や称賛は低コストで実現でき，また感謝や称賛で悪い気持ちに

なることは稀だと考えられ，様々な人事・組織施策の中でも低リスクであることも，感謝や称賛の利点と言えるだろう．

　以上を踏まえると，感謝や称賛「だけ」で組織を変えられるとは筆者はまったく考えていないが，人が感情に左右されるものであり，組織もまたそうした人の集まりであるために，様々な問題を組織のメンバー一人一人の立場から改善するための「第一歩」として，感謝や称賛のコミュニケーションが有用なのではないかと考える．昨今，企業にはダイバーシティ推進やテレワークの拡大といった，働く人どうしの間に本来ある・あったはずの「関係性」を希薄化させる変化が多く生じている．さらには，そうした文脈の中で「インクルージョン」「心理的安全性」「オンボーディング」などの新たな（しかし，時に内容が曖昧な）概念が日々登場し，企業の経営層や人事，マネジャーなどの方々に対する要求も確実に増している．もちろんこうした新たな概念や施策が重要であることは間違いないが，「はじめに」で筆者自身の問題意識としても述べたように，「組織の全員が」「明日から」取りかかれるものかと言えば，必ずしもそうではない．その点を踏まえると，様々な困難を抱える現代の組織において，少しでも全員が明るく活動的に働き，成果を上げられる組織を作るための「第一歩」として，「感謝する」「称賛する」といった基本的だが奥深いコミュニケーションを徹底することも，非常に重要なのではないだろうか．こうした一見すると「あたり前」に思えることが，実は人や組織にとって欠かせないものであり，だからこそ現代的課題に挑む上でも重要な意味を持っているのではないかと筆者は考えている．

データをもとに，感謝と称賛をマネジメントに活かす

　やや蛇足ではあるかもしれないが，本書から得られた実践的示唆として「データをもとに実践や研究を重ねること」の重要性も挙げられる．単に「感謝や称賛は大事だ」という結論だけを切り取ると，おそらく説得力はほとんどなく，多くの人が反対も賛成もしないような内容になるだろう．それでもあえて職場で感謝や称賛を促すためには，「なぜ」「どのように」重要なのかを適切に説明し，何に注意すべきかなどについて，理論とデータをもとに論を組み立てる必要がある．そのようにして初めて，日々の職場生活で何かの困りごとを抱える

方々に適切に議論の必要性が伝わり,「改善するためにはどうすればよいか」という考え方が生まれるのではないか. さらに言えば, そうした改善の努力の先にある活動として, こうしたコミュニケーションがなぜ重要なのかという「効果検証」のようなことも必要になるなど, 人事・組織施策の改善は, 常にデータをもとにした検証と表裏一体で進むことが重要とも考えている.

　本書もこうした前提のもとで, 可能な限り, 先行研究の理論と筆者の研究で得られたデータや成果を併せて紹介してきた.「感謝と称賛」という半易なテーマではあるが, このようにして様々な論拠をもとに有効性や限界を示すことが, 前述の「なぜ」「どのように」という問いに答えることにつながり, そして「取り組んでみよう」というモチベーションにわずかでもつながっていれば幸甚である. 特に, 効果やメカニズムが曖昧になりがちな人事・組織領域における施策だからこそ, 様々な観点からデータを用いた検証が一層重要になるとも言えるのかもしれない.

　最後に, こうしたデータを用いた研究や組織のマネジメントの改善は, 必ずしも研究者だけにしかできないことではない. むしろ企業の人事や経営に携わる方々や, 現場の支援に携わる方々が, 自分でできる範囲から様々な取り組みを重ね, 時に研究者と手を取り合って進めることがきわめて重要だと筆者は考えている. 本書では, 質問紙調査のような古典的な手法の他に, アプリケーションやイベントを活用した活動のログデータの分析も行った. この他にも感謝に関する先行研究として, 上司が行った何らかの介入に基づく前後比較(例えば, Grant & Gino, 2010)なども紹介した. こうした手法の中には, 研究者よりも, むしろビジネスの現場にアクセスしやすい, 日々様々な問題に直面する当事者のほうが取り組みやすいものもあるかもしれない. 例えば, 社内で実施された何らかのイベント(介入策)の事後にアンケート調査を行うようなことは一般的に行われており, その設計を工夫するだけでも, より多くの成果が得られるかもしれない. 本書で紹介した調査やデータ分析も, もとはと言えばそうした観点から様々な企業と協働したものがほとんどだった. そうした意味では, 本書の内容が人事・組織施策やピープルアナリティクスに携わる方々の「自分も何か少しやってみようか」というモチベーションにつながれば, 筆者としてはきわめて光栄である.

10.4　組織研究や社会心理学の研究に対する学術的示唆と展望

　最後に，本書の結果と考察には「学術的な貢献」という観点からはどのような意義または示唆があるのだろうか．

　一つめの意義は，職場における感謝と称賛の効果を様々なデータをもとに実証的に研究したことにある．特に感謝について言うと，日常生活を対象に行われた先行研究の結果が再現されることを確認するにとどまった面も大きいが，それらの知見を組織に一定程度援用できる可能性を拓くことができた点には一定の意義があると考える．また，第 5・6 章で垣間見えた感謝の「ズレ」の問題や，感謝の「強度」「頻度」の両方に互いに異なる効果がある可能性が見えたことなどは，先行研究で指摘がない新たな貢献と言える．

　関連して，感謝と称賛の効果の違いを検証した点は，本書に固有の貢献と言える．10.2 節で述べた通り両者の効果には共通点が多いが，第 8 章の PRAISE CARD を用いた分析では，感謝は受け手に，称賛は送り手に，特にポジティブな効果が見られた．こうした違いが生じた理由や心理的メカニズムまでは明らかにできなかったため，一層の研究を重ねる必要はあるが，あるいは「コミュニケーション手段として感謝と称賛のどちらを選ぶか」という条件設定が，研究の一つの切り口になるかもしれない．

　二つめの意義は，感謝と称賛の「集団レベルの効果」を検証した点にある．Fehr *et al.* (2017) などの先行研究では，感謝が集団全体にもよい影響をもたらす可能性が理論的にのみ指摘されていたが，本書の第 3・9 章では実証的にも一定の集団レベルの効果が見られた．このことは，感謝と称賛のコミュニケーションが社会や集団を維持する上で多様な役割を果たす可能性を見出せた点で有意義な貢献だと考える．

　三つめの意義は本書で用いた研究のアプローチの新規性にある．本書では，特に組織を対象とする社会心理学の研究で頻繁に使用される質問紙調査に加えて，第 4・8・9 章において行動のログデータを活用し，かつ部分的にではあるがネットワーク分析の導入も試みた．前例が少なく，適用できた分析の手法なども限られたが，第 4 章のような単純な分析でもテレワーク導入といったマク

ロ環境の変化が組織に与える影響を定量的に把握することに役立った他，第8・9章では實問紙調査を通じて得られた結果のフィールドにおける妥当性検証などの貢献が実現できた．データの複雑性ゆえの分析の難しさはあるが，一層の活用を進めれば，さらに多くの研究課題の検証が可能になると思われる．企業の人事実務の領域でもピープルアナリティクスという名称で，質問紙やログデータなどの多様なデータを活用した「研究」が進んでおり，そうしたアプローチや，ステークホルダーと連携して学術研究に取り組むことにも非常に大きな意義があるのではないだろうか．研究に伴う様々な課題があることも事実だが（例えば，利益相反に対する考え方），それでもなお，学術研究の発展と組織の問題解決のためには有用なアプローチだと筆者は考えている．

　今後の研究の課題や展望としては，心理・行動メカニズムの探究が最たるものとして挙げられる．本書で扱った「職場」というフィールドは，人生の多くを仕事に費やす現代の人々にとって重要なフィールドであることに加えて，様々な課題に満ちていること，そして日常生活の理論がある程度は援用できるものの細部が異なることなど，様々な点で魅力的かつ有望な研究対象である．しかし，本書で紹介した研究成果はほとんどが相関関係にとどまり，詳細な心理・行動メカニズムや因果関係などには踏み込めていない．例えば，なぜ感謝や称賛をすることが職場で有効なのだろうか．あるいは，なぜ感謝や称賛が個人だけでなく集団レベルでも効果を発揮するのだろうか．こうした点について，本書の考察はすべて理論的なものにとどまり，実証的な根拠まで得ることはできなかった．こうした点の詳細な検証が今後の主な研究課題だと言えるだろう．

　また，前述の三つめの意義とも関わるが，組織内の行動のログデータを使用することで，それに伴う新たな研究課題もいくつか生まれた．例えば図 10.3 のように，感謝や称賛を交わす相手の違い（職場内か職場外か）や，感謝と称賛によるつながりが「多ければ多いほどよいのか」という点など，質問紙だけでは識別が難しい点が識別しやすくなるからこそ，今後の検証が必要となる研究課題も多く見つかった．本書では，職場という特殊な文脈における感謝と称賛の価値の一端を示すことができた点が大きな学術的意義と言える一方で，今後はそうした価値の全貌に迫るためにも，組織内の対人関係や，それによってもたらされる集団力学をさらに探究する必要があると筆者は考えている．

あとがき

　筆者が本書に込めたテーマは，実は二つあった．一つめはタイトルや序章です
でに述べた通り，「感謝と称賛」の組織における価値を様々な角度から探究
することだった．そして，明確には触れてこなかったもう一つのテーマは，
「企業と研究者が一緒に研究することの価値」について，具体的な事例をもと
に考える材料を提示することであった．

　本書は様々な面で，こうした協働の産物だと筆者は考えている．そもそも感
謝・称賛の研究に取り組むに至ったきっかけ（「はじめに」参照）も，企業で働
く方々との議論にあった．さらに，各章で分析に使用した質問紙調査の実施や，
PRAISE CARD の利用データの提供もまた，多くの企業やそこで活動する方々
との協働を経て成り立っている．その点で，本書は「筆者が一人で書いたも
の」ではなく，社会や組織，職場を少しでもよいものにしようと努めた多くの
方々と共に作り上げたものだと筆者は考えている．

　筆者が知る限りでは，こうした研究者と企業の協働の事例は国内の社会心理
学領域では特に少なく，それゆえに様々な点で賛否両論があると理解している．
例えば，営利企業と協働することで利益相反が生じ，企業に不利な情報が公開
されにくくなるなど，「純粋な学究」が難しくなるリスクが懸念されるために，
企業との協働は最小限にとどめるか，対価を得ずに行うべきとする立場もあり
うる．一方で，対価や契約関係が存在することで，企業や実務家の当事者意識
が高まり，「研究者が研究をさせてもらう」のではなく，「研究者と企業が一緒
に研究に取り組む」という体制を作り上げることができることから，それが研
究の加速につながると考える立場もある．例えば伊達（2022）は，後者の立場
に立ち，（研究を通じて得られる）対価や協働は避けるべきものではなく，むし
ろ研究者と企業の協力を促す重要な要因と捉えている．そして，本当に重視す
べきは，対価の有無の公開などの「研究の透明性の担保」にあるとしている．

　一連の議論に対して，筆者の考えは現時点では伊達（2022）の立場に近い．

特に組織に関する研究を進めるには「研究者が研究をし，企業に協力を求める」だけでなく，「研究者と企業が相互の利害に配慮しつつ，一緒に研究をする」ことが大事だと考えている．こうした連携のあり方にすることで，少なくとも筆者にとっては，実践的意義について考える機会も必然的に生まれる他，机上の空論になるリスクを下げ，地に足の着いた研究がしやすくなると感じている．

　以上のような思いが背後にあるために，本文では企業との潜在的な利益相反のリスクを開示しつつも，協働から得られた気づきや分析結果，考察などを積極的に取り入れた．筆者の乏しい経験と短期間での研究成果をまとめたものであるため，必ずしも「美しく，完璧な研究」とは言えないと感じているが，それでも企業と研究者の協働が生み出す成果の一例を示すことができていれば何よりである．そして，本書によって，研究知見は「教わる」だけのものではなく，多様な方々との協働を通じて「一緒に作る・考えるもの」でもあるということを多くの読者の方々と共有し，さらには「自社も・私も研究を一緒にやってみたい！」と考える方々が少しでも増えることにつながれば，光栄である．

　最後に，日頃筆者がお世話になっている多くの方々の中で，本書の執筆にあたって多大なるご支援をいただいた方々や，研究を通じて多くの着想をいただいた方々に感謝を申し上げたい．

　まず，筆者の大学院での指導教員である村本由紀子先生（東京大学）に最大の感謝と御礼を申し上げたい．大学院時代から筆者の奔放な活動を寛大に見守っていただきながらも，都度重要なアドバイスや指導をいただけたことは，現在の私の研究者としてのあり方の土台になっている．また，私と同様に感謝について研究する立場から議論にお付き合いいただいた酒井智弘さん（元・筑波大学），私とは異なる観点から特に教育現場における称賛の効果について快く提案や文献紹介などをしていただいた鈴木啓太さん（東京大学）と，日頃多元的無知をはじめとした集団研究の議論をする岩谷舟真さん（関西学院大学）にも感謝申し上げたい．

　PRAISE CARD の運営メンバーのみなさま，特に BIPROGY 株式会社の奥村将様，小谷野圭司様，野口雅文様，野田遥海様，牧野友紀様，森弘樹様，そし

て株式会社博報堂コンサルティングの橋本啓太様と依田真幸様には，日々一緒に研究やサービス運営に関する議論をする中で，多くの刺激をいただいている．データの利用許諾や原稿の確認，本書のタイトルのご提案など，本務を超えてご支援いただけたことと併せて，この場を借りて感謝を述べたい．この他にも質問紙調査の実施などで多くの企業の方々にご協力いただいた．匿名性の担保のためお名前を挙げることができないが，お礼を申し上げる．

この他にも，株式会社セプテーニ・ホールディングス人的資産研究所の久保健様と株式会社人的資産研究所の進藤竜也様には人材育成に関する共同研究を通じて日々現場の困りごとをぶつけていただき，それがいつも私の知的刺激や次の研究の種になっている．株式会社オカムラの池田晃一様，遠藤一様，森田舞様には，オフィス環境に関する共同研究の中で，感謝をはじめとするコミュニケーションの意義についてたびたびご相談させていただき，物理的環境との関係など，幅広い着想を得ることができた．そして，株式会社ビジネスリサーチラボの伊達洋駆様と，株式会社ビジネス・フォーラム事務局の進士淳一様には，それぞれ「感謝」をテーマとする対談やセミナーの機会をいただいた．これらの対談やセミナーの反響の高さから，筆者が感謝というテーマの実務的な関心の高さや可能性を知ったことが，本書の執筆の大きなきっかけとなった．皆様にも深く感謝申し上げたい．

また，日頃の校務で多大なるご支援とご指導をいただいている東京女子大学心理学専攻の先生方や，正木ゼミの在学生・卒業生のみなさんにもお礼を述べたい．特に学生のみなさんには，日々の学業や学生生活，進路選択などに真剣に取り組み，成長を重ねる姿から，一人ひとりの個性と向き合うことと，それに根差したポジティブなコミュニケーションの大事さをいつも学ばせていただいている．こうした学生とのかかわりもまた，私の研究のモチベーションにつながっており，そのことに関する感謝の気持ちをお伝えしたい．

そして，東京大学出版会の小室まどかさんには，本書の刊行にあたってとてもお世話になった．『職場における性別ダイバーシティの心理的影響』『多元的無知』の2冊に続いてご支援いただいたが，本書では読者に合わせた内容の改訂など，これまで以上に細部にわたってアドバイスをいただけた．貴重な機会をいただけたことに重ねて御礼を申し上げる．

　最後に，妻と両親にも感謝の意を表したい．何かと不確実なことが多い研究者という生き方を認めてもらい，また応援してもらえたからこそ，今の自分があると強く感じている．「感謝と称賛」を研究している割に，自分が普段どれだけしっかりとそれらを伝えられているのかに自信が持てないが，日頃支えていただいていることについて，この場を借りて改めて感謝を伝えたい．

　2024 年 3 月

正木郁太郎

初出一覧

本書の一部は，以下の論文を参考に，大幅に改稿の上で再構成したものである．快くご許可くださった共著者の村本由紀子先生，久保健氏，そして査読を通じて論文内容についてご指導いただいた先生方に感謝申し上げる．

第 2・5 章
正木郁太郎（2023）．職場において感謝がワークエンゲイジメントと文脈的パフォーマンスに与える効果：応答曲面分析を用いた検討　社会心理学研究, *39*(*1*), 15-30.

第 3 章
正木郁太郎・村本由紀子（2021）．性別ダイバーシティの高い職場における感謝の役割：集合的感謝が情緒的コミットメントに及ぼす効果　組織科学, *54*(*3*), 20-31.

第 4 章
正木郁太郎・久保健（2021）．テレワーク下で組織内の感謝のコミュニケーションは減少したのか：COVID-19 流行前後の行動データを用いた検討　産業・組織心理学研究, *35*(*1*), 87-99.

引用文献

Adler, P. S. & Kwon, S-K. (2002). Social capital: Prospects for a new concept. *Academy of Management Review, 27*, 17-40.

Algoe, S. B. (2012). Find, remind, and bind: The functions of gratitude in everyday relationships. *Social and Personality Psychology Compass, 6*, 455-469.

Algoe, S. B., Dwyer, P. C., Younge, A., & Oveis, C. (2020). A new perspective on the social functions of emotions: Gratitude and the witnessing effect. *Journal of Personality and Social Psychology, 119(1)*, 40-74.

Algoe, S. B., Fredrickson, B. L., & Goble, S. L. (2013). The social functions of gratitude via expression. *Emotion, 13(4)*, 605-609.

Algoe, S. B. & Haidt, J. (2009). Witnessing excellence in action: The 'other-praising' emotions of elevation, gratitude, and admiration. *The Journal of Positive Psychology, 4(2)*, 105-127.

Algoe, S. B., Kurtz, L. E., & Hilaire, N. M. (2016). Putting the "you" in "thank you": Examining other-praising behavior as the active relational ingredient in expressed gratitude. *Social Psychological and Personality Science, 7(7)*, 658-666.

Allport, F. H. (1924). *Social psychology*. Houghton Mifflin.

Bakker, A. B. & Demerouti, E. (2007). The job demands-resources model: State of the art. *Journal of Managerial Psychology, 22(3)*, 309-328.

Bakker, A. B., Demerouti, E., & Sanz-Vergel, A. I. (2014). Burnout and work engagement: The JD-R approach. *Annual Review of Organizational Psychology and Organizational Behavior, 1*, 389-411.

Barnard, C. I. (1938). *The functions of the executive*. Harvard University Press. (山本安次郎・田杉競・飯野春樹（訳）(1968). 新訳 経営者の役割 ダイヤモンド社)

Barsade, S. G. (2002). The ripple effects: Emotional contagion and its influence on group behavior. *Administrative Science Quarterly, 47(4)*, 644-675.

Barsade, S. G., Coutifaris, C. G. V., & Pillemer, J. (2018). Emotional contagion in organizational life. *Research in Organizational Behavior, 38*, 137-151.

Bartlett, M. Y. & DeSteno, D. (2006). Gratitude and prosocial behavior: Helping when it costs you. *Psychological Science, 17(4)*, 319-325.

Blau, P. M. (1977). *Inequality and heterogeneity: A primitive theory of social structure*. Free Press.

Bliese, P. D. (2000). Within-group agreement, non-independence, and reliability: Implications for data aggregation and analysis. In K. J. Klein & S. W. J. Kozlowski (Eds.), *Multilevel theory, research, and methods in organizations: Foundations, extensions, and new directions* (pp. 349-381). Jossey-Bass.

Borman, W. C. & Motowidlo, S. J. (1997). Task performance and contextual performance: The meaning for personnel selection research. *Human Performance, 10,* 99-109.

Bosco, F. A., Aguinis, H., Singh, K., Field, J. G., & Pierce, C. A. (2015). Correlational effect size benchmarks. *Journal of Applied Psychology, 100*(*2*), 431-449.

Brewer, M. B. (1999). The psychology of prejudice: Ingroup love or outgroup hate? *Journal of Social Issues, 55,* 429-444.

Brown, R. & Pehrson, S. (2020). *Group processes: Dynamics within and between group* (*3rd ed.*). Wiley-Blackwell.

Cain, I. H., Cairo, A., Duffy, M., Meli, L., Rye, M. S., & Worthington, E. L. Jr. (2019). Measuring gratitude at work. *The Journal of Positive Psychology, 14*(*4*), 440-451.

Chung, Y., Liao, H., Jackson, S. E., Subramony, M., Colakoglu, S., & Jiang, Y. (2015). Cracking but not breaking: Joint effects of faultline strength and diversity climate on loyal behavior. *Academy of Management Journal, 58*(*5*), 1495-1515.

サイボウズチームワーク総研 (2020). テレワークでの職場内コミュニケーション「業務の話」は1日あたり「30分未満（0分含）」6割「業務以外」は「0分」4割──若手ほど「コミュニケーションしにくい」と感じている傾向が https://teamwork.cybozu.co.jp/blog/telework-communication.html (2020年12月21日閲覧)

Dasborough, M. T., Hannah, S. T., & Zhu, W. (2020). The generation and function of moral emotions in teams: An integrative review. *Journal of Applied Psychology, 105*(*5*), 433-452.

伊達洋駆 (2022). 経営組織の臨床に対価はどのような影響を与えるか 経営行動科学, *33*(*3*), 97-118.

Deci, E. L. (1971). Effects of externally mediated rewards on intrinsic motivation. *Journal of Personality and Social Psychology, 18*(*1*), 105-115.

Deci, E. L. & Ryan, R. M. (2000). The "what" and "why" of goal pursuits: Human needs and the self-determination of behavior. *Psychological Inquiry, 11*(*4*), 227-268.

de Jong, B. & Elfring, T. (2010). How does trust affect the performance of ongoing teams? The mediating role of reflexivity, monitoring, and effort. *Academy of Management Journal, 53*(*3*), 535-549.

Dibble, J. L., Levine, T. R., & Park, H. S. (2012). The Unidimensional Relationship Closeness Scale (URCS): Reliability and validity evidence for a new measure of relationship closeness. *Psychological Assessment, 24*(*3*), 565-572.

Dirks, K. T. & de Jong, B. (2022). Trust within the workplace: A review of two waves of research and a glimpse of the third. *Annual Review of Organizational Psychology and Organizational Behavior, 9,* 247-276.

Edwards, J. R. & Parry, M. E. (1993). On the use of polynomial regression equations as an alternative to difference scores in organizational research. *Academy of Management Journal, 36* (*6*), 1577-1613.

Eisenberger, R., Huntington, R., Hutchison, S., & Sowa, D. (1986). Perceived organizational support. *Journal of Applied Psychology, 71*(*3*), 500-507.

Emmons, R. A. & McCullough, M. E. (2003). Counting blessing versus burdens: An experimental investigation of gratitude and subjective well-being in daily life. *Journal of Personality and Social Psychology, 84*(*2*), 377-389.

江頭尚子（2013）．高等学校の学校組織におけるインフォーマル・コミュニケーション——生徒集団の意識や行動，教師の学校変革への意識や行動に及ぼす影響　経営行動科学, *26*(*2*), 133-148.

遠藤一・薄良子・正木郁太郎（2023）．フレキシブル・オフィス利用における従業員の自律的な工夫とテレワーク化の影響に関する探索的検討　産業・組織心理学研究, *37*(*1*), 33-50.

Fehr, R., Fulmer, A., Awtrey, E., & Miller, J. A. (2017). The grateful workplace: A multilevel model of gratitude in organizations. *Academy of Management Journal, 42*(*2*), 361-381.

Ferdman, B. M. (2014). The practice of inclusion in diverse organizations: Toward a systemic and inclusive framework. In B. M. Ferdman & B. R. Deane (Eds.), *Diversity at work: The practice of inclusion* (pp. 3-54). Jossey-Bass.

Festinger, L. (1950). Informal social communication. *Psychological Review, 57*(*5*), 271-282.

Ford, M. T., Wang, Y., Jin, J., & Eisenberger, R. (2018). Chronic and episodic anger and gratitude toward the organization: Relationships with organizational and supervisor supportiveness and extrarole behavior. *Journal of Occupational Health Psychology, 23*(*2*), 175-187.

Fredrickson, B. L. (2004). Gratitude, like other positive emotions, broadens and builds. In R. A. Emmons & M. E. McCullough (Eds.), *The psychology of gratitude* (pp. 145-166). Oxford University Press.

藤本学（2009）．学級集団のソシオメトリック構造を解き明かす CLASS　久留米大学心理学研究, *8*, 1-14.

藤澤理恵（2020）．温かく明快なコミュニケーションで，誰も孤立させないテレワークを　https://www.recruit-ms.co.jp/issue/inquiry_report/0000000846/（2020 年 12 月 21 日閲覧）

Gajendran, R. S. & Harrison, D. A. (2007). The good, the bad, and unknown about telecommuting: Meta-analysis of psychological mediators and individual consequences. *Journal of Applied Psychology, 92*(*6*), 1524-1541.

Grant, A. M. (2007). Relational job design and the motivation to make a prosocial difference. *Academy of Management Journal, 32*(*2*), 393-417.

Grant, A. M. (2008). Does intrinsic motivation fuel the prosocial fire? Motivational synergy in predicting persistence, performance, and productivity. *Journal of Applied Psychology, 93*(*1*), 48-58.

Grant, A. M. & Gino, F. (2010). A little thanks goes a long way: Explaining why gratitude expressions motivate prosocial behavior. *Journal of Personality and Social Psychology, 98*(*6*), 946-955.

Guillaume, Y. R. F., Brodbeck, F. C., & Riketta, M. (2012). Surface- and deep-level dissimilarity effects on social integration and individual effectiveness related outcomes in work groups: A meta-analytic integration. *Journal of Occupational and Organizational Psychology, 85*(*1*), 80-115.

Guillaume, Y. R. F., Dawson, J. F., Otaye-Ebede, L., Woods, S. A., & West, M. A. (2017). Harnessing demographic differences in organizations: What moderates the effects of workplace diversity? *Journal of Organizational Behavior, 38*(*2*), 276-303.

Gully, S. M., Incalcaterra, K. A., Joshi, A., & Beaubien, J. M. (2002). A meta-analysis of team-efficacy, potency, and performance: Interdependence and level of analysis as moderators of observed relationships. *Journal of Applied Psychology, 87*(*5*), 819-832.

引用文献

Harrison, D. A. & Klein, K. J. (2007). What's the difference? Diversity constructs as separation, variety, or disparity in organizations. *The Academy of Management Review, 32(4)*, 1199-1228.

Harrison, D. A., Price, K. H., & Bell, M. P. (1998). Beyond relational demography: Time and the effects of surface- and deep-level diversity on work group cohesion. *Academy of Management Journal, 41(1)*, 96-107.

Hartmann, S., Weiss, M., Hoegl, M., & Carmeli, A. (2021). How does an emotional culture of joy cultivate team resilience? A sociocognitive perspective. *Journal of Organizational Behavior, 42(3)*, 313-331.

服部泰宏 (2020). 組織行動論の考え方・使い方——良質のエビデンスを手にするために 有斐閣

服部泰宏 (2022). 産学連携型の共同研究における学術的成果と実践的成果の両立——質的比較分析 (QCA) による先行要因の探究 経営行動科学, *33(3)*, 77-96.

服部泰宏・矢寺顕行・新井康平 (2022). 社内の評判と人事考課——概念間の関係性と影響要因の探求 経営行動科学, *34(1・2)*, 1-19.

Henderlong, J. & Lepper, M. R. (2002). The effects of praise on children's intrinsic motivation: A review and synthesis. *Psychological Bulletin, 128(5)*, 774-795.

Homan, A. C. (2019). Dealing with diversity in workgroups: Preventing problems and promoting potential. *Social and Personality Psychology Compass, 13(5)*, 1-15.

堀田裕司・大塚泰正 (2014). 製造業における労働者の対人的援助とソーシャルサポート，職場ストレッサー，心理的ストレス反応，活気の関連 産業衛生学雑誌, *56(6)*, 259-267.

池田浩 (2015). 組織における「感謝」感情の機能に関する研究 組織学会大会論文集, *4(1)*, 120-125.

池田浩 (2019).「感謝する」ことの心理的効果 日本経済新聞, 2019年5月16日朝刊.

池田浩 (2021). モチベーションに火をつける働き方の心理学 日本法令

池田浩・古川久敬 (2008). 組織における文脈的パフォーマンスの理論的拡張と新しい尺度の開発 産業・組織心理学研究, *22(1)*, 15-26.

池田浩・古川久敬 (2015). 集団目標管理と職務の相互依存性が職務パフォーマンスに及ぼす効果 心理学研究, *86(1)*, 69-75.

Ilgen, D. R., Fisher, C. D., & Taylor, M. S. (1979). Consequences of individual feedback on behavior in organizations. *Journal of Applied Psychology, 64(4)*, 349-371.

石田正浩 (1997). 組織コミットメントがもたらすもの 田尾雅夫 (編著),「会社人間」の研究——組織コミットメントの理論と実際 (pp. 101-135) 京都大学学術出版会

石塚由紀夫 (2016). 資生堂インパクト——子育てを聖域にしない経営 日本経済新聞出版社

岩谷舟真・正木郁太郎・村本由紀子 (2023). 多元的無知——不人気な規範の維持メカニズム 東京大学出版会

Jachimowicz, J. M. (2022). Embracing field studies as a tool for learning. *Nature Review Psychology, 1*, 249-250.

Janis, I. L. (1982). *Groupthink: Psychological studies of policy decisions and fiascoes (2nd ed.).* Wadsworth. (細江達郎 (訳) (2022). 集団浅慮——政策決定と大失敗の心理学的研究 新曜社)

神信人 (2009). 集合的無知 日本社会心理学会 (編), 社会心理学辞典 (pp. 300-301) 丸善

出版

Joshi, A. & Roh, H. (2009). The role of context in work team diversity research: A meta-analytic review. *Academy of Management Journal, 52*(3), 599-627.

Kakinuma, K., Nakai, M., Hada, Y., Kizawa, M., & Tanaka, A. (2022). Praise affects the "Praiser": Effects of ability-focused vs. effort-focused praise on motivation. *The Journal of Experimental Education, 9*(3), 634-655.

神吉直人（2021）．関係性とコミュニケーション機会の変化　江夏幾多郎・服部泰宏・神吉直人・麗仁美・高尾義明・矢寺顕行　コロナショックと就労——流行初期の心理と行動についての実証分析（pp. 119-135）　ミネルヴァ書房

加藤俊彦（2022）．リモートワークにおける組織の調整・統合の方法とコミュニケーション　髙橋潔・加藤俊彦（編著），リモートワークを科学するⅠ［調査分析編］——データで示す日本企業の課題と対策（pp. 80-112）　白桃書房

経済産業省（2023）．人的資本経営——人材の価値を最大限に引き出す　https://www.meti.go.jp/policy/economy/jinteki_shihon/index.html（2023年11月29日閲覧）

Kiggundu, M. N. (1983). Task interdependence and job design: Test of a theory. *Organizational Behavior & Human Performance, 31*, 145-172.

北崎茂（2020）．ピープルアナリティクスとは何か　一般社団法人ピープルアナリティクス＆HRテクノロジー協会　ピープルアナリティクスの教科書——組織・人事データの実践的活用法（pp. 14-42）　日本能率協会マネジメントセンター

蔵永瞳・樋口匡貴・福田哲也（2018）．感謝された後に向社会的行動が起こるまでの心理過程　心理学研究, *89*, 40-49.

Lambert, J. R. & Bell, M. P. (2013). Diverse forms of difference. In Q. M. Roberson (Ed.), *The Oxford handbook of diversity and work* (pp. 13-31). Oxford University Press.

Lambert, N. M., Graham, S. M., & Fincham, F. D. (2009). A prototype analysis of gratitude: Varieties of gratitude experiences. *Personality and Social Psychology Bulletin, 35*(9), 1193-1207.

Lee, H. W., Bradburn, J., Johnson, R. E., Lin, S.-H. J., & Chang, C.-H. D. (2019). The benefits of receiving gratitude for helpers: A daily investigation of proactive and reactive helping at work. *Journal of Applied Psychology, 104*(2), 197-213.

Levine, S. S., Apfelbaum, E. P., Bernard, M., Bartelt, V. L., Zajac, E. J., & Stark, D. (2014). Ethnic diversity deflates price bubbles. *Proceedings of the National Academy of Sciences, 111*, 18524-18529.

Locklear, L. R., Sheridan, S., & Kong, D. J. (2023). Appreciating social science research on gratitude: An integrative review for organizational scholarship on gratitude in the workplace. *Journal of Organizational Behavior, 44*(2), 225-260.

Locklear, L. R., Taylor, S. G., & Ambrose, M. L. (2021). How a gratitude intervention influences workplace mistreatment: A multiple mediation model. *Journal of Applied Psychology, 106*(9), 1314-1331.

正木郁太郎（2019）．職場における性別ダイバーシティの心理的影響　東京大学出版会

正木郁太郎（2023）．職場の感謝行動の規定因と帰結の探索的検討——感謝の「伝え方」と「頻度」の違いに着目した分析　日本社会心理学会第64回大会発表

引用文献

正木郁太郎・久保健（2021）．テレワーク下で組織内の感謝のコミュニケーションは減少したのか：COVID-19 流行前後の行動データを用いた検討　産業・組織心理学研究, 35(1), 87-99.

正木郁太郎・久保健（印刷中）．個人ならびに集合的な感謝が主体的行動と社内評判に与える効果：企業内ログデータを用いた検討　組織科学, 早期公開.

正木郁太郎・村本由紀子（2018）．性別ダイバーシティの高い職場における職務特性の心理的影響　経営行動科学, 30(3), 133-149.

正木郁太郎・村本由紀子（2021）．性別ダイバーシティの高い職場における感謝の役割：集合的感謝が情緒的コミットメントに及ぼす効果　組織科学, 54(3), 20-31.

McCullough, M. E., Emmons, R. A., & Tsang, J.-A. (2002). The grateful disposition: A conceptual and empirical topography. *Journal of Personality and Social Psychology, 82(1)*, 112-127.

McCullough, M. E., Kilpatrick, S. D., Emmons, R. A., & Larson, D. B. (2001). Is gratitude a moral affect? *Psychological Bulletin, 127*, 249-266.

McCullough, M. E., Kimeldorf, M. B., & Cohen, A. D. (2008). An adaptation for altruism? The social causes, social effects, and social evolution of gratitude. *Current Directions in Psychological Science, 17(4)*, 281-285.

McNulty, J. K. & Dugas, A. (2019). A dyadic perspective on gratitude sheds light on both its benefits and its costs: Evidence that low gratitude acts as a "weak link". *Journal of Family Psychology, 33(7)*, 876-881.

三浦麻子・小林哲郎（2015）．オンライン調査モニタの Satisfice に関する実験的研究　社会心理学研究, 31(1), 1-12.

Moorman, R. H., Blakely, G. L., & Niehoff, B. P. (1998). Does perceived organizational support mediate the relationship between procedural justice and organizational citizenship behavior? *Academy of Management Journal, 41(3)*, 351-357.

Morgeson, F. P. & Humphrey, S. E. (2006). The work design questionnaire (WDQ): Developing and validating a comprehensive measure for assessing job design and the nature of work. *Journal of Applied Psychology, 91(6)*, 1321-1339.

Mueller, C. M. & Dweck, C. S. (1998). Praise for intelligence can undermine children's motivation and performance. *Journal of Personality and Social Psychology, 75(1)*, 33-52.

向江亮（2018）．ワーク・エンゲイジメント向上の実践的取組に向けた知見の整理と今後の展望　産業・組織心理学研究, 32(1), 55-78.

村瀬俊朗・王ヘキサン・鈴木宏治（2021）．アンケート調査を越えて──自然言語処理や機械学習を用いたログデータの活用を模索する　組織科学, 55(1), 16-30.

中原淳（2010）．職場学習論──仕事の学びを科学する　東京大学出版会

中原淳（2012）．経営学習論──人材育成を科学する　東京大学出版会

中原淳（2014）．「職場における学習」の探究　組織科学, 48(2), 28-37.

中野円佳（2014）．「育休世代」のジレンマ──女性活用はなぜ失敗するのか？　光文社

中内基博（2014）．技術者間における知識移転の促進要因──情報獲得者の観点から　組織科学, 48(2), 61-73.

縄田健悟・池田浩・青島未佳・山口裕幸（2021）．COVID-19 感染禍でのテレワークの急速な普及が組織のチームワークにもたらす影響に関する実証的検討──感染拡大の前後比較　産

業・組織心理学研究, *35*(*1*), 117-129.

縄田健悟・山口裕幸・波多野徹・青島未佳（2015）．企業組織において高業績を導くチーム・プロセスの解明　心理学研究, *85*(*6*), 529-539.

日本経済新聞（2022）．ホンダ，国内全部署で原則出社　変革期で対面重視　https://www.nikkei.com/article/DGXZQOUC20D8L0Q2A520C2000000/（2023 年 12 月 3 日閲覧）

日本経済新聞（2023a）．子供 3 歳まで在宅勤務，企業の努力義務に　厚労省　https://www.nikkei.com/article/DGXZQOUA050250V00C23A4000000/（2023 年 12 月 3 日閲覧）

日本経済新聞（2023b）．NTT 社長「テレワーク，コロナ後も拡大」　対象社員 5 割増　https://www.nikkei.com/article/DGKKZO72035150Q3A620C2EA1000/（2023 年 12 月 3 日閲覧）

Nishii, L. H. (2013). The benefits of climate for inclusion for gender-diverse groups. *Academy of Management Journal*, *56*(*6*), 1754-1774.

Nishii, L. H. & Mayer, D. M. (2009). Do inclusive leaders help to reduce turnover in diverse groups? The moderating role of leader-member exchange in the diversity to turnover relationship. *Journal of Applied Psychology*, *94*(*6*), 1412-1426.

尾形真実哉（2012）．若年就業者の組織適応エージェントに関する実証研究——職種による比較分析　経営行動科学, *25*(*2*), 91-112.

尾形真実哉（2020）．若年就業者の組織適応——リアリティ・ショックからの成長　白桃書房

尾形真実哉（2022）．組織になじませる力——オンボーディングが新卒・中途の離職を防ぐ　アルク

Parker, S. K., Bindl, U. K., & Strauss, K. (2010). Making things happen: A model of proactive motivation. *Journal of Management*, *36*, 827-856.

Parker, S. K. & Collins, C. G. (2010). Taking stock: Integrating and differentiating multiple proactive behaviors. *Journal of Management*, *36*, 633-662.

Parker, S. K., Morgeson, F. P., & Johns, G. (2017). One hundred years of work design research: Looking back and looking forward. *Journal of Applied Psychology*, *102*(*3*), 403-420.

Pierce, J. L. & Brown, G. (2020). Psychological ownership and the physical environment in organizations. In O. B. Ayoko & N. M. Ashkanasy (Eds.), *Organizational behaviour and the physical environment* (pp. 67-95). Routledge.

Pierce, J. L., Kostova, T., & Dirks, K. T. (2001). Toward a theory of psychological ownership in organizations. *Academy of Management Review*, *26*(*2*), 298-310.

リクルートマネジメントソリューションズ（2020）．「チームにおける多様性経験」に関する実態調査——多様なチームは成果をあげているのか　https://www.recruit-ms.co.jp/issue/inquiry_report/0000000816/?theme=diversity（2023 年 12 月 3 日閲覧）

Ritzenhöfer, L., Brosi, P., Spörrle, M., & Welpe, I. M. (2019). Satisfied with the job, but not with the boss: Leaders' expressions of gratitude and pride differentially signal leader selfishness, resulting in differing levels of followers' satisfaction. *Journal of Business Ethics*, *158*, 1185-1202.

Roberson, Q., Ryan, A. M., & Ragins, B. R. (2017). The evolution and future of diversity at work. *Journal of Applied Psychology*, *102*(*3*), 483-499.

酒井智弘・相川充（2020）．感謝表出スキルの実行が孤独感の低減に及ぼす効果　教育心理学研究, *68*(*2*), 111-121.

引用文献

佐藤博樹・武石恵美子（編）（2017）．ダイバーシティ経営と人材活用──多様な働き方を支援する企業の取り組み　東京大学出版会

佐藤佑樹・島貫智行・林祥平・森永雄太（2020）．インクルージョン風土と従業員の創造性──知覚された組織的支援（POS）の媒介効果　組織科学, *54(1)*, 16-31.

Sawyer, K. B., Thoroughgood, C. N., Stillwell, E. E., Duffy, M. K., Scott, K. L., & Adair, E. A. (2021). Being present and thankful: A multi-study investigation of mindfulness, gratitude, and employee helping behavior. *Journal of Applied Psychology*, Advance online publication.

Schaufeli, W. B., Salanova, M., Gonzalez-Romá, V., & Bakker, A. B. (2002). The measurement of engagement and burnout: A confirmatory analytic approach. *Journal of Happiness Studies*, *3*, 71–92.

Schaufeli, W. B., Shimazu A., Hakanen, J., Salanova, M., & De Witte, H. (2019). An ultra-short measure for work engagement: The UWES-3 validation across five countries. *European Journal of Psychological Assessment*, *35(4)*, 577-591.

繁桝江里（2017）．ポジティブおよびネガティブ・フィードバックが部下のコミットメントおよび成長満足感に与える影響──上司に対する信頼による媒介効果の検討　産業・組織心理学研究, *30(2)*, 159-169.

清水裕士（2014）．個人と集団のマルチレベル分析　ナカニシヤ出版

シンハヨン・島貫智行（2021）．向社会的モチベーションの統制的側面──自己決定理論に基づく再検討　組織科学, *55(2)*, 61-73.

白木優馬・五十嵐祐（2014）．感謝特性尺度邦訳版の信頼性および妥当性の検討　対人社会心理学研究, *14*, 27-33.

Shore, L. M., Cleveland, J. N., & Sanchez, D. (2018). Inclusive workplace: A review and model. *Human Resource Management Review*, *28*, 176-189.

Shore, L. M., Randel, A. E., Chung, B. G., Dean, M. A., Ehrhart, K. H., & Singh, G. (2011). Inclusion and diversity in work groups: A review and model for future research. *Journal of Management*, *37(4)*, 1262-1289.

Shrout, P. E. & Yip-Bannicq, M. (2017). Inferences about competing measures based on patterns of binary significance tests are questionable. *Psychological Methods*, *22(1)*, 84-93.

Spence, J. R., Brown, D. J., Keeping, L. M., & Lian, H. (2014). Helpful today, but not tomorrow? Feeling grateful as a predictor of daily organizational citizenship behaviors. *Personnel Psychology*, *67*, 705-738.

Sun, J., Liden, R. C., & Ouyang, L. (2019). Are servant leaders appreciated? An investigation of how relational attributions influence employee feelings of gratitude and prosocial behaviors. *Journal of Organizational Behavior*, *40(5)*, 528-540.

鈴木竜太（2013）．関わりあう職場のマネジメント　有斐閣

鈴木努（2017）．Rで学ぶデータサイエンス8　ネットワーク分析（第2版）　共立出版

Tajfel, H. & Turner, J. (1986). The social identity of intergroup behavior. In W. G. Austin & S. Worchel (Eds.), *Psychology and intergroup relations* (pp. 7-24). Nelson-Hall.

髙木浩人（2003）．多次元概念としての組織コミットメント──先行要因，結果の検討　社会心理学研究, *18(3)*, 156-171.

髙木浩人・石田正浩・益田圭（1997）．実証的研究──会社人間をめぐる要因構造　田尾雅夫

（編著），「会社人間」の研究——組織コミットメントの理論と実際（pp. 265-296） 京都大学学術出版会

田中堅一郎（2012）．日本の職場にとっての組織市民行動　日本労働研究雑誌, *54*(*10*), 14-21.

田中俊之（2009）．男性学の新展開　青弓社

van Knippenberg, D., De Dreu, C. K. W., & Homan, A. C.（2004）. Work group diversity and group performance: An integrative model and research agenda. *Journal of Applied Psychology*, *89*(*6*), 1008-1022.

van Knippenberg, D. & Schippers, M. C.（2007）. Work group diversity. *Annual Review of Psychology, 58*, 515-541.

van Vianen, A. E. M.（2018）. Person-environment fit: A review of its basic tenets. *Annual Review of Organizational Psychology and Organizational Behavior, 5*, 75-101.

Vianello, M., Galliani, E. M., & Haidt, J.（2010）. Elevation at work: The effects of leaders' moral excellence. *The Journal of Positive Psychology, 5*, 390-411.

渡邊純一郎・藤田真理奈・矢野和男・金坂秀雄・長谷川智之（2013）．コールセンタにおける職場の活性度が生産性に与える影響の定量評価　情報処理学会論文誌, *54*(*4*), 1470-1479.

Watkins, P. C. & McCurrach, D.（2021）. Progress in the science of gratitude. In C. R. Snyder, S. Z. Lopez, L. M. Edwards, & S. C. Marques（Eds.）, *The Oxford handbook of positive psychology*（pp. 571-585）. Oxford University Press.

Williams, L. A. & Bartlett, M. Y.（2014）. Warm thanks: Gratitude expression facilitates social affiliation in new relationships via perceived warmth. *Emotion, 15*, 1-5.

山本勲（2014）．上場企業における女性活用状況と企業業績の関係——企業パネルデータを用いた検証　*RIETI Discussion Paper Series*, 14-J-016.

山本晶友・樋口匡貴（2020）．同情と感謝——助け合いを支える二つの感情の機能と陥穽　心理学評論, *63*(*3*), 242-258.

山浦一保・堀下智子・金山正樹（2013）．部下に対する上司のポジティブ・フィードバックが機能しないとき　心理学研究, *83*(*6*), 517-525.

索　引

著者略歴

東京女子大学現代教養学部准教授．博士（社会心理学）．東京大学大学院人文社会系研究科博士課程修了後，同研究員などを経て，2021 年 4 月より東京女子大学現代教養学部専任講師，2024 年 4 月より現職．主な著書に，『職場における性別ダイバーシティの心理的影響』（東京大学出版会，2019 年，日本社会心理学会出版特別賞受賞），『学習評価ハンドブック——アクティブラーニングを促す 50 の技法』（分担翻訳，東京大学出版会，2020 年），『多元的無知——不人気な規範の維持メカニズム』（共著，東京大学出版会，2023 年）他．

感謝と称賛
——人と組織をつなぐ関係性の科学

2024 年 5 月 30 日　初　版

［検印廃止］

著　者　正木郁太郎
　　　　まさき いくたろう

発行所　一般財団法人　東京大学出版会
　　　　代表者　吉見俊哉
　　　　153-0041 東京都目黒区駒場4-5-29
　　　　https://www.utp.or.jp/
　　　　電話 03-6407-1069　Fax 03-6407-1991
　　　　振替 00160-6-59964

組　版　有限会社プログレス
印刷所　株式会社ヒライ
製本所　誠製本株式会社

職場における性別ダイバーシティの心理的影響

正木郁太郎　A5判・224頁・4800円

どのような職務特性や組織風土を整備すれば，性別ダイバーシティは職場のメンバーに好ましい心理的影響を与えることができるのか．コンテクストに注目し，機会平等の段階や状況の異なる複数企業の調査・分析から，日本型ダイバーシティ・マネジメントをめざす知見を提供する．

多元的無知

──不人気な規範の維持メカニズム

岩谷舟真・正木郁太郎・村本由紀子　A5判・224頁・5800円

集団規範が個々の構成員に支持されていないにもかかわらず，集団レベルでは維持されてしまう「多元的無知」現象．その生起から維持までのメカニズムやダイナミックなプロセスについて実証的に検討し，マイクロ（個人）・マクロ（社会環境）両面からの包括的解明を目指す．

ダイバーシティ経営と人材活用

──多様な働き方を支援する企業の取り組み

佐藤博樹・武石恵美子（編）　A5判・360頁・4400円

多様な人材が活躍できる職場環境の構築が，いま企業に求められている．仕事と育児・介護の両立・女性の活躍の場の拡大といった課題に加え，キャリア形成のための転動政策のあり方や，仕事と病気療養の両立支援などの企業の取り組みを分析する．

チームワークの心理学

──エビデンスに基づいた実践へのヒント

マイケル・A・ウェスト　下山晴彦（監修）　高橋美保（訳）　A5判・416頁・2800円

実証にもとづく心理学の観点から，タスクの設定，リーダーシップ，問題解決などのポイントを解説し，事例や実用的チェックリストを多数掲載．メンバーの学びと育ちを促進するチームづくりに必携の，世界12ヶ国で翻訳されたロングセラー．